心一堂術數古籍珍本叢刊

書名：增廣沈氏玄空學　附　仲山宅斷秘繪稿本三種、自得齋地理叢説稿鈔本（中）
系列：心一堂術數古籍珍本叢刊　堪輿類　沈氏玄空遺珍　第二輯　166
作者：【清】沈竹礽
主編、責任編輯：陳劍聰
心一堂術數古籍珍本叢刊編校小組：陳劍聰　素聞　梁松盛　鄒偉才　虛白盧主

出版：心一堂有限公司
地址／門市：香港九龍尖沙咀東麼地道六十三號好時中心LG 六十一室
電話號碼：+852-6715-0840　+852-3466-1112
網址：sunyata.cc
publish.sunyata.cc
電郵：sunyatabook@gmail.com
網上書店：http://book.sunyata.cc
網上論壇：http://bbs.sunyata.cc/

版次：二零一六年一月初版
平裝：三本不分售

定價：港幣　一千四百八十元正
人民幣　一千四百八十元正
新台幣　六千九百八十元正

國際書號：ISBN 978-988-8317-11-0

香港及海外發行：香港聯合書刊物流有限公司
地址：香港新界大埔汀麗路三十六號中華商務印刷大廈三樓
電話號碼：+852-2150-2100
傳真號碼：+852-2407-3062
電郵：info@suplogistics.com.hk

台灣發行：秀威資訊科技股份有限公司
地址：台灣台北市內湖區瑞光路七十六巷六十五號一樓
電話號碼：+886-2-2796-3638
傳真號碼：+886-2-2796-1377
網絡書店：www.bodbooks.com.tw
台灣讀者服務中心：國家書店
地址：台灣台北市中山區松江路二〇九號一樓
電話號碼：+886-2-2518-0207
傳真號碼：+886-2-2518-0778
網絡書店：http://www.govbooks.com.tw/

中國大陸發行・零售：心一堂書店
深圳地址：中國深圳羅湖立新路六號東門博雅負一層零零八號
電話號碼：+86-755-8222-4934
北京地址：中國北京東城區雍和宮大街四十號
心一店淘寶網：http://sunyatacc.taobao.com

三元九運廿四山起星立成圖

目次

起星立成圖序　　泉唐沈祖緜撰

吾友中君笙詩近挨替卦立成圖屬序於余余以此訣非序所能詳爰集諸家之得失擇要辨正以便人記誦

三合家喜用兼向不知如何兼法宗葉九升喜譚翻卦不知如何翻法直夢囈而已要知直達之向下卦已足補救之向非起星不可何謂起星卦爻之變而已若能陰陽奇耦參伍排列之可知以星代卦之理自然深信不疑矣

三合盤中所載挨星止有坤龍一局蓋以坤爲地爲母故稱地母卦取貪巨武爲三吉又取兌之納支並三吉者爲六秀再取兌之納支並六秀者爲八貴詳見沈重華通德類情卽小遊年翻卦非正法也然祇此一盤非若自命爲知玄空者妄自改易舉此一例已可知其大概如壬文子破癸

破丑武艮貪寅文未廉坤輔申祿甲祿卯武乙輔今三合盤作弼辰破巽巨巳武丙貪午文丁武庚廉酉武辛巨戌文乾廉亥而已每詢三合家何以盤中列地母卦而不列天父卦均未詳所自出且今之所謂楊盤並非古之楊盤亦有挨星各字字字與子癸並甲申合蓋當時必有自作聰明之人改竄此盤代以小遊年翻卦用地母卦者係爲五運前十年寄宮之誤耳今之自命識玄空者亦不過僅知下卦而已於起星未嘗夢見即能知下卦而不按山川性情孰坐孰朝孰爲龍虎孰爲星辰固未嘗知之硬將玄空下卦之理勉強湊合山水入地無眼殊可嘆也今政府禁絕堪輿以袪迷信蓋此輩危言聳聽一無正道之可循理當禁止猶嫌其不早耳異日憑正理建設公墓使死者安其魂魄生者托其蔭庇國安家慶實易易耳

至坤壬乙一訣爲堪輿家祕而又祕之訣姜氏註僅露一二章氏直解重言以申明之一則曰下卦起星再則曰定卦分星則卦與星之別迥然不同昭昭可見溫氏續註仍以下卦解之何謬也桐鄉姚銘三辨正再辨謂舉坤壬乙艮丙辛巽辰亥甲癸申各爲一例而合山水穴上穴内之挨法所以此四例非盡巨門破軍武曲貪狼也雖挨法有一定之例然起星有殊耳姚氏此辨人多不能知之然起星有殊一語可知弦外味也

華亭張受祺式之與蔣大鴻同時且同里閈著書甚多然不敢公然攻訐蔣氏其改坤壬乙一訣曰坤壬乙文曲從頭出艮丙辛位位是廉貞巽庚癸盡是武曲位乾甲丁貪狼一路行註云三合五行坤壬乙屬水艮丙辛屬火巽庚癸屬金乾甲丁屬木文曲廉貞武曲貪狼者水火金木稱位余初誤解今刊正作如是解奇哉按其實抄襲馮虬素侯消遺集耳

歐陽純風水一書二十四山挨星各字其源出姜垚從師隨筆惟挨星圖誤於隔四位陽順陰逆無極子授蔣大鴻挨星圖未免穿鑿至源山人所撰九星配卦圖未解者以爲神奇能解者讀之卽可知配卦之誤楊公奧語僅舉二十四山之半而歐陽一一揭出惜其挨法歐陽氏未得其訣人讀其配卦圖均莫名其妙茲特舉一隅表而出之其挨巨壬如下圖

如子癸八國不同所配之卦同星則不同

未丑辰戌壬丙庚甲　八國

渙解困蒙師訟坎未濟　歐陽氏之所謂配卦

巨壬輔巨巨巨弼文輔輔　歐陽氏之所謂挨星

茲爲列圖如下

渙 四一 未　坎 一一 庚　蒙 八一 戊

訟一六丙　師一二壬

困一七辰　未濟一九甲　解一三丑

壬爲坎宮後天之數一歐陽誤爲八圖皆從坎

壬上之二戌上之八庚上之一未上之四丙上之六辰上之七甲上之九

丑上之三是以後天之數配先天之位也此訣實遊年無異讀此歐陽氏

尚不知下卦又焉能知起星哉至巨壬下輔巨巨巨弼文輔輔讀其挨星

原起說及九星補論自能知之故不贅

又挨破艮如下圖

午乾酉艮卯坤子巽

遯艮蹇小過旅漸謙咸

破艮弼輔祿破祿破祿祿

茲爲列圖如下

漸四八坤　蹇一八酉　乾八八乾

遯六八午　謙二八子

咸七八巽　旅九八卯　小過三八艮

艮爲後天八數故八國皆從八餘詳上圖丑艮所得之卦相同惟星不同其法僞矣

尹一句據逸語云子未卯一三祿存倒乾戌巳文曲共廉次寅庚丁以例作輔星午酉丑右弼七八九見蔣氏盤式今普通蔣盤卽載此圖風行湘楚各地同時蔣國宗城天元羅經圖分爲九星兩盤以子未卯一三祿存倒所排者謂之內盤九星乃分位正體之用以子癸並甲申二十八句爲外盤九星乃屬變體此說與先子之說合江迂生先生集先子遺著論夫

婦合十一段卽內盤九星一卦三山配夫婦之法非用於起星也外盤九星蔣雲溪謂之乃屬變體是替卦也尹氏以子未卯一三祿存倒翻出四十八局是不明起星之例無謂甚矣

張心言地理言卦理俱有來歷非粗明易者不能知之然張氏一生之病根在迂泥於六十四卦而不知變通與今之宗三合者止知元旦之盤無異且以下卦定星合而爲一內中載奧語四圖如巽辰亥盡是武曲位爲二運午山子酉山卯之圖也其餘錯綜參伍然須一一排出與之相同者不尠

于揩地理錄要於坤壬乙一訣采錄最多有挨星歌訣其中挨星訣原本卽子癸並甲申二十八句係眞訣又訣云坤壬乙卯未亦起巨艮丙辛酉丑同破軍巽辰亥乾戌巳武位甲癸申同子俱貪星庚丁午與寅盡弼路

挨至廉中宮位裏眠將坤壬乙一訣補足頗便記憶惟蘭林不知此訣之用在不能辨卦與星耳讀其問答條註如書方偉地一條九曜旋飛一條喉舌之司一條知其卦且不能下邉論起星哉如九曜旋飛一條內訣有二上訣起星也下訣下卦也今于氏合而爲一矣喉舌之司一條內云如壬山起例巨丙祿未文庚廉中武戌破壬輔丑弼甲貪辰順次倏之如下圖

坤未祿	兌庚文	乾戌武
離丙巨	中廉	坎壬破
巽辰貪	震甲弼	艮丑輔

壬挨巨卽以壬之對宮爲丙丙起巨門由巨而祿而文過廉卽歸中復由乾武而破而輔而弼而貪如此排法於理悖矣又庚山起例云弼甲貪辰

巨丙祿未文庚廉中武戌破壬輔丑子氏以爲庚挨弼卽以庚之對宮甲起弼順此挨之仍與上圖無異又云子山貪午巨巽祿卯文艮廉中武子破乾輔酉弼坤逆次挨之如下圖

巽巨	午貪	坤弼
卯祿	中廉	酉輔
艮文	子武	乾破

子挨貪以子之對宮午起貪子陰也逆行由巽而卯逆挨如圖又云酉山破卯輔艮弼子貪乾巨酉祿坤文武廉中武巽如下圖

巽武	午文	坤祿
卯破	中廉	酉巨
艮輔	子弼	乾貪

酉挨破以酉之對宮卯挨破酉陰也自卯而艮而子而乾逆挨如上

于氏之所謂挨星如是而已人讀其書每以爲難今舉數圖凡稍知玄空之術者即可知其僞矣補龍水神圖訣曰貪狼子癸與甲申壬卯未坤乙巨門四六宮中皆武曲酉辛丑艮丙破軍寅午庚丁四位上挨來右弼次第臨乃正訣也惟其挨法則誤此皆莫明下卦起星之妙也

天玉經補註訣曰坤壬乙未卯五位巨門星艮丙辛酉丑之宮破軍停巽辰亥乾戌巳屬武曲位甲癸申子宮貪狼一路行寅午丁庚位還從右弼轉其訣亦不誤而挨法則亦誤

近讀會稽宗稷辰躬恥齋集知端木國瑚之子百祿爲宗之壻且及門焉宗爲太鶴作墓表其言曰君自召入直貧甚於敎士時雖奏勞山陵不以爲功深悔地理元文之注欲毀其板在京絕不與大家卜地云云蓋太鶴

山人在日已自知所著地理元文之誤。原無再摘錄揭出之必要。因習元文者甚多。故特表而出之。其改奧語云。坤壬乙廉巨從頭出。艮丙辛巨門與祿存。巽庚癸貪狼武曲位。乾甲丁巨武一路行。註曰四句本奧語本文。他本皆作坤壬乙文曲從頭出云云。四句乃三合家所傳。又作坤壬乙巨門從頭出云云。四句乃元運家所傳。以字句究之。是三合家。改奧語句作三合。元運家又改三合句作元運也。而太鶴以雙山五行。爲挨星布局之用誤矣。然其源亦出於消遣集。因當時攻訐蔣氏者。皆以張受祺書爲至寶也。

鄧士松尉山。著地理陰陽合纂。其言九星。坎山貪入中。坤山巨入中。震山祿入中。餘類推。著圖立說。茲摘錄一圖如下。

八卦變動九星圖 順逆局水兩宮此宮爲水彼宮卽龍與穴爲三停八山同、

文二（四八）坤（先天）（順坤）（逆乾）　輔七（八八）兌（先天）（順坎）（逆離）（此順局水）　巽六（九八）乾（先天）（順巽）（逆震）

武九（六八）離（先天）（順坤）（逆乾）　貪五（一八）中（先天）（順震）（逆巽）　廉一（五八）坎　本卦

巨四（二八）巽（先天）（順離）（逆坎）（此逆局水）　祿三（三八）震（先天）（順兌）（逆艮）　破八（七八）艮（先天）（順艮）（逆兌）

按鄧氏將坤壬乙一訣。完全不顧。亦旁門別開者也。

朱小鶴地理辨正補。挨星總圖共有九。諸圖皆以乾巽入中。第一圖以中五配乾六巽四巽逆挨。為乾文兌祿艮巨午貪坎弼坤輔震破巽武乾順排。為乾破兌輔艮弼離貪坎巨坤祿震文巽廉之類。餘類推。其用法則祕而不宣。朱氏流寓姑蘇。馮林一先生與之游。先子嘗與之談。知下圖挨得兩貪在離。即以離為旺向。並有自造歌訣。甚長不錄。其客牕隨筆有云。楊盤一式。以坤壬乙上起巨門。甲癸申子起貪狼。已足誤世。一節讀其書即可知其用盤之誤矣。

蔡岷山地理求眞更改星名以爲天地人三元每一元九星皆備彼以爲蔣大鴻氏之盤每元各不完備故特正之其言曰坤壬乙巨門從頭出惟此不誤坤挨二巨所謂天心正運也蔣氏竟挨貪於癸而不挨子有此理乎學者未得此訣讀蔡氏書每爲所惑常州范氏著人定勝天於坤壬乙一訣亦力詆蔣氏然奧語非蔣氏作乃楊氏語殊覺無謂岷山之誤以爲二十四山須九星字字皆備今奧語止有貪巨武破而無文祿輔弼蔣氏祕傳之十二字寅午庚丁之右弼亦無祿文廉輔宜啓人疑竇殊不知八國挨排九星皆全（聽禪按蔣氏九星言內盤下同）天元子祿午弼卯祿酉弼乾文巽武坤巨艮破蔡岷山以爲此一元中有兩弼無一貪有兩輔祿無一破九星不全斥蔣爲謬乃改之曰子貪午弼卯祿酉破乾武巽文坤巨艮輔並曰天元居中爲一卦之父母故主運之星屬之蔣氏地元辰

武戌文丑弼未祿甲貪庚輔壬巨丙破蔡以爲此一元九星皆備故惟將辰改爲文戌改爲武丑改爲破庚改爲弼丙改爲輔又蔣氏人元寅輔申貪巳文亥武乙巨辛破丁輔癸貪蔡以爲此一元有兩輔兩貪無一祿乙弼乃改之曰寅弼申貪巳武亥文乙巨辛輔丁破癸祿統觀蔡說以爲蔣氏九星惟坤壬乙三字不誤餘皆改竄

榮錦勳咨岳著地理辨正翼其源出於辨正小補坤壬乙一訣則從奧語原本並附錄子未卯三山祿存倒丁庚寅依例老輔星午酉丑九離右弼守戌乾巳文曲古歌是是將逸語改之而已榮氏又有卦體爻用二圖以解坤壬乙巨門從頭出二句勉強可通至其下六句不能變通欺人而已

吳鏡泉圖書發微其二十四山用替諸字載盤中俱合姜垚從師隨筆惟挨法不合茲載其圖於下圖中所列爲一運順逆兩向彼以天盤分陰陽

立法已大錯。如遇五即寄本宮。

坤壬乙訣誤用者最多。至奇者爲康基田藏書。其九星一節。註即三匝輔星。

子癸乙辰坤申山　　壬乙坤上起貪狼

午壬甲戌乾寅山　丙辛艮上起貪狼
丑巽巳丁酉辛山　丁乾甲上起貪狼
未艮亥丙卯庚山　癸巽庚上起貪狼

如子癸乙辰坤申山俱在乙上起貪狼辰上是巨門巽上是祿存順行至未是左輔又在坤上起貪狼順行凡三匝康氏之說今人用之甚多且自命爲大乘作用昔余在北平晤一張姓者自謂得康術余曰康用三匝此君尚不過二匝其一匝非余告之不可張曰吾師謂三字本二字之誤因康書雜言三匝而實僅二匝也余曰康氏又一匝祕而不宣是術士之慣技書中明明言之矣張仍不解余曰子癸乙辰坤申山乙上起貪不過二匝末云凡三匝則又一匝將從何方起思之思之不難通曉張默想半時仍不能悟余曰此一匝在壬起貪狼耳張遂執弟子禮甚恭

吳少苑地理大用經辨五坤壬乙一訣。欲將古人引而不發者。廣爲闡明。用心良苦。然未得其訣。反多門外漢語。

周梅粱仁孝必讀。其解此訣。根據於司馬頭陀水法。卽乙甲艮兼丁丙巽辛庚坤與癸壬乾。周氏謂司馬氏但云。乙辛丁癸四維水之出脈。而余復以甲庚丙壬。四正水之出脈揭以示人。方成全壁。云周氏復立表如下。

乙甲艮卽艮丙辛	丁丙巽卽巽庚癸
丙癸震卽震乙壬	庚乙離卽離丁甲
辛庚坤卽坤壬乙	癸壬乾卽乾甲丁
壬丁兌卽兌辛丙	甲辛坎卽坎癸庚

夫司馬氏之水法。是城門一訣。非坤壬乙一訣也。今周氏混爲一談。於是滿盤皆錯矣。周氏解乾甲丁云。甲長生在亥。亥在乾宮。且木墓於未。而未

寄於午宮之丁穴宜坐乾宮之亥而水要自丁來即以乾之亥起貪狼順挨癸巨門寅祿存乙文曲中五廉貞巳武曲丁破軍申左輔辛右弼故名之曰乾甲丁爲補圖如下

申輔 坤	辛弼 兌	亥貪 乾
丁破 離	中廉 五	癸巨 坎
巳武 巽	乙文 震	寅祿 艮

如圖今之宗周氏之說其最上乘者謂一以四爲煞四以七爲煞破軍所到之處即謂之煞故坐乾不收離水此三字與三合家先後天相破合然巽庚癸與坤壬乙艮丙辛之破軍又不合矣總之周氏所挨之星實悖於眞理原不必爲之挨排因從其說者多故不能不辨

至巽庚癸三字周氏解之曰庚長生在巳巳在巽宮且庚墓於丑而丑寄

於子宮之癸。穴宜坐巽宮之巳。而水要自癸來。卽以巽宮之巳起貪狼順挨至癸爲破軍。故名之曰巽庚癸。亦爲補圖如下。

申祿 坤	辛文 兌	亥武 乾
丁巨 離	中廉 五	癸破 坎
巳貪 巽	乙弼 震	寅輔 艮

上圖周氏以亥爲長生。此局以巳爲長生。

至坤壬乙三字。周氏解之曰。壬長生在申。申在坤宮。且壬墓於辰。而辰寄卯宮之乙。穴宜座坤宮之申。而水要自乙來。卽以坤宮之申起貪狼順挨至乙爲破軍。故名之曰坤壬乙。亦爲補圖如下。

申貪 坤	辛巨 兌	亥祿 乾
丁弼 離	中廉 五	癸文 坎

巳輔巽	乙破震	寅武艮

上兩圖周氏以亥巳爲長生此局以申爲長生至艮丙辛三字周氏解之曰丙長生在寅寅在艮宮且丙墓於戌而戌寄於酉宮之辛穴宜坐艮宮之寅而水要自辛來卽以艮宮之寅起貪狼順挨至酉宮之辛爲破軍故名之曰艮丙辛亦爲之補圖如下

申武坤	辛破兌	亥輔乾
丁文離	中廉五	癸弼坎
巳祿巽	乙巨震	寅貪艮

寅申巳亥四長生爲四維卦之人元周氏一一作如是解淺人從之甚多所謂四貪狼另有一種挨法非周氏所能了解也總之坤壬乙一訣與司馬氏水法二者各有用處並非相同至要至要周氏之誤亦知一行之僞

法將行之術又別立一術矣四庫書目於坤壬乙一訣猶謂其起例未詳協紀辨方全為清代欽定之書誤於一行之偽術茲列其挨星例大遊年小遊年之表如下

挨星例

	兌丁巳丑	震庚亥未	坤乙	坎癸申辰	巽辛	艮丙	離壬寅戌	乾甲
乾局	武	文	貪	廉	破	輔	祿	巨
坤局	輔	破	巨	祿	文	武	廉	貪
艮局	貪	廉	武	文	祿	巨	破	輔
兌局	巨	祿	輔	破	廉	貪	文	武
震局	祿	巨	破	輔	貪	廉	武	文
巽局	廉	貪	文	武	巨	祿	輔	破
坎局	破	輔	祿	巨	武	文	貪	廉
離局	文	武	廉	貪	輔	破	巨	祿

按挨星之法從天卦對宮起武曲（天定卦附下）以武曲文曲貪狼廉貞破軍輔弼祿存巨門爲序初一爻止變上爻次二則變上中兩爻次三則三爻皆變次四則變次四則變上下兩爻次五則變下一爻次六則變初二兩爻次七則變中一爻次八則還歸本位以貪巨武輔爲吉祿文廉破爲凶上所云九星論起龍此所云九星論照水蓋水之爲物能爲禍福者皆其光氣爲之如三光之照物遠則其光愈顯故其力愈大即折而既去其去水之影與來同論至數折之後或開一大漾而光氣愈盛者亦同來水論之

大遊年翻卦	兌丁巳丑	震庚亥未	坤乙	坎癸申辰	巽辛	艮丙	離壬寅戌	乾甲
戌乾亥宅	貪	廉	武	文	祿	巨	破	輔
未坤申宅	巨	祿	輔	破	廉	貪	文	武
丑艮寅宅	武	文	貪	廉	破	輔	祿	巨

庚酉辛宅	輔	破	巨	祿	文	武	廉	貪
甲卯乙宅	破	輔	祿	巨	武	文	貪	廉
辰巽巳宅	文	武	廉	貪	輔	破	巨	祿
壬子癸宅	祿	巨	破	輔	貪	廉	武	文
丙午丁宅	廉	貪	文	武	巨	祿	輔	破

按大遊年翻卦。亦從天定卦對宮起貪狼。以貪廉武文祿巨破輔弼爲序。相宅家以生氣配貪狼。五鬼配廉貞。延年配武曲。六殺配文曲。禍害配祿存。天醫配巨門。絕命配破軍。伏位配輔弼。以乾坤艮兌爲西四宅。震巽坎離爲東四宅。凡大門方位。須與坐山之卦。東不雜西。西不雜東者爲吉。故八宅遊年歌。實爲相宅之眞訣。第山爲正神。一卦統三山。門爲零神。甲庚丙壬乙辛丁癸寅申巳亥辰戌丑未共十六位。各從其所納之卦。以爲同氣。

今相宅家只取遊年歌順輪八方而不知每卦之左右兩神又與其方之卦氣不相屬失之毫釐謬以千里是以取而訂正之

小遊年翻卦

	兌丁巳丑	震庚亥未	坤乙	坎癸申辰	巽辛	艮丙	離壬寅戌	乾甲
戌乾亥山卽天父卦	貪	巨	祿	文	廉	武	破	輔
未坤申山卽地母卦	武	廉	輔	破	巨	貪	文	祿
丑艮寅山	祿	文	貪	巨	破	輔	廉	武
庚酉辛山	輔	破	武	廉	文	祿	巨	貪
甲卯乙山	破	輔	廉	武	祿	文	貪	巨
辰巽巳山	文	祿	巨	貪	輔	破	武	廉
壬子癸山	廉	武	破	輔	貪	巨	祿	文
丙午丁山	巨	貪	文	祿	武	廉	輔	破

按小遊年翻卦從天定卦對宮起貪狼以貪巨祿文廉武破輔弼爲序從乾卦翻者爲天父卦從坤卦翻者爲地母卦地理家之三吉六秀八貴十二吉龍悉本於此如坤龍艮爲貪狼巽爲巨門兌爲武曲故以艮巽兌爲三吉艮納丙巽納辛兌納丁並三吉爲六秀又以兌之三合巳丑共六秀爲八貴催官篇所稱八吉龍蓋從此而推衍者也然八宮俱有翻卦假如乾爲本龍又兌爲貪狼震爲巨門艮爲武曲共爲三吉兌納丁震納庚艮納丙並三吉爲六秀兌合巳丑震合亥未又並六秀爲十貴可見八卦俱有三吉六秀並非專取艮丙巽辛兌丁巳丑來龍也蓋以葬藏於土而坤爲地爲母諸山所託故以爲例邱公頌所謂後來翻作八山推卽此八宮翻卦也三表按語皆通德類情原文

一、三表之起例皆先天卦皆非起星之眞訣也

二、三合盤所列九星爲小遊年之未坤申山卽地母卦下之又下矣

三、如兌丁巳丑兌卽酉卽巳酉丑會金局加以丁者兌納丁也震庚亥未震卽卯卽亥卯未會木局加以庚者震納庚也坎癸申辰坎卽子卽申子辰會水局加以癸者坎雖納戊渾天之法坎納癸也離壬寅戌離卽午卽寅午戌會火局加以壬者離雖納己渾天之法離納壬也如坤乙則卽坤納乙也巽辛則卽巽納辛也艮丙也乾甲則卽乾納甲也今日言三合者陽宅每用翻卦詢其故又皆莫明究竟余今不惜將極淺之理一一說出使人人能知此起例雖係僞之又僞亦當洞曉其所以然之故庶幾從違皆可憑己之主觀做去若學蔣大鴻辨僞而不說明其理使人永陷沉淪之地則非余之志也

天定卦

兌　震　至今日三合翻卦之法。余揭天定地母兩卦。

坤　坎　如下甲乙二圖。

巽　艮　其排法曰。乾山居兌。兌居乾。坎巽上爻兩換。

離　乾　翻坤艮二宮。皆互起震離相對紫微天。

圖甲

巽廉	坎文	艮武
乾輔		坤祿
兌貪	離破	震巨

圖乙

巽巨	坎破	艮貪
乾祿		坤輔
兌武	離文	震廉

如上圖。今習三合者自知以小遊年地母卦爲世人所詬病。於是以此訣視爲至寶。習三元如吳鹿野輩亦宗此術。甚有謂三元三合可以會通。惟

此而已歧之又歧莫甚於此

臨川紀大奎地理末學於坤壬乙一訣別無自出心裁之發明僅於論九宮十二宮生旺文內爲張式之之坤壬乙文曲從所出四句張目一番而已然讀其文其於揚張抑蔣之處止籠統詆爲不能解其奧語顛倒之妙義寶坤壬乙巨門從所出穿穴改竄之文以爲眞而措詞之際一則曰大約以一白貪狼至九紫右弼順挨九星論三元管局之吉凶再則曰文曲從所出之四語雖不知果出曾楊與否較之彼所傳者爲自然可見紀於玄空實無所知致不敢斷然下評故其依草附木之見隔靴搔癢之談並無一討論之價值也

更有誤用生成之數以合五合十五爲用者夫數之成僅有一二三四五所謂六七八九十者無非由五之減數而來所謂一六共宗一加五卽六

也六減五即一也其餘各數由是而類推可也今其法一運以四爲恩星故二運用三碧祿存合五也三運以二爲恩星故三運用二黑巨門合五也四運以一爲恩星故四運用一白貪狼合五也並據一白貪狼甲癸申一句以甲癸申山句爲旺龍旺向査四運甲山甲向申山申向爲上吉癸山癸向爲次吉彼挾此術爲人卜葬適合元運無非偶中而已至五運用乘運之五爲恩星六運以九爲恩星故六運用九紫右弼合十五也七運以八爲恩星故七運用八白左輔合十五也八運以七爲恩星故八運用七赤破軍合十五也九運以六爲恩星故九運用六白武曲合十五也以上合五合十五之法所謂窮思極想然此法杜撰無據故多不驗

綜觀坤壬乙一訣前人所誤解者其要點有五

一、不知下卦起星之別今人自命知玄空者僅知下卦能知星者實未

之覯

二、不知先天後天之別後天用也先天體也不能舍先天言後天

三、不知直達之向用卦補救之向用星

四、不知起貪狼之法蓋位位有貪狼卦卦有貪狼姜汝皋非巨門而與巨門爲一例姚銘三挨法有一定之例然起星有殊耳其言皆何等聰明惜未敢明說耳

五、不知子未卯一三祿存倒與坤壬乙巨門從頭出有別混而爲一於是誤入歧途矣

以上所辨者皆取近人家弦戶誦之書學者手置一編者也至洽僻之書言此訣者就余所見尤夥支離百出令人墮雲霧中一一考之更等之自鄶矣

今之所謂楊盤所列之地母卦，所謂蔣盤所列分位正體之九星，詢其如何用法，皆莫知所以然，千年長夢，昏而不醒，噫，是誰之過歟。

古吳吹虀子申聽禪編

附說

奧諺坤壬乙一訣，失傳已久，清初蔣氏大鴻（平階）著地理辨正，能知其奧，而狃於天機不可洩漏之習，除其及門會稽姜公子汝臯（垚）外，未嘗以告第二人，姜氏亦怵於其師之動色相戒，故其註奧語詞頗隱約閃爍，致後之人讀其書，仍茫然莫解，泉唐沈竹礽先生精究地學四十年，讀易千七百餘種，始得眞傳，後從胡氏獲姜氏從師隨筆，益覺信而有徵，恨古人祕密之非，故著書時，於此訣及城門反伏吟諸訣，皆盡量宣露，不留餘蘊，哲嗣瓞民先生世其學，余小子與瓞民先生遊有年，復得竊窺緒餘，爰繼旃德江迂生志伊太史下卦立成圖之後（江著即沈氏玄空學第四冊），成起星立成圖四百三

十二局左右兼併爲二百一十有六局聊以自娛且以便人同好之閱吾書者倘賜匡正幸甚

姜汝皋從師隨筆之言曰甲子年（按爲康熙二十三年）杜陵夫子爲劉姓卜壽藏圖中註明甲申後二十年除力士五黃加臨外年年可葬惟不可兼巳亥兼則氣不純余詢師何故但笑而不答又曰丙寅年復爲余家卜一地圖說亦如是因詢之師曰子尚不足以語此以待來年又曰戊辰年杜陵夫子又游越余又詢之師曰兼則宜用坤壬乙訣不兼下卦可耳余始恍然自後余從事奧語開山有斧矣惟奧語僅言十二山且非字字可以起星其他十二山總未能得其口訣時我師將葬親於餘姚無貲購地余以二千金報之使者歸授余以子癸並甲申口訣二十八句乃知子癸甲申貪卯乙未坤壬巨辰戌乾亥巽巳武酉辛丑艮丙破午丁寅庚弼來書諄諄告戒

謂此祕中之祕惟子可以知之愼勿洩漏一二也余得此訣後乃註奧語云云可見下卦起星雖以姜氏之敏密在未得訣時猶且誤認爲是一非二何況時師近人之對坤壬乙一訣大都可分兩種一則完全不知起星爲何物將下卦起星混爲一談其實姜氏註謂此九星與八宮掌訣九星不同語雖隱閃不啻明告八宮掌訣是卦非星坤壬乙是星非卦故章仲山甫亦揭出下卦起星定卦分星八大字尤爲顯露無如後來雖以溫明遠榮鑢之理氣精熟而不能辨清卦與星之別直以八宮掌訣之法解此訣邉論其他其二則自作聰明於坤壬乙巨艮丙辛破巽辰亥武甲癸申貪外有以逸語子未卯四句爲續者更有任意改竄並奧語原文而亦更易者如坤壬乙文曲從頭出之類至於挨排之法尤千奇百出遂使初學惑其說者轉疑子癸並甲申一訣爲非的傳此皆未覩姜氏從師隨筆之

過也從師隨筆一則曰杜陵夫子每謂今日僞學所持之蔣盤在起星一層除坤壬乙艮丙辛巽辰亥甲癸申十二字外子祿丑宛寅輔卯祿巳文午窮丁輔未祿庚輔酉窮戌文乾文無一字合法指爲余所定妄矣再則曰師曰坤壬乙一訣經人妄改已數十種蓋此訣河洛與生成之數變化而成今之術士烏能知其奧知此訣非大聖大賢大智大慧者不可然此等人猶非得有眞傳不可故奧語勸君再把星辰辨吉凶禍福如神見天玉經五星配出九星名天下任橫行惟此法見心術端方可偶一漏洩子其識之云云由是觀之僞學之日盛正學之日晦亦未嘗不由於祕密太甚之故沈竹礽先生謂杜陵爲地理之功臣亦地理之罪人非激詞也（按子未卯一三祿存倒用於蔣氏內盤九星則合非用於起星也說詳沈先生不贅序）

沈竹礽先生論替卦繪圖加說辭咢誼達讀之最易使人明曉曰（甲）

坤壬乙巨門從頭出對宮卽艮丙辛位位是破軍坤壬乙卽二一三此上元甲子之統卦氣也艮丙辛卽八九七此下元甲子之統卦氣也艮坤爲生死之門此二句以艮坤二字冠之者以天盤包括地人兩盤也(乙)巽辰亥盡是武曲位此句不言對宮而對宮戌乾巳亦是武曲因中五順飛至乾爲六逆飛至巽亦爲六故也此中元甲子之統卦氣也巽辰亥卽四五六五爲戊己無方位上十年旺於戌下十年旺於辰戌乾巳同例(丙)甲癸申貪狼一路行楊公不言對宮而對宮爲庚丁寅均屬右弼此一地包括二人而言也(丁)未丑子午卯酉六山楊公一字不提於是挨貪挨巨莫衷一是夫子午陰之終始子中藏一二三午中藏九八七故子挨貪午挨弼而卯酉未丑之挨巨破更了然矣云云余謂一言以蔽之沈公此說卽姜氏隨筆中所言此訣係河洛與生成之數變化而成十四字之註

脚學者當益可恍然矣

且余近得祕笈中有論六白運內挨星接氣訣一則所言亦與沈公暗合具徵此訣之的殊足寶貴今錄如下(上略)蓋坎得數一也五行之首水也斗之魁貪狼也領坤震及四干二支共主宰乎上元甲子正運五行生旺之氣也即分己之子壬而入於坤引坤之子申震之子甲而歸於己同屬貪狼故上元立挨星局以子癸甲申起貪狼位其坤未鳩合震三而主震之子卯乙同位巨門循環經緯共理上元旺衰之事也中元巽四統中黃乾六掌中元甲子正運五行生旺之氣於是乾之武曲爲巽之對待故中元立挨星訣而以乾巽六位起武曲以廉貞鎭守中宮五黃惟天立極御制四方曰於運制都宮陵寢則威揚八表召其威福若非此而下者必羅露其隱慎之下元兌七主事統艮八離九主宰下元甲子正運五行生

旺之氣而兌分已之子庚艮之子寅同屬右弼司下元之代謝故下元立挨星局以午丁庚寅起右弼也以上三局推乾巽挨星正卦干支不相假借者可也以中五廉貞間於其中也又上元之祿存中元之文曲下元之左輔未能班列於總圖者此非作者之陰謎而有天地自然之理也（按一言道破實盤盤有祿存盤盤有文曲盤盤有左輔耳）然以九分三各叙一家骨肉而分統三元正運生死衰旺之氣而坎一叉爲三元之紀綱九星之首領中下兩元亦不得置而弗論也其離九叉爲首領陰陽之對待收攬元運之化機故得離九生旺之氣皆有三元不敗之妙義也云云其文明白如日月經天惜字句間有少晦處並有訛誤脫漏吾師沈瓞民先生謂玄空每喜將容易明白之理用不通隱謎之語令人墮入五里霧中是其慣技余則謂或係年湮代遠傳寫訛誤亦未可知顧卽此其他一切僞訣更無置位之餘地矣

九星者卽一貪狼二巨門三祿存四文曲五廉貞六武曲七破軍八左輔九右弼共分兩種一八宮掌訣九星用於下卦一配二十四山用於起星後者因其參伍錯綜人每不易領悟要之直達之向卽單向僅下卦可也補救之向卽兼左兼右（合出卦兼陰陽互兼人天共兼）非起星不可換言之卽非用坤壬乙一訣落替不可坤壬乙一訣是星非卦能辨別清楚然後正道可明靑囊奧語開宗明義固言替卦卽天玉寶照諸經言替卦處亦正多如雙山雙向也子癸午丁天元宮六句也皆是仲山直解往往明白流露此外三合盤之中縫兩針亦爲兼左兼右之用學者每不措意耳譬如正針子山午向中針卽指子兼癸之理縫針卽指癸兼子之理正針用於下卦中縫兩針用於起星今人多附會中針撥砂縫針納水誤矣至於用替方法沈氏玄空學言之甚詳凡兼向至三度以上者卽須起星若僅兼一二度可免萬

一正採二向皆無替可尋時始將正向某字飛一盤又將兼向某字飛一盤合兩盤以觀水路之吉凶今見有明明有替可尋而並不尋替遽將正兼二向各飛一盤者非

余近見一舊抄本中有一則曰凡兼向兼左兼右不論總以本正向爲主地支兼天干三分天干兼地支如乙兼卯辛兼酉癸兼子亦三分若兼辰戌丑未則一分蓋恐卦氣雜也云云此係俗例萬不可從倘泥其說殊於補救二字命意有乖總之左兼右兼須依山水性情裁剪補救非心靈眼活運用敏密者不辨山水情狀有可兼不可兼有不得不兼者有萬不宜兼者千言萬語猶不能盡其妙安有如此呆笨板滯者乎又近時江浙風俗造塟至不敢用單向詢之不能言其故其黠者則以一卦可得兩卦之用爲對孰知非出卦即差錯欲避凶反召凶結果適得其反欲其誕育正

人君子求國安家慶不亦難乎

凡尋替首重向上一星寶照經云巳丙宜向天門上亥壬向得巽風吹重言向字即此義以仲山宅斷（沈氏玄空學第三冊）例之第三十八圖周姓祖墓及陽宅第十七圖甯波府基是也向上無替可尋乃尋山上用替如宅斷第十六圖嵇中堂祖墓是也若山向皆有替可尋則兩替之如宅斷陽宅第三四兩圖是也山向皆無可替始如上述將正兼二向各飛一盤斷其水口至宅斷中兼向不用替者甚多如第五圖錢姓墓第十五圖經姓墓第四十八圖某墓等陽宅更多亦並無正兼各飛之事此則大抵所謂僅兼一二分無須尋替者耳今吾書於山向皆有替可尋者固皆替出即有一不能替或兩無可替之局亦必以替法替之所以明替則卦氣已變是起星不是下卦矣

凡令星到山到向之局如二一八運之乾巽巽巳乾亥亥巳丑未未丑三七運之辰戌戌辰卯酉酉卯乙辛辛乙四六運之甲庚庚甲艮坤坤艮寅申申寅五運之子午午子癸丁丁癸卯酉酉卯乙辛辛乙辰戌戌辰丑未未丑萬不可兼用他向兼則氣不純也沈氏玄空學中亦嘗舉一例如四運庚山甲向兼酉卯二到向本二入中今用替卦二即未挨巨門仍二入中無所謂替也雖到山到向反不能作旺龍旺向論因差錯之病仍在其中不如專用庚甲直達之爲得也四運甲庚兼卯酉二八兩運未山丑向五八兩運丑山未向三七兩運戌山辰向五運辰山戌向同用者務宜注意

倘爲形局關係不得不稍偏左偏右則偶兼二二分倘無礙惟出卦與差錯仍須力避耳

用替有種種奇異之局可遇下卦不能遇也如沈氏玄空學所言五運之戌山辰向八運之辰山戌向出卦兼或陰陽互兼山向飛星皆字字相同此之謂無變化無生息氂之有凶無吉按

字字相同卽八純卦。八純卦者，卽乾又見乾，坤又見坤，艮又見艮，巽又見巽之類。今吾書排盡九運廿四山向，得八純卦凡六局，曰五運之戌辰、辰戌、乾巽、巽乾、亥巳、巳亥，是皆山向俱替，非如八運之辰戌、戌辰，猶止替向不替山，或替山不替向也。

八運之辰戌、戌辰，替向不替山，或替山不替向，則爲八純卦；山向俱替，則又適合到山到向。九運廿四山止此二局，比之沈氏玄空學所舉六運壬丙兼子午亥巳借合一局之例，尤爲奇中之奇。至全局合十者，有三運之壬丙、丙壬，八運之子午、午子、癸丁、丁癸六局。全局生成者，有五運之甲庚、庚甲、寅申、申寅，第皆以山向俱替乃論也。

沈竹礽先生云：最爲替卦中之一關鍵，能將穴上所見之水適合城門，往往發福，所不可不辨者，反伏吟耳。故吾書遇凡可用城門一訣之局，亦特

標明便於學者一目瞭然
以上坤壬乙一訣之起例及替星用法之大概盡之矣若欲更得其詳有
沈氏玄空學暨卷首朕師之序文在不復多贅

二十四山配九星圖

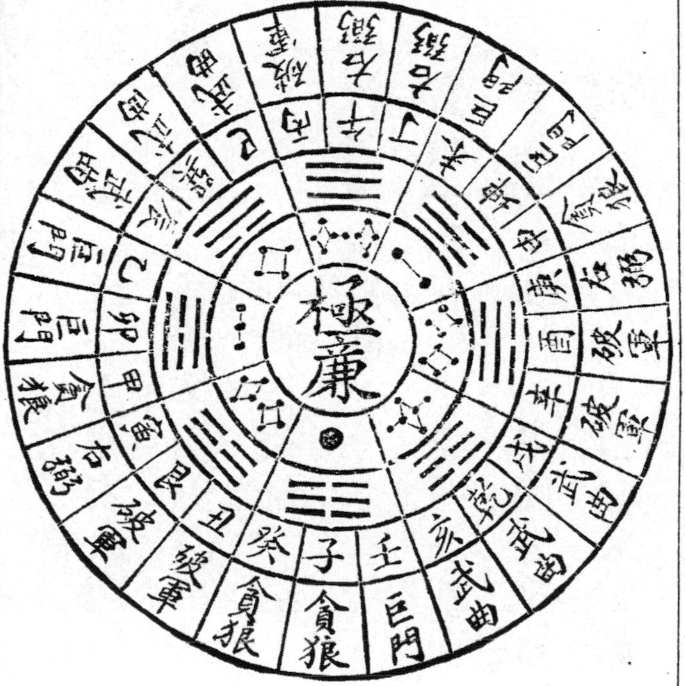

吹虀子簡易挨星口訣

子癸甲申貪狼尋　坤壬乙卯未巨門
乾巽六位皆武曲　艮丙辛酉丑破軍
若問寅午庚丁上　一律挨來是弼星

蔣大鴻授姜汝皋挨星口訣

子癸並甲申　貪狼一路行　壬卯乙未坤
五位爲巨門　天星說破軍　翻向逐爻行
貪輔不同論　水口不宜丁　百福又千禎
妙用更通靈

一運子山午向兼壬丙癸丁起星圖

武六九 廉五	向 貪一五 貪一	輔八七 祿三
破七八 文四	廉五一 武六	祿三三 輔八
巨二四 弼九	弼九六山 巨二	文四二 破七

說明

一五到向無替可尋四正逆行下同

二六到山六之天元卽乾挨武曲仍六入中乾陽故順行

三此局巽坤兩方俱可用城門訣

二運子山午向兼壬丙癸丁起星圖

廉五一 輔八	向 貪一六 祿三	祿三八 貪一
文四九 弼九	武六二 破七	輔八四 廉五
弼九五 文四	巨二七山 巨二	破七三 武六

說明

一六到向六之天元卽乾挨武曲仍六入中乾陽故順行

二七到山七之天元卽酉挨破軍仍七入中酉陰故逆行

三此局巽方可用城門訣

三運子山午向兼壬丙癸丁起星圖

	向	
輔八 武六 二	祿三 巨二 七	貪一 文四 九
弼九 廉五 一	破七 破七 三	廉五 弼九 五
文四 貪一 六	巨二 祿三 八山	武六 輔八 四

說明

一七到向七之天元卽酉挨破軍仍七入中酉陰故逆行

二八到山八之天元卽艮挨破軍故不用八而以七入中艮陽故順行

三此局用替到山到向

四此局坤方可用城門訣

四運子山午向兼壬丙癸丁起星圖

	向	
武六 貪一 三	巨二 廉五 八	文四 祿三 一
廉五 巨二 二	破七 弼九 四	弼九 破七 六
貪一 武六 七	祿三 文四 九山	輔八 輔八 五

說明

一八到向八之天元卽艮挨破軍故不用八而以七入中艮陽故順行

二九到山九之天元卽午挨弼星仍九入中午陰故逆行

三此局坤方有水爲當元吉水（所謂冲起樂宮無價寶是也下同）其巽方並可用城門訣

五運子山午向兼壬丙癸丁起星圖

貪一巨二四	向 廉五武九九	祿三文四二
巨二祿三三	弼九貪一五	破七輔八七
武六破七八	文四廉五一 山	輔八弼九六

說明

一九到向九之天元卽午挨弼星仍九入中午陰故逆行

二一到山一之天元卽子挨貪狼仍一入中子陰故逆行

六運子山午向兼壬丙癸丁起星圖

巨二貪一五	向 武六武六一	文四輔八三
祿三弼九四	貪一巨二六	輔八文四八
破七廉五九	廉五破七二 山	弼九祿三七

說明

一一到向一之天元卽子挨貪狼仍一入中子陰故逆行

二二到山二之天元卽坤挨巨門仍二入中坤陽故順行

三此局坤方可用城門訣

七運子山午向兼壬丙癸丁起星圖

	向	
貪一 祿三 六	武六 破七 二	輔八 廉五 四
弼九 文四 五	巨二 巨二 七	文四 弼九 九
廉五 輔八 一	破七 武六 三	祿三 貪一 八
	山	

說明

一二到向二之天元卽坤挨巨門仍二入中坤陽故順行

二三到山三之天元卽卯挨巨門故不用三而以二入中卯陰故逆行

八運子山午向兼壬丙癸丁起星圖

	向	
祿三 廉五 七	破七 貪一 三	廉五 祿三 五
文四 文四 六	巨二 武六 八	弼九 輔八 一
輔八 弼九 二	武六 巨二 四	貪一 破七 九
	山	

說明

一三到向三之天元卽卯挨巨門故不用三而以二入中卯陰故逆行

二四到山四之天元卽巽挨武曲故不用四而以六入中巽陽故順行

三此局用替全盤合十

四此局巽方可用城門訣

九運子山午向兼壬丙癸丁起星圖

祿三輔八 六　輔八祿三 二　破七文四 一

向 貪一貪一 四　武六廉五 九　巨二弼九 五 山

廉五武六 八　文四破七 七　弼九巨二 三

說明

一四到向四之天元卽巽挨武曲故不用四而以六入中巽陽故順行

二五到山無替可尋

以上子山午向九局地運八十年各運同

一運午山子向兼丙壬丁癸起星圖

祿三輔八 七　輔八祿三 三　破七文四 二

山 貪一貪一 五　武六廉五 一　巨二弼九 六 向

廉五武六 九　文四破七 八　弼九巨二 四

說明

一六到向六之天元卽乾挨武曲仍六入中乾陽故順行

二五到山無替可尋

二運午山子向兼丙壬丁癸起星圖

	山	
輔八 廉五 一	祿三 貪一 六	貪一 祿三 八
弼九 文四 九	破七 武六 二	廉五 輔八 四
文四 弼九 五	巨二 巨二 七 向	武六 破七 三

說明

一七到向七之天元卽酉挨破軍仍七入中酉陰故逆行

二六到山六之天元卽乾挨武曲仍六入中乾陽故順行

三此局乾方可用城門訣

三運午山子向兼丙壬丁癸起星圖

	山	
武六 輔八 二	巨二 祿三 七	文四 貪一 九
廉五 弼九 一	破七 破七 三	弼九 廉五 五
貪一 文四 六	祿三 巨二 八 向	輔八 武六 四

說明

一八到向八之天元卽艮挨破軍故不用八而以七入中艮陽順行

二七到山七之天元卽酉挨破軍仍七入中酉陰逆行

三此局用替到山到向

四運午山子向兼丙壬丁癸起星圖

	祿三文四 一	破七弼九 六	輔八輔八 五
山	廉五巨二 八	弼九破七 四	文四祿三 九 向
	貪一武六 三	巨二廉五 二	武六貪一 七

說明

一 九到向九之天元卽午挨弼星仍九入中午陰逆行

二 八到山八之天元卽艮挨破軍故不用八而以七入中艮陽順行

三 此局艮方可用城門訣

五運午山子向兼丙壬丁癸起星圖

	文四祿三 二	輔八破七 七	弼九輔八 六
山	武六廉五 九	貪一弼九 五	廉五文四 一 向
	巨二貪一 四	祿三巨二 三	破七武六 八

說明

一 一到向一之天元卽子挨貪狼仍一入中子陰逆行

二 九到山九之天元卽午挨弼星仍九入中午陰逆行

六運午山子向兼丙壬丁癸起星圖

貪一 巨二 五	山 武六 武六 一	輔八 文四 三
弼九 祿四 四	巨二 貪一 六	文四 輔八 八
廉五 破七 九	破七 廉五 二 向	祿三 弼九 七

說明

一二到向二之天元卽坤挨巨門仍二入中坤陽順行

二一到山一之天元卽子挨貪狼仍一入中子陰逆行

三此局乾艮兩方俱可用城門訣

七運午山子向兼丙壬丁癸起星圖

祿三 貪一 六	山 破七 武六 二	廉五 輔八 四
文四 弼九 五	巨二 巨二 七	弼九 文四 九
輔八 廉五 一	武六 破七 三 向	貪一 祿三 八

說明

一三到向三之天元卽卯挨巨門故不用三而以二入中卯陰逆行

二二到山二之天元卽坤挨巨門仍二入中坤陽順行

三此局艮方可用城門訣

八運午山子向兼丙壬丁癸起星圖

祿三 廉五 五	輔八 弼九 一	破七 貪一 九
山 貪一 破七 三	武六 巨二 八	巨二 武六 四 向
廉五 祿三 七	文四 文四 六	弼九 輔八 二

說明

一 四到向四之天元卽巽巽挨武曲故不用四以六入中巽陽順行

二 三到山三之天元卽卯挨巨門故不用三而以二入中卯陰逆行

三 此局用替全盤合中

四 此局乾方可用城門訣

九運午山子向兼丙壬丁癸起星圖

輔八 祿三 六	祿三 輔八 二	文四 破七 一
山 貪一 貪一 四	廉五 武六 九	弼九 巨二 五 向
廉六 武五 八	破七 文四 七	巨二 弼九 三

說明

一 五到向無替可尋

二 四到山四之天元卽巽挨武曲故不用四而以六入中巽陽順行

三 此局乾艮兩方俱可用城門訣

以上午山子向九局地運一百年各運同

一運卯山酉向兼甲庚乙辛起星圖

祿三 武六 九	破七 巨二 五	廉五 文四 七	
山 文四 廉五 八	巨二 破七 一	弼九 弼九 三	向
輔八 貪一 四	武六 祿三 六	貪一 輔八 二	

說明

一 三到向三之天元卽卯挨巨門故不用三而以二入中卯陰逆行

二 八到山八之天元卽艮挨破軍故不用八而以七入中艮陽順行

三 此局乾方有水爲當元吉水其坤方並可用城門訣

四 此局兼二運卽向星入囚

二運卯山酉向兼甲庚乙辛起星圖

廉五 貪一 一	貪一 廉五 六	祿三 祿三 八	
山 文四 巨二 九	武六 弼九 二	輔八 破七 四	向
弼九 武六 五	巨二 文四 七	破七 輔八 三	

說明

一 四到向四之天元卽巽挨武曲故不用四而以六入中巽陽順行

二 九到山九之天元卽午挨弼星仍九入中午陰逆行

三 此局乾方可用城門訣

三運卯山酉向兼甲庚乙辛起星圖

山　　向

武六 巨二 二	貪一 武六 七	輔八 文四 九
破七 祿三 一	廉五 貪一 三	祿三 輔八 五
巨二 破七 六	弼九 廉五 八	文四 弼九 四

說明

一五到向無替可尋

二一到山一之天元卽子挨貪狼仍一入中子陰逆行

三此局坤方可用城門訣

四運卯山酉向兼甲庚乙辛起星圖

山　　向

廉五 貪一 三	貪一 武六 八	祿三 輔八 一
文四 弼九 二	武六 巨二 四	輔八 文四 六
弼九 廉五 七	巨二 破七 九	破七 祿三 五

說明

一六到向六之天元卽乾挨武曲仍六入中乾陽順行

二二到山二之天元卽坤挨巨門仍二入中坤陽順行

三此局坤方可用城門訣

五運卯山酉向兼甲庚乙辛起星圖

	輔八 祿三 四	祿三 破七 九	貪一 廉五 二	
山	弼九 文四 三	破七 巨二 五	廉五 弼九 七	向
	文四 輔八 八	巨二 武六 一	武六 貪一 六	

說明

一七到向七之天元卽酉挨破軍仍七入中酉陰逆行

二三到山三之天元卽卯挨巨門故不用三而以二入中卯陰逆行

六運卯山酉向兼甲庚乙辛起星圖

	武六 廉五 五	巨二 貪一 一	文四 祿三 三	
山	廉五 文四 四	破七 武六 六	弼九 輔六 八	向
	貪一 弼九 九	祿三 巨二 二	輔八 破七 七	

說明

一八到向八之天元卽艮挨破軍故不用八而以七入中艮陽順行

二四到山四之天元卽巽挨武曲故不用四而以六入中巽陽順行

三此局乾坤二方俱可用城門訣

四此局兼當元丁星入囚

七運卯山酉向兼甲庚乙辛起星圖

	貪一 武六 六	廉五 貪一 二	祿三 輔八 四	
山	巨二 破七 五	弼九 廉五 七	破七 祿三 九	向
	武六 巨二 一	文四 弼九 三	輔八 文四 八	

說明

一九到向九之天元卽午挨弼星仍九入中午
陰逆行

二五到山無替可尋

八運卯山酉向兼甲庚乙辛起星圖

	巨二 廉五 七	武六 貪一 三	文四 祿三 五	
山	祿三 文四 六	貪一 武六 八	輔八 輔八 一	向
	破七 弼九 二	廉五 巨二 四	弼九 破七 九	

說明

一一到向一之天元卽子挨貪狼仍一入中子
陰逆行

二六到山六之天元卽乾挨武曲仍六入中乾
陽順行

三此局乾方可用城門訣

九運卯山酉向兼甲庚乙辛起星圖

山（左）　向（右）

貪一 輔八 八	武六 祿三 四	輔八 貪一 六
弼九 弼九 七	巨二 破七 九	文四 廉五 二
廉五 文四 三	破七 巨二 五	祿三 武六 一

說明

一二到向二之天元卽坤挨巨門仍二入中坤陽順行

二七到山七之天元卽酉挨破軍仍七入中酉陰逆行

三此局乾方可用城門訣

以上卯山酉向九局地運四十年各運同

一運酉山卯向兼庚甲辛乙起星圖

向（左）　山（右）

武六 祿三 九	巨二 破七 五	文四 廉五 七
廉五 文四 八	破七 巨二 一	弼九 弼九 三
貪一 輔八 四	祿三 武六 六	輔八 貪一 二

說明

一八到向八之天元卽艮挨破軍故不用八而以七入中艮陽順行

二三到山三之天元卽卯挨巨門故不用三而以二入中卯陰逆行

三此局艮方有水爲當元吉水其巽方並可用城門訣

二運酉山卯向兼庚甲辛乙起星圖

向 ← → 山

貪一 廉五 一	廉五 貪一 六	祿三 祿三 八
巨二 文四 九	弼九 武六 二	破七 輔八 四
武六 弼九 五	文四 巨二 七	輔八 破七 三

說明

一九到向九之天元卽午挨弼星仍九入中午陰逆行

二四到山四之天元卽巽挨武曲故不用四而以六入中巽陽順行

三此局巽方可用城門訣

三運酉山卯向兼庚甲辛乙起星圖

向 ← → 山

巨二 武六 二	武六 貪一 七	文四 輔八 九
祿三 破七 一	貪一 廉五 三	輔八 祿三 五
破七 巨二 六	廉五 弼九 八	弼九 文四 四

說明

一一到向一之天元卽子挨貪狼仍一入中子陰逆行

二五到山無替可尋

四運酉山卯向兼庚甲辛乙起星圖

	貪一 廉五 三	武六 貪一 八	輔八 祿三 一	
向	弼九 文四 二	巨二 武六 四	文四 輔八 六	山
	廉五 弼九 七	破七 巨二 九	祿三 破七 五	

說明

一二到向二之天元即坤挨巨門仍二入中坤陽順行

二六到山六之天元即乾挨武曲仍六入中乾陽順行

三此局巽艮兩方俱可用城門訣

五運酉山卯向兼庚甲辛乙起星圖

祿三 輔八 四	破七 祿三 九	廉五 貪一 二	
文四 弼九 三	巨二 破七 五	弼九 廉五 七	山
輔八 文四 八	武六 巨二 一	貪一 武六 六	

說明

一三到向三之天元即卯挨巨門故不用三而以二入中卯陰逆行

二七到山七之天元即酉挨破軍仍七入中酉陰逆行

六運酉山卯向兼庚甲辛乙起星圖

廉五 武六 五	貪一 巨二 一	祿三 文四 三
向 文四 廉五 四	武六 破七 六	山 輔八 弼九 八
弼九 貪一 九	巨二 祿三 二	破七 輔八 七

說明

一四到向四之天元即巽挨武曲故不用四而以六入中巽陽順行

二八到山八之天元即艮挨破軍故不用八而以七入中艮陽順行

三此局艮方可用城門訣

四此局向星入囚

七運酉山卯向兼庚甲辛乙起星圖

武六 貪一 六	貪一 廉五 二	輔八 祿三 四
向 破七 巨二 五	廉五 弼九 七	山 祿三 破七 九
巨二 武六 一	弼九 文四 三	文四 輔八 八

說明

一五到向無替可尋

二九到山九之天元即午挨弼星仍九入中午陰逆行

三此局艮方可用城門訣

八運酉山卯向兼庚甲辛乙起星圖

廉五巨二 七	貪一武六 三	祿三文四 五	
向 文四祿三 六	武六貪一 八	輔八輔八 一	山
弼九破七 二	巨二廉五 四	破七弼九 九	

說明

一 六到向六之天元即乾挨武曲仍六入中乾陽順行

二 一到一山之天元即子挨貪狼仍一入中子陰逆行

三 此局巽方可用城門訣

九運酉山卯向兼庚甲辛乙起星圖

輔八貪一 八	祿三武六 四	貪一輔八 六	
向 弼九弼九 七	破七巨二 九	廉五文四 二	山
文四廉五 三	巨二破七 五	武六祿三 一	

說明

一 七到向七之天元即酉挨破軍仍七入中酉陰逆行

二 二到山二之天元即坤挨巨門仍二入中坤陽順行

三 此局艮方可用城門訣

以上酉山卯向九局地運壹百四十年各運同

一運乾山巽向兼戌辰亥巳起星圖

貪一 貪一 九	廉五 武六 五	祿三 輔八 七
巨二 弼九 八	弼九 巨二 一	破七 文四 三
武六 廉五 四	文四 破七 六	輔八 祿三 二

山

向

說明

一九到向九之天元卽午挨弼星仍九入中午陰逆行

二二到山二之天元卽坤挨巨門仍二入中坤陽順行

二運乾山巽向兼戌辰亥巳起星圖

巨二 祿三 一	武六 破七 六	文四 廉五 八
祿三 文四 九	貪一 巨二 二	輔八 弼九 四
破七 輔八 五	廉五 武六 七	弼九 貪一 三

山

向

說明

一一到向一之天元卽子挨貪狼仍一入中子陰逆行

二三到山三之天元卽卯挨巨門故不用三而以二入卯陰逆行

三此局卯方可用城門訣

四此局丁星入囚葬後子嗣極艱

三運乾山巽向兼戌辰亥巳起星圖

向

貪一 廉五 二	武六 貪一 七	輔八 祿三 九
弼九 文四 一	巨二 武六 三	文四 輔八 五
廉五 弼九 六	破七 巨二 八	祿三 破七 四

山

說明

一二到向二之天元卽坤挨巨門仍二入中坤陽順行

二四到山四之天元卽巽挨武曲故不用四而以六入中巽陽順行

三此局午卯兩方俱可用城門訣

四運乾山巽向兼戌辰亥巳起星圖

向

祿三 文四 三	破七 弼九 八	廉五 巨二 一
文四 祿三 二	巨二 廉五 四	弼九 破七 六
輔八 輔八 七	武六 貪一 九	貪一 武六 五

山

說明

一三到向三之天元卽卯挨巨門故不用三而以二入中卯陰逆行

二五到山無替可尋四維順行下同

三此局震方有水爲當元吉水

五運乾山巽向兼戌辰亥巳起星圖

向			
向	廉五 廉五 四	貪一 貪一 九	祿三 祿三 二
	文四 文四 三	武六 武六 五	輔八 輔八 七
	弼九 弼九 八	巨二 巨二 一	破七 破七 六	山

說明

一四到向四之天元卽巽挨武曲故不用四而以六入中巽陽順行

二六到山六之天元卽乾挨武曲仍六入中乾陽順行

三此局用替山向字字相同名八純卦凶

四此局午卯兩方俱可用城門訣

六運乾山巽向兼戌辰亥巳起星圖

向	文四 輔八 五	弼九 祿三 一	巨二 貪一 三
	祿三 弼九 四	廉五 破七 六	破七 廉五 八
	輔八 文四 九	貪一 巨二 二	武六 武六 七	山

說明

一五到向無替可尋

二七到山七之天元卽酉挨破軍仍七入中酉陰逆行

三此局午方可用城門訣

七運乾山巽向兼戌辰亥巳起星圖

向	廉五 武六 六	貪一 巨二 二	祿三 文四 四	
	文四 廉五 五	武六 破七 七	輔八 弼九 九	
	弼九 貪一 一	巨二 祿三 三	破七 輔八 八	山

說明

一 六到向六之天元卽乾挨武曲仍六入中乾陽順行

二 八到山八之天元卽艮挨破軍故不用八而以七入中艮陽順行

三 此局丁星入囚

八運乾山巽向兼戌辰亥巳起星圖

向	輔八 貪一 七	祿三 廉五 三	貪一 祿三 五	
	弼九 巨二 六	破七 弼九 八	廉五 破七 一	
	文四 武六 二	巨二 文四 四	武六 輔八 九	山

說明

一 七到向七之天元卽酉挨破軍仍七入中酉陰逆行

二 九到山九之天元卽午挨弼星仍九入中午陰逆行

三 此局午方可用城門訣

九運乾山巽向兼戌辰亥巳起星圖

向			山
	武六 巨二 八	巨二 武六 四	文四 文四 六
	廉五 祿三 七	破七 貪一 九	弼九 輔八 二
	貪一 破七 三	祿三 廉五 五	輔八 弼九 一

說明

一 八到向八之天元卽艮挨破軍故不用八而以七入中艮陽順行

二 一到山一之天元卽子挨貪狼仍一入中子陰逆行

三 此局卯方可用城門訣

以上乾山巽向九局地運一百六十年各運同

一運巽山乾向兼辰戌巳亥起星圖

山			向
	貪一 貪一 九	武六 廉五 五	輔八 祿三 七
	弼九 巨二 八	巨二 弼九 一	文四 破七 三
	廉五 武六 四	破七 文四 六	祿三 輔八 二

說明

一 二到向二之天元卽坤挨巨門仍二入中坤陽順行

二 九到山九之天元卽午挨弼星仍九入中午陰逆行

三 此局酉方可用城門訣

二運巽山乾向兼辰戌巳亥起星圖

祿三 巨二 一	破七 武六 六	廉五 文四 八
文四 祿三 九	巨二 貪一 二	弼九 輔八 四
輔八 破七 五	武六 廉五 七	貪一 弼九 三

山（左上）　向（右下）

說明

一　三到向三之天元卽夘挨巨門故不用三而以二入中卯陰逆行

二　一到山一之天元卽子挨貪狠仍一入中子陰逆行

三　此局子方可用城門訣

四　此局向星入囚

三運巽山乾向兼辰戌巳亥起星圖

廉五 貪一 二	貪一 武六 七	祿三 輔八 九
文四 弼九 一	武六 巨二 三	輔八 文四 五
弼九 廉五 六	巨二 破七 八	破七 祿三 四

山（左上）　向（右下）

說明

一　四到向四之天元卽巽挨武曲故不用四而以六入中巽陽順行

二　二到山二之天元卽坤挨巨門仍二中入坤陽順行

三　此局酉方可用城門訣

四運巽山乾向兼辰戌巳亥起星圖

山	文四 祿三 三	弼九 破七 八	巨二 廉五 一
	祿三 文四 三	廉五 巨二 四	破七 弼九 六
	輔八 輔八 七	貪一 武六 九	武六 貪一 五 向

說明

一 五到向無替可尋

二 二到山三之天元卽卯挨巨門故不用三而以二入中卯陰逆行

三 此局子方可用城門訣

五運巽山乾向兼辰戌巳亥起星圖

山	廉五 廉五 四	貪一 貪一 九	祿三 祿三 二
	文四 文四 三	武六 武六 五	輔八 輔八 七
	弼九 弼九 八	巨二 巨二 一	破七 破七 六 向

說明

一 六到向六之天元卽乾挨武曲仍六入中乾陽順行

二 四到山四之天元卽巽挨武曲故不用四而以六入中巽陽順行

三 此局用替山向字字相同名八純卦凶

四 此局酉子兩方俱可用城門訣

六運巽山乾向兼辰戌巳亥起星圖

山				向
	輔八 文四 五	祿三 弼九 一	貪一 巨二 三	
	弼九 祿三 四	破七 廉五 六	廉五 破七 八	
	文四 輔八 九	巨二 貪一 二	武六 武六 七	

說明

一七到向七之天元卽酉挨破軍仍七入中酉陰逆行

二五到山無替可尋

七運巽山乾向兼辰戌巳亥起星圖

山				向
	武六 廉五 六	巨二 貪一 二	文四 祿三 四	
	廉五 文四 五	破七 武六 七	弼九 輔八 九	
	貪一 弼九 一	祿三 巨二 三	輔八 破七 八	

說明

一八到向八之天元卽艮挨破軍故不用八而以七入中艮陽順行

二六到山六之天元卽乾挨武曲仍六入中乾陽順行

三此局酉子酉兩方俱可用城門訣

四此局向星入囚

八運巽山乾向兼辰戌巳亥起星圖

山	貪一輔八 七	廉五祿三 三	祿三貪一 五	
	巨二弼九 六	弼九破七 八	破七廉五 一	
	武六文四 二	文四巨二 四	輔八武六 九	向

說明

一九到向九之天元卽午挨弼星仍九入中午陰逆行

二七到山七之天元卽酉挨破軍仍七入中酉陰逆行

三此局酉方可用城門訣

九運巽山乾向兼辰戌巳亥起星圖

山	巨二武六 八	武六巨二 四	文四文四 六	
	祿三廉五 七	貪一破七 九	輔八弼九 二	
	破七貪一 三	廉五祿三 五	弼九輔八 一	向

說明

一一到向一之天元卽子挨貪狼仍一入中子陰逆行

二八到山八之天元卽艮挨破軍故不用八而以七入中艮陽順行

三此局子方可用城門訣

以上巽山乾向九局地運二十年各運同

一運艮山坤向兼丑未寅申起星圖

向

輔八 廉五 九	祿三 貪一 五	貪一 祿三 七
弼九 文四 八	破七 武六 一	廉五 輔八 三
文四 弼九 四	巨二 巨二 六	武六 破七 二

山

說明

一七到向七之天元卽酉挨破軍仍七入中酉陰逆行

二四到山四之天元卽巽挨武曲故不用四而以六入中巽陽順行

三此局酉方可用城門訣

二運艮山坤向兼丑未寅申起星圖

向

武六 文四 一	巨二 弼九 六	文四 巨二 八
廉五 祿三 九	破七 廉五 二	弼九 破七 四
貪一 輔八 五	祿三 貪一 七	輔八 武六 三

山

說明

一八到向八之天元卽艮挨破軍故不用八而以七入中艮陽順行

二五到山無替可尋

三此局離方有水爲當元吉水

三運艮山坤向兼丑未寅申起星圖

向

貪一 廉五 二	廉五 貪一 七	祿三 祿三 九
巨二 文四 一	弼九 武六 三	破七 輔八 五
武六 弼九 六	文四 巨二 八	輔八 破七 四

山

說明

一九到向九之天元卽午挨弼星仍九入中午陰逆行

二六到山六之天元卽乾挨武曲仍六入中乾陽順行

三此局午酉兩方俱可用城門訣

四運艮山坤向兼丑未寅申起星圖

向

巨二 輔八 三	武六 祿三 八	文四 貪一 一
祿三 弼九 二	貪一 破七 四	輔八 廉五 六
破七 文四 七	廉五 巨二 九	弼九 武六 五

山

說明

一一到向一之天元卽子挨貪狼仍一入中子陰逆行

二七到山七之天元卽酉挨破軍仍七入中酉陰逆行

五運艮山坤向兼丑未寅申起星圖

向

貪一 武六 四	武六 巨二 九	輔八 文四 二
弼九 廉五 三	巨二 破七 五	文四 弼九 七
廉五 貪一 八	破七 祿三 一	祿三 輔八 六

山

說明

一二到向二之天元卽坤挨巨門仍二入中坤陽順行

二八到山八之天元卽艮挨破軍故不用八而以七入中艮陽順行

三此局午酉兩方俱可用城門訣

六運艮山坤向兼丑未寅申起星圖

向

祿三 貪一 五	破七 廉五 一	廉五 祿三 三
文四 巨二 四	巨二 弼九 六	弼九 破七 八
輔八 武六 九	武六 文四 二	貪一 輔八 七

山

說明

一三到向三之天元卽卯挨巨門故不用三而以二入中卯陰逆行

二九到山九之天元卽午挨弼星仍九入中午陰逆行

三此局午方可用城門訣

七運艮山坤向兼丑未寅申起星圖

向

廉五 巨二 六	貪一 武六 二	祿三 文四 四
文四 祿三 五	武六 貪一 七	輔八 輔八 九
弼九 破七 一	巨二 廉五 三	破七 弼九 八

山

說明

一四到向四之天元卽巽挨武曲故不用四而以六入中巽陽順行

二一到山一之天元卽子挨貪狼仍一入中子陰逆行

三此局酉方可用城門訣

八運艮山坤向兼丑未寅申起星圖

向

文四 貪一 七	弼九 武六 三	巨二 輔八 五
祿三 弼九 六	廉五 巨二 八	破七 文四 一
輔八 廉五 二	貪一 破七 四	武六 祿三 九

山

說明

一五到向無替可尋

二二到山二之天元卽坤挨巨門仍二入中坤陽順行

三此局午酉兩方俱可用城門訣

九運艮山坤向兼丑未寅申起星圖

向

廉五 祿三 八	貪一 破七 四	祿三 廉五 六
文四 文四 七	武六 巨二 九	輔八 弼九 二
弼九 輔八 三	巨二 武六 五	破七 貪一 一

山

說明

一六到向六之天元卽乾挨武曲仍六入中乾陽順行

二三到山三之天元卽卯挨巨門故不用三而以二入中卯陰逆行

以上艮山坤向九局地運一百二十年各運同

一運坤山艮向兼未丑申寅起星圖

山

廉五 輔八 九	貪一 祿三 五	祿三 貪一 七
文四 弼九 八	武六 破七 一	輔八 廉五 三
弼九 文四 四	巨二 巨二 六	破七 武六 二

向

說明

一四到向四之天元卽巽挨武曲故不用四而以六入中巽陽順行

二七到山七天元卽酉挨破軍仍七入中酉陰逆行

二運坤山艮向兼未丑申寅起星圖

向		山
文四武六 一	弼九巨二 六	巨二文四 八
祿三廉五 九	廉五破七 二	破七弼九 四
輔八貪一 五	貪一祿三 七	武六輔八 三

說明

一五到向無替可尋

二八到山八之天元卽艮挨破軍故不用八而以七入中艮陽順行

三此局子卯兩方俱可用城門訣

三運坤山艮向兼未丑申寅起星圖

向		山
廉五貪一 二	貪一廉五 七	祿三祿三 九
文四巨二 一	武六弼九 三	輔八破七 五
弼九武六 六	巨二文四 八	破七輔八 四

說明

一六到向六之天元卽乾挨武曲仍六入中乾陽順行

二九到山九之天元卽午挨弼星仍九入中午陰逆行

三此局卯方可用城門訣

四運坤山艮向兼未丑申寅起星圖

		山
輔八 巨二 三	祿三 武六 八	貪一 文四 一
弼九 祿三 二	破七 貪一 四	廉五 輔八 六
文四 破七 七	巨二 廉五 九	武六 弼九 五

向

說明

一 七到向七之天元卽酉挨破軍仍七入中酉陰逆行

二 一到山一之天元卽子挨貪狼仍一入中子陰逆行

三 此局子方可用城門訣

五運坤山艮向兼未丑申寅起星圖

		山
武六 貪一 四	巨二 武六 九	文四 輔八 二
廉五 弼九 三	破七 巨二 五	弼九 文四 七
貪一 廉五 八	祿三 破七 一	輔八 祿三 六

向

說明

一 八到向八之天元卽艮挨破軍故不用八而以七入中艮陽順行

二 二到山二之天元卽坤挨巨門仍二入中坤陽順行

三 此局震方有水爲當元吉水其子方並可用城門訣

六運坤山艮向兼未丑申寅起星圖

		山
貪一 祿三 五	廉五 破七 一	祿三 廉五 三
巨二 文四 四	弼九 巨二 六	破七 弼九 八
武六 輔八 九	文四 武六 二	輔八 貪一 七
向		

說明

一九到向九之天元卽午挨弼星仍九入中午陰逆行

二三到山三之天元卽卯挨巨門故不用三而以二入中卯陰逆行

七運坤山艮向兼未丑申寅起星圖

		山
巨二 廉五 六	武六 貪一 二	文四 祿三 四
祿三 文四 五	貪一 武六 七	輔八 輔八 九
破七 弼九 一	廉五 巨二 三	弼九 破七 八
向		

說明

一一到向一之天元卽子挨貪狼仍一入中子陰逆行

二四到山四之天元卽巽挨武曲故不用四而以六入中巽陽順行

三此局子卯兩方俱可用城門訣

八運坤山艮向兼未丑申寅起星圖

山

貪一 文四 七	武六 弼九 二	輔八 巨二 五
弼九 祿三 六	巨二 廉五 八	文四 破七 二
廉五 輔八 一	破七 貪一 四	祿三 武六 九

向

說明

一二到向二之天元卽坤挨巨門仍二入中坤陽順行

二五到山無替可尋

九運坤山艮向兼未丑申寅起星圖

山

祿三 廉五 八	貪七 破二 四	廉五 祿三 六
文四 文四 七	巨二 武六 九	弼九 輔八 二
輔八 弼九 三	武六 巨二 五	貪一 破七 一

向

說明

一三到向三之天元卽卯挨巨門故不用三而以二入中卯陰逆行

二六到三山六之天元卽乾挨武曲仍六入中乾陽順行

三此局卯方可用城門訣

以上坤山艮向九局地運六十年各運同

一運壬山丙向兼子午亥巳起星圖

文四 破七 九	向 弼九 巨二 五	巨二 弼九 七
祿三 輔八 八	廉五 武六 一	破七 文四 三
輔八 祿三 四	貪一 貪一 六 山	武六 廉五 二

說明

一五到向無替可尋四正順行下同

二六到山六之地元卽戌挨武曲仍六入中戌陰故逆行

二運丙山壬向兼子午亥巳起星圖

破七 輔八 一	向 巨二 文四 六	弼九 武六 八
輔八 破七 九	武六 弼九 二	文四 巨二 四
祿三 祿三 五	貪一 廉五 七 山	廉五 貪一 三

說明

一六到向六之地元卽戌挨武曲仍六入中戌陰逆行

二七到山七之地卽庚挨弼星故不用七而以九入中庚陽順行

三此局未方可用城門訣

三運壬山丙向兼子午亥巳起星圖

輔八 輔八 二	向 文四 祿三 七	武六 貪一 九
破七 弼九 一	弼九 破七 三	巨二 廉五 五
祿三 文四 六	廉五 巨二 八 山	貪一 武六 四

說明

一七到向七之地元卽庚挨弼星故不用七而以九入中庚陽順行

二八到山八之地元卽丑挨破軍故不用八而以七入中丑陰逆行

三此局用替全盤合十

四此局辰方可用城門訣

四運壬山丙向兼子午亥巳起星圖

輔八 武六 三	向 祿三 巨二 八	貪一 文四 一
弼九 廉五 二	破七 破七 四	廉五 弼九 六
文四 貪一 七	巨二 祿三 九 山	武六 輔八 五

說明

一八到向八之地元卽丑挨破軍故不用八而以七入中丑陰逆行

二九到山九之地元卽丙挨破軍故不用九而以七入中丙陽順行

五運壬山丙向兼子午亥巳起星圖

	向	
武六 貪一 四	巨二 武六 九	文四 輔八 二
廉五 弼九 三	破七 巨二 五	弼九 文四 七
貪一 廉五 八	祿三 破七 一	輔八 祿三 六
	山	

說明

一 九到向九之地元卽丙挨破軍故不用九而以七入中丙陽順行

二 一到山一之地元卽壬挨巨門故不用一而以二入中壬陽順行

三 此局辰未兩方俱可用城門訣

六運壬山丙向兼子午亥巳起星圖

	向	
貪一 祿三 五	武六 破七 一	輔八 廉五 三
弼九 文四 四	巨二 巨二 六	文四 弼九 八
廉五 輔八 九	破七 武六 二	祿三 貪一 七
	山	

說明

一 一到向一之地元卽壬挨巨門故不用一而以二入中壬陽順行

二 二到山二之地元卽未挨巨門仍二入中未陰逆行

三 此局用替到山到向 辰方可用城門訣

七運壬山丙向兼子午亥巳起星圖

祿三 弼九 六	向 破七 廉五 二	廉五 破七 四
文四 輔八 五	巨二 貪一 七	弼九 祿三 九
輔八 文四 一	武六 武六 三 山	貪一 巨二 八

說明

一二到向二之地元卽未挨巨門仍二入中未陰逆行

二三到山之地元卽甲挨貪狼故不用三而以一入中甲陽順行

三此局辰未兩方俱可用城門訣

八運壬山丙向兼子午亥巳起星圖

弼九 破七 七	向 山 廉五 巨二 三	破七 弼九 五
輔八 輔八 六	貪一 武六 八	祿三 文四 一
文四 祿三 二	武六 貪一 四 山 向	巨二 廉五 九

說明

一三到向三之地元卽甲挨貪狼故不用三而以一入中甲陽順行

二四到山四之地元卽辰挨武曲故不用四而以六入中辰陰逆行此局未方可用城門訣

九運壬山丙向兼子午亥巳起星圖

	向	
破七 文四 八	巨二 弼九 四	弼九 巨二 六
輔八 祿三 七	武六 廉五 九	文四 破七 二
祿三 輔八 三	貪一 貪一 五	廉五 武六 一
	山	

說明

一四到向四之地元卽辰挨武曲故不用四而以六入中辰陰逆行

二五到山無替可尋

三此局坤方有水爲當元吉水其辰方並可用城門訣

以上壬山丙向九局地運八十年各運同

一運丙山壬向兼午子巳亥起星圖

	山	
破七 文四 九	巨二 弼九 五	弼九 巨二 七
輔八 祿三 八	武六 廉五 一	文四 破七 三
祿三 輔八 四	貪一 貪一 六	廉五 武六 二
	向	

說明

一六到向六之地元卽戌挨武曲仍六入中戌陰逆行

二五到山替無可尋

三此局丑戌兩方俱可用城門訣

二運丙山壬向兼午子巳亥起星圖

輔八 破七 一	山 文四 巨二 六	武六 弼九 八
破七 輔八 九	弼九 武六 二	巨二 文四 四
祿三 祿三 五	廉五 貪一 七 向	貪一 廉五 三

說明

一七到向七之地元卽庚挨弼星故不用七而以九入中庚陽順行

二六到山六之地元卽戌挨武曲仍六入中戌陰逆行

此局丑方可用城門訣

三運丙山壬向兼午子巳亥起星圖

輔八 輔八 二	山 祿三 文四 七	貪一 武六 九
弼九 破七 一	破七 弼九 三	廉五 巨二 五
文四 祿三 六	巨二 廉五 八 向	武六 貪一 四

說明

一八到向八之地元卽丑挨破軍故不用八而以七入中丑陰逆行

二七到山七之地元卽庚挨弼星故不用七而以九入中庚陽順行

三此局用替全盤合十

四此局丑戌兩方俱可用城門訣

四運丙山壬向兼午子巳亥起星圖

武六 輔八 三	山 巨二 祿三 八	文四 貪一 一
廉五 弼九 二	破七 破七 四	弼九 廉五 六
貪一 文四 七	祿三 巨二 九 向	輔八 武六 五

說明

一九到向九之地元卽丙挨破軍故不用九而以七入中丙陽順行

二八到山八之地元卽丑挨破軍故不用八而以七入中丑陰逆行

五運丙山壬向兼午子巳亥起星圖

貪一 武六 四	山 武六 巨二 九	輔八 文四 二
弼九 廉五 三	巨二 破七 五	文四 弼九 七
廉五 貪一 八	破七 祿三 一 向	祿三 輔八 六

說明

一一到向一之地元卽壬挨巨門故不用一而以二入中壬陽順行

二九到山九之地元卽丙挨破軍故不用九而以七入中丙陽順行

三此局艮方有水爲當元吉水其戌方並可用城門訣

六運丙山壬向兼午子巳亥起星圖

祿三 貪一 五	山 輔七 武六 一	廉五 輔八 三
文四 弼九 四	巨二 巨二 六	弼九 文四 八
輔八 廉五 九	武六 破七 二 向	貪一 祿三 七

說明

一二到向二之地元卽未挨巨門仍二入中未
陰逆行

二一到山一之地元卽壬挨巨門故不用一而
以二入中壬陽順行

三此局用替到山到向

七運丙山壬向兼午子巳亥起星圖

弼九 祿三 六	山 廉五 破七 二	破七 廉五 四
輔八 文四 五	貪一 巨二 七	祿三 弼九 九
文四 輔八 一	武六 武六 三 向	巨二 貪一 八

說明

一三到向三之地元卽甲挨貪狼故不用三而
以一入中甲陽順行

二二到山二之地元卽未挨巨門仍二挨中未
陰逆行

三此局戌方可用城門訣

八運丙山壬向兼午子巳亥起星圖

破七 弼九 七	山 巨二 廉五 三	弼九 破七 五
輔八 輔八 六	武六 貪一 八	文四 祿三 一
祿三 文四 二	貪一 武六 四 向	廉五 巨二 九

說明

一四到向四之地元即辰挨武曲故不用四而以六入中辰陰逆行

二三到山三之地元即甲挨貪狼故不用三而以一入中甲陽順行

三此局丑方可用城門訣

九運丙山壬向兼午子巳亥起星圖

文四 破七 八	山 弼九 巨二 四	巨二 弼九 六
祿三 輔八 七	廉五 武六 九	破七 文四 二
輔八 祿三 三	貪一 貪一 五 向	武六 廉五 一

說明

一五到向無替可尋

二四到山四之地元即辰挨武曲故不用四而以六入中辰陰逆行

以上丙山壬向九局地運一百年各運同

一運甲山庚向兼卯酉寅申起星圖

	弼九 輔八 九	廉五 祿三 五	破七 貪一 七	
山	輔八 弼九 八	貪一 破七 一	祿三 廉五 三	向
	文四 文四 四	武六 巨二 六	巨二 武六 二	

說明

一 三到向三之地元卽甲貪狼故不用三而以一入中甲陽順行

二 八到山八之地元卽丑挨破軍故不用八而以七入中丑陰逆行

三 此局戌方可用城門訣

四 此局向星入囚

二運甲山庚向兼卯酉寅申起星圖

	破七 武六 一	巨二 巨二 六	弼九 文四 八	
山	輔八 廉五 九	武六 破七 二	文四 弼九 四	向
	祿三 貪一 七	貪一 祿三 五	廉五 輔八 三	

說明

一 四到向四之地元卽辰挨武曲故不用四而以六入中辰陰逆行

二 九到山九之地元卽丙挨破軍故不用九而以七入中丙陽順行

三 此局未方可用城門訣

三運甲山庚向兼卯酉寅申起星圖

向

巨二 輔八 九	弼九 武六 七	文四 貪一 二
破七 文四 五	廉五 巨二 三	祿三 弼九 一
武六 祿三 四	貪一 破七 八	輔八 廉五 六

山

說明

一五到向無替可尋

二一到山一之地元卽壬挨巨門故不用一而以二入中壬陽順行

三此局戌方可用城門訣

四運甲山庚向兼卯酉寅申起星圖

向

弼九 廉五 一	巨二 破七 八	破七 祿三 三
文四 弼九 六	武六 巨二 四	輔八 文四 二
廉五 貪一 五	貪一 武六 九	祿三 輔八 七

山

說明

一六到向六之地元卽戌挨武曲仍六入中戌陰逆行

二二到山二之地元卽未挨巨門仍二入中未陰逆行

三此局戌方可用城門訣

五運甲山庚向兼卯酉寅申起星圖

	輔八 弼九 四	文四 廉五 九	武六 破七 二	
山	破七 輔八 三	弼九 貪一 五	巨二 祿三 七	向
	祿三 文四 八	廉五 武六 一	貪一 巨二 六	

說明

一七到向七之地元卽庚挨弼星故不用七而
以九入中庚陽順行
二三到山三之地元卽甲挨貪狼故不用三而
以一入中甲陽順行
三此局用替全盤生成
四此局未戌兩方俱可用城門訣

六運甲山庚向兼卯酉寅申起星圖

	輔八 破七 五	祿三 巨二 一	貪一 弼九 三	
山	弼九 輔八 四	破七 武六 六	廉五 文四 八	向
	文四 祿三 九	巨二 貪一 二	武六 廉五 七	

說明

一八到向八之地元卽丑挨破軍故不用八而
以七入中丑陰逆行
二四到山四之地元卽辰挨武曲故不用四而
以六入中辰陰逆行
三此局乾方有水爲當元吉水
四此局丁星入囚

七運甲山庚向兼卯酉寅申起星圖

向

文四 巨二 四	弼九 破七 九	輔八 武六 八
巨二 弼九 二	破七 廉五 七	祿三 貪一 三
武六 文四 六	廉五 祿三 五	貪一 輔八 一

山

說明

一九到向九之地元卽丙挨破軍故不用九而以七入中丙陽順行
二五到山無替可尋
三此局未戌兩方俱可用城門訣
四此局向星入囚

八運甲山庚向兼酉卯寅申起星圖

向

輔八 弼九 五	文四 文四 一	祿三 廉五 九
武六 巨二 三	巨二 武六 八	破七 貪一 四
貪一 破七 七	弼九 輔八 六	廉五 祿三 二

山

說明

一一到向一之地元卽壬挨巨門故不用一而以二入中壬陽順行
二六到山六之地元卽戌挨武曲仍六入中戌陰逆行
三此局坤方有水爲當元吉水未方並可用城門訣

九運甲山庚向兼卯酉寅申起星圖

向

祿三 輔八 八	破七 文四 四	廉五 武六 六
文四 破七 七	巨二 弼九 九	弼九 巨二 二
輔八 祿三 三	武六 廉五 五	貪一 貪一 一

山

說明

一 二到向二之地元卽未挨巨門仍二入中未陰逆行

二 七到山七之地元卽庚挨弼星故不用七而以九入中庚陽順行

三 此局未方可用城門訣

四 此局丁星入囚

以上甲山庚向九局地運四十年各運同

一運庚山甲向兼酉卯申寅起星圖

山

輔八 弼九 九	祿三 廉五 五	貪一 破七 七
弼九 輔八 八	破七 貪一 一	廉五 祿三 三
文四 文四 四	巨二 武六 六	武六 巨二 二

向

說明

一 八到向八之地元卽丑挨破軍故不用八而以七入中丑陰逆行

二 三到山三之地元卽甲挨貪狼故不用三而以一入中甲陽順行

三 此局丑方可用城門訣

四 此局丁星入囚

二運庚山甲向兼酉卯申寅起星圖

向（左）　山（右）

武六 破七 一	巨二 巨二 六	文四 弼九 八
廉五 輔八 九	破七 武六 二	弼九 文四 四
貪一 祿三 五	祿三 貪一 七	輔八 廉五 三

說明

一九到向九之地元卽丙挨破軍故不用九而以七入中丙陽順行

二四到山四之地元卽辰挨武曲故不用四而以六入中辰陰逆行 此局丑方可用城門訣

三運庚山甲向兼酉卯申寅起星圖

向（左）　山（右）

貪一 文四 二	武六 弼九 七	輔八 巨二 九
弼九 祿三 一	巨二 廉五 三	文四 破七 五
廉五 輔八 六	破七 貪一 八	祿三 武六 四

說明

一一到向一之地元卽壬挨巨門故不用一而以二入中壬陽順行

二五到山無替可尋

三此局丑辰兩方俱可用城門訣

四運庚山甲向兼酉卯申寅起星圖

向				山
	祿三 破七 三	破七 巨二 八	廉五 弼九 一	
向	文四 輔八 二	巨二 武六 四	弼九 文四 六	山
	輔八 祿三 七	武六 貪一 九	貪一 廉五 五	

說明

一二到向二之地元即未挨巨門仍二入中未陰逆行

二六到山六之地元即戌挨武曲仍六入中戌陰逆行

五運庚山甲向兼酉卯申寅起星圖

向				山
	弼九 輔八 四	廉五 文四 九	破七 武六 二	
向	輔八 破七 三	貪一 弼九 五	祿三 巨二 七	山
	文四 祿三 八	武六 廉五 一	巨二 貪一 六	

說明

一三到向三之地元即甲挨貪狼故不用三而以九入中庚陽順行

二七到山七之地元即庚挨弼星故不用七而以九入中庚陽順行

三此局用替全盤生成

四此局丑辰兩方俱可用城門訣

六運庚山甲向兼酉卯申寅起星圖

	破七 輔八 五	巨二 祿三 一	弼九 貪一 三	
向	輔八 弼九 四	武六 破七 六	文四 廉五 八	山
	祿三 文四 九	貪一 巨二 二	廉五 武六 七	

說明

一四到向四之地元即辰挨武曲故不用四而以六入中辰陰逆行

二八到山八之地元即丑挨破軍故不用八而以七入中丑陰逆行

三此局向星入囚

七運庚山甲向兼酉卯申寅起星圖

	文四 武六 六	弼九 巨二 二	巨二 文四 四	
向	祿三 廉五 五	廉五 破七 七	破七 弼九 九	山
	輔八 貪一 一	貪一 祿三 三	武六 輔八 八	

說明

一五到向無替可尋

二九到山九之地元即丙挨破軍故不用九而以七入中丙陽順行

三此局辰方可用城門訣

四此局丁星入囚

八運庚山甲向兼酉卯申寅起星圖

	破七 貪一 七	巨二 武六 三	弼九 輔八 五	
向	輔八 弼九 六	武六 巨二 八	文四 文四 一	山
	祿三 廉五 二	貪一 破七 四	廉五 祿三 九	

說明

一 六到向六之地元卽戌挨武曲仍六入中戌陰逆行

二 一到山一之地元卽壬挨巨門故不用一而以二入中壬陽順行

三 此局丑方可用城門訣

九運庚山甲向兼酉卯申寅起星圖

	輔八 祿三 八	文四 破七 四	武六 廉五 六	
向	破七 文四 七	弼九 巨二 九	巨二 弼九 二	山
	祿三 輔八 三	廉五 武六 五	貪一 貪一 一	

說明

一 七到向七之地元卽庚挨弼星故不用七而以九入中庚陽順行

二 二到山二之地元卽未挨巨門仍二入中未陰逆行

三 此局辰方可用城門訣

四 此局向星入囚

以上庚山甲向九局地運壹百四十年各運同

一運戌山辰向兼乾巽辛乙起星圖

武六 祿三 九	巨二 破七 五	文四 廉五 七
廉五 文四 八	破七 巨二 一	弼九 弼九 三
貪一 輔八 四	祿三 武六 六	輔八 貪一 二

向　山

說明

一　九到向九之地元卽丙挨破軍故不用九而以七入中丙陽順行

二　二到山二之地元卽未挨巨門仍二入中未陰逆行

三　此局甲方可用城門訣

二運戌山辰向兼乾巽辛乙起星圖

貪一 弼九 一	武六 廉五 六	輔八 破七 八
弼九 輔八 九	巨二 貪 二	文四 祿三 四
廉五 文四 五	破七 武六 七	祿三 巨二 三

向　山

說明

一　一到向一之地元卽壬挨巨門故不用一而以二入中壬陽順行

二　三到山三之地元卽甲挨貪狼故不用三而以一入中甲陽順行

三　此局丙方可用城門訣

四　此局向星入囚

三運戌山辰向兼乾巽辛乙起星圖

向			山
	祿三 破七 二	破七 巨二 七	廉五 弼九 九
	文四 輔八 一	巨二 武六 三	弼九 文四 五
	輔八 祿三 六	武六 貪一 八	貪一 廉五 四

說明

一二到向二之地元卽未挨巨門仍二入中未陰逆行

二四到山四之地元卽辰挨武曲故不用四用以六入中辰陰逆行

四運戌山辰向兼乾巽辛乙起星圖

向			山
	弼九 武六 三	廉五 貪一 八	破七 輔八 一
	輔八 破七 二	貪一 廉五 四	祿三 祿三 六
	文四 巨二 七	武六 弼九 九	巨二 文四 五

說明

一三到向三之地元卽甲挨貪狼故不用三而以一入中甲陽順行

二五到山無替可尋四經逆行下同

三此局甲丙兩方俱可用城門訣

五運戌山辰向兼乾巽辛乙起星圖

向

破七 破七 四	巨二 巨二 九	弼九 弼九 二
輔八 輔八 三	武六 武六 五	文四 文四 七
祿三 祿三 八	貪一 貪一 一	廉五 廉五 六

山

說明

一四到向四之地元卽辰挨武曲故不用四而以六入中辰陰逆行

二六到山六之地元卽戌挨武曲仍六入中戌陰逆行

三此局用替山向字字相同名八純卦凶

六運戌山辰向兼乾巽辛乙起星圖

向

武六 輔八 五	貪一 文四 一	輔八 武六 三
破七 破七 四	廉五 弼九 六	祿三 巨二 八
巨二 祿三 九	弼九 廉五 二	文四 貪一 七

山

說明

一五到向無替可尋

二七到山七之地元卽庚挨弼星故不用七而以九入中庚陽順行

三此局甲方可用城門訣

七運戌山辰向兼乾巽辛乙起星圖

山

破七 輔八 六	巨二 祿三 二	弼九 貪一 四
輔八 弼九 五	武六 破七 七	文四 廉五 九
祿三 文四 一	貪一 巨二 三	廉五 武六 八

向

說明

一 六到向六之地元卽戌挨武曲仍六入中戌陰逆行

二 八到山八之地元卽丑挨破軍故不用八而以七入中丑陰逆行

三 此局丙方可用城門訣

四 此局丁星入囚

八運戌山辰向兼乾巽辛乙起星圖

山

輔八 武六 七	文四 巨二 三	武六 文四 五
破七 廉五 六	弼九 破七 八	巨二 弼九 一
祿三 貪一 二	廉五 祿三 四	貪一 輔八 九

向

說明

一 七到向七之地元卽庚挨弼星故不用七而以九入中庚陽順行

二 九到山九之地元卽丙挨破軍故不用九而以七入中丙陽順行

三 此局甲方可用城門訣

九運戌山辰向兼乾巽辛乙起星圖

向

輔八 貪一 八	祿三 武六 四	貪一 輔八 六
弼九 弼九 七	破七 巨二 九	廉五 文四 二
文四 廉五 三	巨二 破七 五	武六 祿三 一

山

說明

一八到向八之地元卽丑挨破軍故不用八而以七入中丑陰逆行

二一到山一之地元卽壬挨巨門故不用一而以二入中壬陽順行

三此局震方有水爲當元吉水其丙方並可用城門訣

以上戌山辰向九局地運一百六十年各運同

一運辰山戌向兼巽乾乙辛起星圖

山

祿三 武六 九	破七 巨二 五	廉五 文四 七
文四 廉五 八	巨二 破七 一	弼九 弼九 三
輔八 貪一 四	武六 祿三 六	貪一 輔八 二

向

說明

一二到向二之地元卽未挨巨門仍二入中未陰逆行

二九到山九之地元卽丙挨破軍故不用九而以七入中丙陽順行

三此局壬方可用城門訣

二運辰山戌向兼巽乾乙辛起星圖

山

弼九 貪一 一	廉五 武六 六	破七 輔八 八
輔八 弼九 九	貪一 巨二 二	祿三 文四 四
文四 廉五 五	武六 破七 七	巨二 祿三 三

向

說明

一 三到向三之地元卽甲挨貪狼故不用三而以一入中甲陽順行

二 一到山一之地元卽壬挨巨門故不用一而以二入中壬陽順行

三 此局庚方可用城門訣

四 此局丁星入囚

三運辰山戌向兼巽乾乙辛起星圖

山

破七 祿三 二	巨二 破七 七	弼九 廉五 九
輔八 文四 一	武六 巨二 三	文四 弼九 五
祿三 輔八 六	貪一 武六 八	廉五 貪一 四

向

說明

一 四到向四之地元卽辰挨武曲故不用四而以六入中辰陰逆行

二 二到山二之地元卽未挨巨門仍二入中未陰逆行

三 此局壬方可用城門訣

四運辰山戌向兼巽乾乙辛起星圖

山			
輔八 破七 一	祿三 祿三 六	文四 巨二 五	向
貪一 廉五 八	廉五 貪一 四	弼九 武六 九	
武六 弼九 三	破七 輔八 二	巨二 文四 七	

說明

一五到向無替可尋

二三到山三之地元卽甲挨貪狼故不用三而以一入中甲陽順行

三此局庚方可用城門訣

五運辰山戌向兼巽乾乙辛起星圖

山			
弼九 弼九 二	文四 文四 七	廉五 廉五 六	向
巨二 巨二 九	武六 武六 五	貪一 貪一 一	
破七 破七 四	輔八 輔八 三	祿三 祿三 八	

說明

一六到向六之地元卽戌挨武曲仍六入中戌陰逆行

二四到山四之地元卽辰挨武曲故不用四而以六入中辰陰逆行

三此局用替山向字字相同名八純卦凶

六運辰山戌向兼巽乾乙辛起星圖

山			
	武六輔八 五	貪一文四 一	輔八武六 三
	破七破七 四	廉五弼九 六	祿三巨二 八
	巨二祿三 九	弼九廉五 二	文四貪一 七

向

說明

一七到向七之地元卽庚挨弼星故不用七而以九入中庚陽順行

二五到山無替可尋

三此局壬庚兩方俱可用城門訣

七運辰山戌向兼巽乾乙辛起星圖

山			
	破七輔八 六	巨二祿三 二	弼九貪一 四
	輔八弼九 五	武六破七 七	文四廉五 九
	祿三文四 一	貪一巨二 三	廉五武六 八

向

說明

一八到向八之地元卽丑挨破軍故不用八而以七入中丑陰逆行

二六到山六之地元卽戌挨武曲仍六入中戌陰逆行

三此局向星入囚

八運辰山戌向兼巽乾乙辛起星圖

文四 武六 五	弼九 巨二 一	輔八 貪一 九
巨二 文四 三	破七 弼九 八	祿三 廉五 四
武六 輔八 七	廉五 破七 六	貪一 祿三 二

向（右）　山（左）

說明

一九到向九之地元卽丙挨破軍故不用九而以七入中丙陽順行

二七到山七之地元卽庚挨弼星故不用七而以九入中庚陽順行

三此局用替到山到向

四此局壬方可用城門訣

九運辰山戌向兼巽乾乙辛起星圖

輔八 貪一 六	文四 廉五 二	祿三 武六 一
武六 祿三 四	巨二 破七 九	破七 巨二 五
貪一 輔八 八	弼九 弼九 七	廉五 文四 三

向（右）　山（左）

說明

一一到向一之地元卽壬挨巨門故不用一而以二入中壬陽順行

二八到山八之地元卽丑挨破軍故不用八而以七入中丑陰逆行

三此局庚方可用城門訣

以上辰山戌向九局地運二十年各運同

一運丑山未向兼艮坤癸丁起星圖

輔八 破七 九	文四 巨二 五	向 武六 弼九 七
破七 輔八 八	弼九 武六 一	巨二 文四 三
祿三 祿三 四 山	廉五 貪一 六	貪一 廉五 二

說明

一七到向七之地元卽庚挨弼星故不用七而以九入中庚陽順行

二四到山四之地元卽辰挨武曲故不用四而以六入中辰陰逆行

二運丑山未向兼艮坤癸丁起星圖

輔八 武六 一	祿三 貪一 六	向 貪一 輔八 八
弼九 破七 九	破七 廉五 二	廉五 祿三 四
文四 巨二 五 山	巨二 弼九 七	武六 文四 三

說明

一八到向八之地元卽丑挨破軍故不用八而以七入中丑陰逆行

二五到山無替可尋

三此局丙庚兩方俱可用城門訣

三運丑山未向兼艮坤癸丁起星圖

武六 破七 二	巨二 巨二 七	向 文四 弼九 九
廉五 輔八 一	破七 武六 三	弼九 文四 五
貪一 祿三 六山	祿三 貪一 八	輔八 廉五 四

說明

一 九到向九之地元卽丙挨破軍故不用九而以七入中丙陽順行

二 六到山六之地元卽戌挨武挨曲仍六入中戌陰逆行

四運丑山未向兼艮坤癸丁起星圖

輔一 貪八 三	武六 文四 八	向 輔八 武六 一
弼九 破七 二	巨二 弼九 四	文四 巨二 六
廉五 祿三 七山	破七 廉五 九	祿三 貪一 五

說明

一 一到向一之地元卽壬挨巨門故不用一而以二入中壬陽順行

二 七到山七之地元卽庚挨弼星故不用七而以九入中庚陽順行

三 此局兌方有水爲當元吉水其丙方並可用城門訣

五運丑山未向兼艮坤癸丁起星圖

		向
祿三 輔八 四	破七 祿三 九	廉五 貪一 二
文四 弼九 三	巨二 破七 五	弼九 廉五 七
輔八 文四 八山	武六 巨二 一	貪一 武六 六

說明

一二到向二之地元卽未挨巨門仍二入中未陰逆行

二八到山八之地元卽丑挨破軍故不用八而以七入中丑陰逆行

六運丑山未向兼艮坤癸丁起星圖

		向
弼九 武六 五	廉五 巨二 一	破七 文四 三
輔八 廉五 四	貪一 破七 六	祿三 弼九 八
文四 貪一 九山	武六 祿三 二	巨二 輔八 七

說明

一三到向三之地元卽甲挨貪狼故不用三而以一入中甲陽順行

二九到山九之地元卽丙挨破軍故不用九而以七入中丙陽順行

三此局甲方可用城門訣

七運丑山未向兼艮坤癸丁起星圖

破七 貪一 六	巨二 武六 二	向 弼九 輔八 四
輔八 弼九 五	武六 巨二 七	文四 文四 九
祿三 廉五 一 山	貪一 破七 三	廉五 祿三 八

說明

一四到向四之地元卽辰挨武曲故不用四而以六入中辰陰逆行

二一到山一之地元卽壬挨巨門故不用一而以二入中壬陽順行

三此局丙方可用城門訣

八運丑山未向兼艮坤癸丁起星圖

武六 祿三 七	貪一 破七 三	向 輔八 廉五 五
破七 文四 六	廉五 巨二 八	祿三 弼九 一
巨二 輔八 二 山	弼九 武六 四	文四 貪一 九

說明

一五到向無替可尋

二三到山二之地元卽未挨巨門仍二入中未陰逆行

九運丑山未向兼艮坤癸丁起星圖

破七 弼九 八	巨二 廉五 四	向 弼九 破七 六
輔八 輔八 七	武六 貪一 九	文四 祿三 二
祿三 文四 三 山	貪一 武六 五	廉五 巨二 一

說明

一六到向六之地元卽戌挨武曲仍六入中戌陰逆行

二三到山三之地元卽甲挨貪狼故不用三而以一入中甲陽順行

三此局丙庚兩方俱可用城門訣

以上丑山未向九局地運一百二十年各運同

一運未山丑向兼坤艮丁癸起星圖

破七 輔八 九	巨二 文四 五	山 弼九 武六 七
八輔 破七 八	武六 弼九 一	文四 巨二 三
祿三 祿三 四 向	貪一 廉五 六	廉五 貪一 二

說明

一四到向四之地元卽辰挨武曲故不用四而以六入中陰辰逆行

二七到山七之地元卽庚挨弼星故不用七而以九入中庚陽順行

三此局坎方有水爲當元吉水其甲方並可用城門訣

二運未山丑向兼坤艮丁癸起星圖

武六 輔八 一	貪一 祿三 六	山 輔八 貪一 八
破七 弼九 九	廉五 破七 二	祿三 廉五 四
巨二 文四 五 向	弼九 巨二 七	文四 武六 三

說明

一五到向無替可尋

二八到山八之地元卽丑挨破軍故不用八而以七入中丑陰逆行

三運未山丑向兼坤艮丁癸起星圖

破七 武六 二	巨二 巨二 七	山 弼九 文四 九
輔八 廉五 一	武六 破七 三	文四 弼九 五
祿三 貪一 六 向	貪一 祿三 八	廉五 輔八 四

說明

一六到向六地之卽戌挨武曲仍六入中戌陰逆行

二九到山九之地元卽丙挨破軍故不用九而以七入中丙陽順行

三此局壬方可用城門訣

四運未山丑向兼坤艮丁癸起星圖

輔八 貪一 三	文四 武六 八	山 武六 輔八 一
破七 弼九 二	弼九 巨二 四	巨二 文四 六
祿三 廉五 七 向	廉五 破七 九	貪一 祿三 五

說明

一七到向七之地元卽庚挨弼星故不用七而以九入中庚陽順行

二一到山一之地元卽壬挨巨門故不用一而以二入中壬陽順行

三此局甲方可用城門訣

五運未山丑向兼坤艮丁癸起星圖

輔八 祿三 四	祿三 破七 九	山 貪一 廉五 二
弼九 文四 三	破七 巨二 五	廉五 弼九 七
文四 輔八 八 向	巨二 武六 一	武六 貪一 六

說明

一八到向八之地元卽丑挨破軍故不用八而以七入中丑陰逆行

二二到山二之地元卽未挨巨門仍二入中未陰逆行

六運未山丑向兼坤艮丁癸起星圖

武六 弼九 五	巨二 廉五 一	山 文四 破七 三
廉五 輔八 四	破七 貪一 六	弼九 祿三 八
貪一 文四 九 向	祿三 武六 二	輔八 巨二 七

說明

一 九到向九之地元即丙挨破軍故不用九而以七入中丙陽順行

二 三到山三之地元即甲挨貪狼故不用三而以一入中甲陽順行

三 此局壬甲兩方俱可用城門訣

七運未山丑向兼坤艮丁癸起星圖

貪一 破七 六	武六 巨二 二	山 輔八 弼九 四
弼九 輔八 五	巨二 武六 七	文四 文四 九
廉五 祿三 一 向	破七 貪一 三	祿三 廉五 八

說明

一 一到向一之地元即壬挨巨門故不用一而以二入中壬陽順行

二 四到山四之地元即辰挨武曲故不用四而以六入中辰陰逆行

三 此局坎方有水爲當元吉水

八運未山丑向兼坤艮丁癸起星圖

山

祿三 武六 七	破七 貪一 三	廉五 輔八 五
文四 破七 六	巨二 廉五 八	弼九 祿三 一
輔八 巨二 二	武六 弼九 四	貪一 文四 九

向

說明

一二到向二之地元即未挨巨門仍二入中未陰逆行

二五到山無替可尋地元四維逆行

三此局壬甲兩方俱可用城門訣

九運未山丑向兼坤艮丁癸起星圖

山

弼九 破七 八	廉五 巨二 四	破七 弼九 六
輔八 輔八 七	貪一 武六 九	祿三 文四 二
文四 祿三 三	武六 貪一 五	巨二 廉五 一

向

說明

一三到向三之地元即甲挨貪狼故不用三而以一入中甲陽順行

二六到山六之地元即戌挨武曲仍六入中戌陰逆行

以上未山丑向九局地運六十年各運同

一運癸山丁向兼子午丑未起星圖

	向	
武六 廉五 九	貪一 貪一 五	輔八 祿三 七
破七 文四 八	廉五 武六 一	祿三 輔八 三
巨二 弼九 四	弼九 巨二 六	文四 破七 二
	山	

說明

一五到向無替可尋人元四正逆行下同

二六到山六之人元卽亥挨武曲仍六入中亥

陽順行

三此局巳中兩方俱可用城門訣

二運癸山丁向兼子午丑未起星圖

	向	
廉五 輔八 一	貪一 祿三 六	祿三 貪一 八
文四 弼九 九	武六 破七 二	輔八 廉五 四
弼九 文四 五	巨二 巨二 七	破七 武六 三
	山	

說明

一六到向六之人元卽亥挨武曲仍六入中亥

陽順行

二七到山七之人元卽辛挨破軍仍七入中辛

陰逆行

三此局巳方可用城門訣

三運癸山丁向兼子午丑未起星圖

輔八 輔八 二	向 祿三 文四 七	貪一 武六 九
弼九 破七 一	破七 弼九 三	廉五 巨二 五
文四 祿三 六	巨二 廉五 八 山	武六 貪一 四

說明

一七到向七之人元卽辛挨破軍仍七入中辛陰逆行

二八到山八之人元卽寅挨弼星故不用八而以九入中寅陽順行

三此局申方可用城門訣

四運癸山丁向兼子午丑未起星圖

輔八 貪一 三	向 文四 廉五 八	武六 祿三 一
破七 巨二 二	弼九 弼九 四	巨二 破七 六
祿三 武六 七	廉五 文四 九 山	貪一 輔八 五

說明

一八到向八之人元卽寅挨弼星故不用八而以九入中寅陽順行

二九到山九之人元卽丁挨弼星仍九入中丁陰逆行

三此局用替到山到向

四此局巳申兩方俱可用城門訣

五運癸山丁向兼子午丑未起星圖

	向	
貪一 巨二 四	廉五 武六 九	祿三 文四 二
巨二 祿三 三	弼九 貪一 五	破七 輔八 七
武六 破七 八	文四 廉五 一	輔八 弼九 六
	山	

說明

一　九到向九之人元卽丁挨弼星仍九入中丁陰逆行

二　一到山一之人元卽癸挨貪狼仍一入中癸陰逆行

六運癸山丁向兼子午丑未起星圖

	向	
巨二 弼九 五	武六 廉五 一	文四 破七 三
祿三 輔八 四	貪一 貪一 六	輔八 祿三 八
破七 文四 九	廉五 武六 二	弼九 巨二 七
	山	

說明

一　一到向一之人元卽癸挨貪狼仍一入中癸陰逆行

二　二到山二之人元卽申挨貪狼故不用二而以一入中申陽順行

三　此局用替到山到向

四　此局中方可用城門訣

七運癸山丁向兼子午丑未起星圖

	向	
弼九 祿三 六	廉五 破七 二	破七 廉五 四
輔八 文四 五	貪一 巨二 七	祿三 弼九 九
文四 輔八 一	武六 武六 三	巨二 貪一 八
	山	

說明

一二到向二之人元卽申挨貪狼故不用二而
以一入中申陽順行

二三到山三之人元卽乙挨巨門故不用三而
以二入中乙陰逆行

三此局坤方有水爲當元吉水

八運癸山丁向兼子午丑未起星圖

	向	
祿三 廉五 七	破七 貪一 三	廉五 祿三 五
文四 文四 六	巨二 武六 八	弼九 輔八 一
輔八 弼九 二	武六 巨二 四	貪一 破七 九
	山	

說明

一三到向三之人元卽乙挨巨門故不用三而
以二入中乙陰逆行

二四到山四之人元卽巳挨武曲故不用四而
以六入中巳陽順行

三此局用替全盤合十

四此局巳方可用城門訣

九運癸山丁向兼子午丑未起星圖

	向	
廉五 武六 八	貪一 貪一 四	祿三 輔八 六
文四 破七 七	武六 廉五 九	輔八 祿三 二
弼九 巨二 三	巨二 弼九 五	破七 文四 一
	山	

說明

一四到向四之人元卽巳挨武曲故不用四而以六入中巳陽順行

二五到山無替可尋

以上癸山丁向九局地運八十年各運同

一運丁山癸向兼午子未丑起星圖

	山	
廉五 武六 九	貪一 貪一 五	祿三 輔八 七
文四 破七 八	武六 廉五 一	輔八 祿三 三
弼九 巨二 四	巨二 弼九 六	破七 文四 二
	向	

說明

一六到向六之人元卽亥挨武曲仍六入中亥陽順行

二五到山無替可尋人元四正逆行下同

二運丁山癸向兼午子未丑起星圖

輔八 廉五 一	山 祿三 貪一 六	貪一 祿三 八
弼九 文四 九	破七 武六 二	廉五 輔八 四
文四 弼九 五	巨二 巨二 七 向	武六 破七 三

說明

一七到向七之人元卽辛挨破軍仍七入中辛
陰逆行

二六到山六之人元卽亥挨武曲仍六入中亥
陽順行

三此局亥方可用城門訣

三運丁山癸向兼午子未丑起星圖

輔八 輔八 二	山 文四 祿三 七	武六 貪一 九
破七 弼九 一	弼九 破七 三	巨二 廉五 五
祿三 文四 六	廉五 巨二 八 向	貪一 武六 四

說明

一八到向八之人元卽寅挨弼星故不用八而
以九入中寅陽順行

二七到山七之人元卽辛挨破軍仍七入中辛
陰逆行

三此局艮方有水爲當元吉水

四運丁山癸向兼午子未丑起星圖

	山	
貪一 輔八 三	廉五 文四 八	祿三 武六 一
巨二 破七 二	弼九 弼九 四	破七 巨二 六
武六 祿三 七	文四 廉五 九向	輔八 貪一 五

說明

一九到向九之人元卽丁挨弼星仍九入中丁陰逆行

二八到山八之人元卽寅挨弼星故不用八而以九入中寅陽順行

三此局用替到山到向

四此局寅方可用城門訣

五運丁山癸向兼午子未丑起星圖

	山	
巨二 貪一 四	武六 廉五 九	文四 祿三 二
祿三 巨二 三	貪一 弼九 五	輔八 破七 七
破七 武六 八	廉五 文四 一向	弼九 輔八 六

說明

一一到向一之人元卽癸挨貪狼仍一入中癸陰逆行

二九到山九之之人元卽丁挨弼星仍九入中丁陰逆行

六運丁山癸向兼午子未丑起星圖

	山	
弼九 巨二 五	廉五 武六 一	破七 文四 三
輔八 祿三 四	貪一 貪一 六	祿三 輔八 八
文四 破七 九	武六 廉五 二	巨二 弼九 七
	向	

說明

一　二到向二之人元卽申挨貪狼故不用二而以一入中申陽順行

二　一到山一之人元卽癸挨貪狼仍一入中癸陰逆行

三　此局用替到山到向

四　此局亥寅兩方俱可用城門訣

七運丁山癸向兼午子未丑起星圖

	山	
祿三 弼九 六	破七 廉五 二	廉五 破七 四
文四 輔八 五	巨二 貪一 七	弼九 祿三 九
輔八 文四 一	武六 武六 三	貪一 巨二 八
	向	

說明

一　三到向三之人元卽乙挨巨門故不用三而以二入中乙陰逆行

二　二到山二之人元卽申挨貪狼故不用二而以一入中申陽順行

三　此局寅方可用城門訣

八運丁山癸向兼午子未丑起星圖

祿三 廉五 五	輔八 弼九 一	破七 貪一 九
山 貪一 破七 三	武六 巨二 八	巨二 武六 四 向
廉五 祿三 七	文四 文四 六	弼九 輔八 二

說明

一四到向四之人元即巳挨武曲故不用四而以六入中巳陽順行

二三到山三之人元即乙挨巨門故不用三而以二入中乙陰逆行

三此局用替全盤合十

四此局亥方可用城門訣

九運丁山癸向兼午子未丑起星圖

輔八 祿三 六	祿三 輔八 二	文四 破七 一
山 貪一 貪一 四	廉五 武六 九	弼九 巨二 五 向
武六 廉五 八	破七 文四 七	巨二 弼九 三

說明

一五到向無替可尋

二四到山四之人元即巳挨武曲故不用四而以六入中巳陽順行

三此局亥寅兩方俱可用城門訣

以上丁山癸向九局地運一百年各運同

一運乙山辛向兼卯酉辰戌起星圖

	廉五 武六 七	破七 文四 五	祿三 輔八 九	
向	弼九 巨二 三	巨二 弼九 一	文四 破七 八	山
	貪一 貪一 二	武六 廉五 六	輔八 祿三 四	

說明

一三到向三之人元卽乙挨巨門故不用三而以二入中乙陰逆行

二八到山八之人元卽寅挨弼星故不用八而以九入中寅陽順行

三此局乾方有水爲當元吉水其申方並可用城門訣

二運乙山辛向兼卯酉辰戌起星圖

	祿三 祿三 八	貪一 廉五 六	廉五 貪一 一	
向	輔八 破七 四	武六 弼九 二	文四 巨二 九	山
	破七 輔八 三	巨二 文四 七	弼九 武六 五	

說明

一四到向四之人元卽巳挨武曲故不用四而以六入中巳陽順行

二九到山九之人元卽丁挨弼星仍九入中丁陰逆行

三此局亥方可用城門訣

三運乙山辛向兼卯酉辰戌起星圖

山				向
	武六 巨二 二	貪一 武六 七	輔八 文四 九	
山	破七 祿三 一	廉五 貪一 三	祿三 輔八 五	向
	巨二 破七 六	弼九 廉五 八	文四 弼九 四	

說明

一五到向無替可尋人元四正逆行

二一到山一之人元卽癸仍一入中癸陰逆行

三此局中方可用城門訣

四運乙山辛向兼卯酉辰戌起星圖

山				向
	廉五 弼九 三	貪一 廉五 八	祿三 破七 一	
山	文四 輔八 二	武六 貪一 四	輔八 祿三 六	向
	弼九 文四 七	巨二 武六 九	破七 巨二 五	

說明

一六到向六之人元卽亥挨武曲仍六入中亥陽順行

二二到山二之人元卽申挨貪狼故不用二而以一入中申陽順行

三此局中方可用城門訣

五運乙山辛向兼卯酉辰戌起星圖

	輔八祿三四	祿三破七九	貪一廉五二	
山	弼九文四三	破七巨二五	廉五弼九七	向
	文四輔八八	巨二武六一	武六貪一六	

說明

一七到向七之人元卽辛挨破軍仍七入中辛陰逆行

二三到山三之人元卽乙挨巨門故不用三而以二入中乙陰逆行

六運乙山辛向兼卯酉辰戌起星圖

	輔八廉五五	文四貪一一	武六祿三三	
山	破七文四四	弼九武六六	巨二輔八八	向
	祿三弼九九	廉五巨二二	貪一破七七	

說明

一八到向八之人元卽寅挨弼星故不用八而以九入中寅陽順行

二四到山四之人元卽巳挨武曲故不用四而以六入中巳陽順行

三此局坤方有水爲當元吉水其亥方並可用城門訣

七運乙山辛向兼卯酉辰戌起星圖

祿三 輔八 四	廉五 貪一 二	貪一 武六 六
向 破七 祿三 九	弼九 廉五 七	巨二 破七 五 山
輔八 文四 八	文四 弼九 三	武六 巨二 一

說明

一九到向九之人元卽丁挨弼星仍九入中丁
陰逆行

二五到山無替可尋

八運乙山辛向兼卯酉辰戌起星圖

文四 祿三 五	武六 貪一 三	巨二 廉五 七
向 輔八 輔八 一	貪一 武六 八	祿三 文四 六 山
弼九 破七 九	廉五 巨二 四	破七 弼九 二

說明

一一到向一之人元卽癸挨貪狼仍一入中癸
陰逆行

二六到山六之人元卽亥挨武曲仍六入中亥
陽順行

三此局亥方可城門訣

九運乙山辛向兼卯酉辰戌起星圖

向

破七貪一 六	祿三廉五 二	巨二武六 一
廉五祿三 四	貪一破七 九	武六巨二 五
弼九輔八 八	輔八弼九 七	文四文四 三

山

說明

一二到向二之人元卽申挨貪狼故不用二而以一入中申陽順行

二七到山七之人元卽辛挨破軍仍七入中辛陰逆行

三此局亥方可用城門訣

以上乙山辛向九局地運四十年各運同

一運辛山乙向兼酉卯戌辰起星圖

山

武六廉五 七	巨二弼九 三	貪一貪一 二
文四破七 五	弼九巨二 一	廉五武六 六
輔八祿三 九	破七文四 八	祿三輔八 四

向

說明

一八到向八之人元卽寅挨弼星故不用八而以九入中寅陽順行

二三到山三之人元卽乙挨巨門故不用三而以二入中乙陰逆行

三此局巳方可用城門訣

二運辛山乙向兼酉卯戌辰起星圖

	貪一 廉五 一	廉五 貪一 六	祿三 祿三 八	
向	巨二 文四 九	弼九 武六 二	破七 輔八 四	山
	武六 弼九 五	文四 巨二 七	輔八 破七 三	

說明

一九到向九之人元卽丁挨弼星仍九入中丁陰逆行

二四到山四之人元卽巳挨武曲故不用四而以六入中巳陽順行

三此局巳方可用城門訣

三運辛山乙向兼酉卯戌辰起星圖

	巨二 武六 二	武六 貪一 七	文四 輔八 九	
向	祿三 破七 一	貪一 廉五 三	輔八 祿三 五	山
	破七 巨二 六	廉五 弼九 八	弼九 文四 四	

說明

一一到向一之人元卽癸挨貪狼仍一入中癸陰逆行

二五到山無替可尋人元四正逆行下同

四運辛山乙向兼酉卯戌辰起星圖

	廉五 弼九 三	貪一 廉五 八	祿三 破七 一	
向	文四 輔八 二	武六 貪一 四	輔八 祿三 六	山
	弼九 文四 七	巨二 武六 九	破七 巨二 五	

說明

一二到向二之人元卽申挨貪狼故不用二而以一入中申陽順行

二六到山六之人元卽亥挨武曲仍六入中亥陽順行

三此局艮方有水爲當元吉水其巳方並可用城門訣

五運辛山乙向兼酉卯戌辰起星圖

	輔八 祿三 四	祿三 破七 九	貪一 廉五 二	
向	弼九 文四 三	破七 巨二 五	廉五 弼九 七	山
	文四 輔八 八	巨二 武六 一	武六 貪一 六	

說明

一三到向三之人元卽乙挨巨門故不用三而以二入中乙陰逆行

二七到山七之人元卽辛挨破軍仍七入中辛陰逆行

六運辛山乙向兼酉卯戌辰起星圖

	廉五輔八五	貪一文四一	祿三武六三	
向	文四破七四	武六弼九六	輔八巨二八	山
	弼九祿三九	巨二廉五二	破七貪一七	

說明

一　四到向四之人元卽巳挨武曲故不用四而以六入中巳陽順行

二　八到山八之人元卽寅挨弼星故不用八而以九入中寅陽順行

三　此局寅方可用城門訣

四　此局向星入囚

七運辛山乙向兼酉卯戌辰起星圖

	武六貪一六	貪一廉五二	輔八祿三四	
向	破七巨二五	廉五弼九七	祿三破七九	山
	巨二武六一	弼九文四三	文四輔八八	

說明

一　五到向無替可尋

二　九到山九之人元卽丁挨弼星仍九入中丁陰逆行

三　此局寅方可用城門訣

八運辛山乙向兼酉卯戌辰起星圖

	廉五 巨二 七	貪一 武六 三	祿三 文四 五
向	文四 祿三 六	武六 貪一 八	輔八 輔八 一	山
	弼九 破七 二	巨二 廉五 四	破七 弼九 九

說明

一 六到向六之人元卽亥挨武曲仍六入中亥陽順行

二 一到山一之人元卽癸挨貪狼仍一入中癸陰逆行

三 此局巳方可用城門訣

九運辛山乙向兼酉卯戌辰起星圖

	輔八 弼九 八	祿三 廉五 四	貪一 破七 六
向	弼九 輔八 七	破七 貪一 九	廉五 祿三 二	山
	文四 文四 三	巨二 武六 五	武六 巨二 一

說明

一 七到向七之人元卽辛挨破軍仍七入中辛陰逆行

二 二到山二之人元卽申挨貪狼故不用二而以一入中申陽順行

三 此局寅方可用城門訣

以上辛山乙向九局地運一百四十年各運同

一運亥山巳向兼乾巽壬丙起星圖

向 貪一 弼九 九	廉五 廉五 五	祿三 破七 七
巨二 輔八 八	弼九 貪一 一	破七 祿三 三
武六 文四 四	文四 武六 六	輔八 巨二 二 山

說明

一九到向九之人元即丁挨弼星仍九入中丁陰逆行

二二到山二之人元即申挨貪狼故不用二而以一入中申陽順行

三此局丁方可用城門訣

四此局丁星入囚

二運亥山巳向兼乾巽壬丙起星圖

向 巨二 祿三 一	武六 破七 六	文四 廉五 八
祿三 文四 九	貪一 巨二 二	輔八 弼九 四
破七 輔八 五	廉五 武六 七	弼九 貪一 三 山

說明

一一到向一之人元即癸挨貪狼仍一入中癸陰逆行

二三到山三之人元即乙挨巨門故不用三而以二入中乙陰逆行

三此局乙方可用城門訣

四此局丁星入囚

三運亥山巳向兼乾巽壬丙起星圖

向 弼九 廉五 二	廉五 貪一 七	破七 祿三 九
輔八 文四 一	貪一 武六 三	祿三 輔八 五
文四 弼九 六	武六 巨二 八	巨二 破七 四 山

說明

一二到向二之人元卽申挨貪狼故不用二而以一入中申陽順行

二四到山四之人元卽巳挨武曲故不用四而以六入中巳陽順行

三此局乙丁兩方俱可用城門訣

四運亥山巳向兼乾巽壬丙起星圖

向 祿三 文四 三	破七 弼九 八	廉五 巨二 一
文四 祿三 二	巨二 廉五 四	弼九 破七 六
輔八 輔八 七	武六 貪一 九	貪一 武六 五 山

說明

一三到向三之人元卽乙挨巨門故不用三而以二入中乙陰逆行

二五到山無替可尋人元四維順行下同

三此局震方有水爲當元吉水

五運亥山巳向兼乾巽壬丙起星圖

向 廉五 廉五 四	貪一 貪一 九	祿三 祿三 二
文四 文四 三	武六 武六 五	輔八 輔八 七
弼九 弼九 八	巨二 巨二 一	破七 破七 六 山

說明

一 四到向四之人元卽巳挨武曲故不用四而以六入中巳陽順行

二 六到山六之人元卽亥挨武曲仍六入中亥陽順行

三 此局用替山向字字相同名八純卦凶

四 此局乙丁兩方俱可用城門訣

六運亥山巳向兼乾巽壬丙起星圖

向 文四 輔八 五	弼九 祿三 一	巨二 貪一 三
祿三 弼九 四	廉五 破七 六	破七 廉五 八
輔八 文四 九	貪一 巨二 二	武六 武六 七 山

說明

一 五到向無替可尋

二 七到山七之人元卽辛挨破軍仍七入中辛陰逆行

三 此局丁方可用城門訣

七運亥山巳向兼乾巽壬丙起星圖

向 廉五 輔八 六	貪一 文四 二	祿三 武六 四
文四 破七 五	武六 弼九 七	輔八 巨二 九
弼九 祿三 一	巨二 廉五 三	破七 貪一 八 山

說明

一 六到向六之人元即亥挨武曲仍六入中亥陽順行

二 八到山八之人元即寅挨弼星故不用八而以九入中寅陽順行

三 此局乙方可用城門訣

八運亥山巳向兼乾巽壬丙起星圖

向 輔八 貪一 七	祿三 廉五 三	貪一 祿三 五
弼九 巨二 六	破七 弼九 八	廉五 破七 一
文四 武六 二	巨二 文四 四	武六 輔八 九 山

說明

一 七到向七之人元即辛挨破軍仍七入中辛陰逆行

二 九到山九之人元即丁挨弼星仍九入中丁陰逆行

三 此局丁方可用城門訣

九運亥山巳向兼乾巽壬丙起星圖

向 輔八巨二 八	文四武六 四	武六文四 六
破七祿三 七	弼九貪一 九	巨二輔八 二
祿三破七 三	廉五廉五 五	貪一弼九 一 山

說明

一八到向八之人元卽寅挨弼星故不用八而以九入中寅陽順行

二一到山一之人元卽癸挨貪狼仍一入中癸陰逆行

三此局乙方可用城門訣

以上亥山巳向九局地運一百六十年各運同

一運巳山亥向兼巽乾丙壬起星圖

山 弼九貪一 九	廉五廉五 五	破七祿三 七
輔八巨二 八	貪一弼九 一	祿三破七 三
文四武六 四	武六文四 六	巨二輔八 二 向

說明

一二到向二之人元卽申挨貪狼故不用二而以一入中申陽順行

二九到山九之人元卽丁挨弼星仍九入中丁陰逆行

三此局辛方可用城門訣

四此局向星入囚

二運巳山亥向兼巽乾丙壬起星圖

山 祿三 巨二 一	破七 武六 六	廉五 文四 八
文四 祿三 九	巨二 貪一 二	弼九 輔八 四
輔八 破七 五	武六 廉五 七	貪一 弼九 三 向

說明

一　三到向三之人元卽乙挨巨門故不用三而以二入中乙陰逆行

二　一到山一之人元卽癸挨貪狼仍一入中癸陰逆行

三　此局癸方可用城門訣

四　此局向星入囚

三運巳山亥向兼巽乾丙壬起星圖

山 廉五 弼九 二	貪一 廉五 七	祿三 破七 九
文四 輔八 一	武六 貪一 三	輔八 祿三 五
弼九 文四 六	巨二 武六 八	破七 巨二 四 向

說明

一　四到向四之人元卽巳挨武曲故不用四而以六入中巳陽順行

二　二到山二之人元卽申挨貪狼故不用二而以一入中申陽順行

三　此局辛方可用城門訣

四運巳山亥向兼巽乾丙壬起星圖

山 文四 祿三 三	弼九 破七 八	巨二 廉五 一
祿三 文四 二	廉五 巨二 四	破七 弼九 六
輔八 輔八 七	貪一 武六 九	武六 貪一 五 向

說明

一五到向無替可尋人元四維順行下同

二三到山三之人元卽乙挨巨門故不用三而以二入中乙陰逆行

三此局癸方可用城門訣

五運巳山亥向兼巽乾丙壬起星圖

山 廉五 廉五 四	貪一 貪一 九	祿三 祿三 二
文四 文四 三	武六 武六 五	輔八 輔八 七
弼九 弼九 八	巨二 巨二 一	破七 破七 六 向

說明

一六到向六之人元卽亥挨武曲仍六入中亥陽順行

二四到山四之人元卽巳挨武曲故不用四而以六入中巳陽順行

三此局用替山向字字相同名八純卦凶

四此局辛癸兩方俱可用城門訣

六運巳山亥向兼巽乾丙壬起星圖

山 輔八 文四 五	祿三 弼九 一	貪一 巨二 三
弼九 祿三 四	破七 廉五 六	廉五 破七 八
文四 輔八 九	巨二 貪一 二	武六 武六 七 向

說明

一七到向七之人元卽辛挨破軍仍七入中辛陰逆行

二五到山無替可尋

七運巳山亥向兼巽乾丙壬起星圖

山 輔八 廉五 六	文四 貪一 二	武六 祿三 四
破七 文四 五	弼九 武六 七	巨二 輔八 九
祿三 弼九 一	廉五 巨二 三	貪一 破七 八 向

說明

一八到向八之人元卽寅挨弼星故不用八而以九入中寅陽順行

二六到山六之人元卽亥挨武曲仍六入中亥陽順行

三此局辛癸兩方俱可用城門訣

八運巳山亥向兼巽乾丙壬起星圖

山 貪一輔八 七	廉五祿三 三	祿三貪一 五
巨二弼九 六	弼九破七 八	破七廉五 一
武六文四 二	文四巨二 四	輔八武六 九 向

說明

一 九到向九之人元即丁挨弼星仍九入中丁陰逆行

二 七到山七之人元即辛挨破軍仍七入中辛陰逆行

三 此局辛方可用城門訣

九運巳山亥向兼巽乾丙壬起星圖

山 巨二輔八 八	武六文四 四	文四武六 六
祿三破七 七	貪一弼九 九	輔八巨二 二
破七祿三 三	廉五廉五 五	弼九貪一 一 向

說明

一 一到向一之人元即癸挨貪狼仍一入中癸陰逆行

二 八到山八之人元即寅挨弼星故不用八而以九入中寅陽順行

三 此局癸方可用城門訣

四 此局丁星入囚

以上巳山亥向九局地運二十年各運同

一運寅山申向兼艮坤甲庚起星圖

輔八 廉五 九	祿三 貪一 五	向 貪一 祿三 七
弼九 文四 八	破七 武六 一	廉五 輔八 三
山 文四 弼九 四	巨二 巨二 六	武六 破七 二

說明

一七到向七之人元卽辛挨破軍仍七入中辛陰逆行

二四到山四之人元卽巳挨武曲故不用四而以七入中巳陽順行

三此局丁辛兩方俱可用城門訣

二運寅山申向兼艮坤甲庚起星圖

輔八 文四 一	文四 弼九 六	向 武六 巨二 八
破七 祿三 九	弼九 廉五 二	巨二 破七 四
山 祿三 輔八 五	廉五 貪一 七	貪一 武六 三

說明

一八到向八之人元卽寅挨弼星故不用八而以九入中寅陽順行

二五到山無替可尋人元四維順行下同

三此局辛方有水爲當元吉水

三運寅山申向兼艮坤甲庚起星圖

向

貪一 廉五 二	廉五 貪一 七	祿三 祿三 九
巨二 文四 一	弼九 武六 三	破七 輔八 五
武六 弼九 六 山	文四 巨二 八	輔八 破七 四

說明

一九到向九之人元卽丁挨弼星仍九入中丁
陰逆行

二六到山六之人元卽亥挨武曲仍六入中亥
陽順行

三此局丁辛兩方俱可用城門訣

四運寅山申向兼艮坤甲庚起星圖

向

巨二 輔八 三	武六 祿三 八	文四 貪一 一
祿三 弼九 二	貪一 破七 四	輔八 廉五 六
破七 文四 七 山	廉五 巨二 九	弼九 武六 五

說明

一一到向一之人元卽癸挨貪狼仍一入中癸
陰逆行

二七到山七之人元卽辛挨破軍仍七入中辛
陰逆行

五運寅山申向兼艮坤甲庚起星圖

弼九 輔八 四	廉五 文四 九	破七 武六 二 向
輔八 破七 三	貪一 弼九 五	祿三 巨二 七
文四 祿三 八 山	武六 廉五 一	巨二 貪一 六

說明

一 二到向二之人元卽申挨貪狼故不用二而以一入中申陽順行

二 八到山八之人元卽寅挨弼星故不用八而以九入中寅陽順行

三 此局離方有水爲當元吉水其辛方可用城門訣

六運寅山申向兼艮坤甲庚起星圖

祿三 貪一 五	破七 廉五 一	廉五 祿三 三 向
文四 巨二 四	巨二 弼九 六	弼九 破七 八
輔八 武六 九 山	武六 文四 二	貪一 輔八 七

說明

一 三到向三之人元卽乙挨巨門故不用三而以二入中乙陰逆行

二 九到山九之人元卽丁挨弼星仍九入中丁陰逆行

三 此局丁方可用城門訣

七運寅山申向兼艮坤甲庚起星圖

向

廉五 巨二 六	貪一 武六 二	祿三 文四 四
文四 祿三 五	武六 貪一 七	輔八 輔八 九
弼九 破七 一	巨二 廉五 三	破七 弼九 八

山

說明

一 四到向四之人元卽巳挨武曲故不用四而以六入中巳陽順行

二 一到山一之人元卽癸挨貪狼仍一入中癸陰逆行

三 此局辛方可用城門訣

八運寅山申向兼艮坤甲庚起星圖

向

文四 弼九 七	弼九 廉五 三	巨二 破七 五
祿三 輔八 六	廉五 貪一 八	破七 祿三 一
輔八 文四 二	貪一 武六 四	武六 巨二 九

山

說明

一 五到向無替可尋人元四維順行

二 三到山二之人元卽申挨貪狼故不用二而以一入中申陽順行

三 此局丁辛兩方俱可用城門訣

九運寅山申向兼艮坤甲庚起星圖

向

祿三 廉五 六	輔八 弼九 二	破七 貪一 一
貪一 破七 四	武六 巨二 九	巨二 武六 五
廉五 祿三 八	文四 文四 七	弼九 輔八 三

山

說明

一六到向六之人元卽亥挨武曲仍六入中亥陽順行

二三到山三之人元卽乙挨巨門故不用三而以二入中乙陰逆行

以上寅山申向九局地運一百二十年各運同

一運申山寅向兼坤艮庚甲起星圖

山

祿三 貪一 七	輔八 廉五 三	破七 武六 二
貪一 祿三 五	武六 破七 一	巨二 巨二 六
廉五 輔八 九	文四 弼九 八	弼九 文四 四

向

說明

一四到向四之人元卽巳挨武曲故不用四而以六入中巳陽順行

二七到山七之人元卽辛挨破軍仍七入中辛陰逆行

二運申山寅向兼坤艮庚甲起星圖

文四輔八一	弼九文四六	山 巨二武六八
祿三破七九	廉五弼九二	破七巨二四
輔八祿三五向	貪一廉五七	武六貪一三

說明

一五到向無替可尋人元四維順行下同

二八到山八之人元卽寅挨弼星故不用八而以九入中寅陽順行

三此局癸乙兩方俱可用城門訣

三運申山寅向兼坤艮庚甲起星圖

廉五貪一二	貪一廉五七	山 祿三祿三九
文四巨二一	武六弼九三	輔八破七五
弼九武六六向	巨二文四八	破七輔八四

說明

一六到向六之人元卽亥挨武曲仍六入中亥陽順行

二九到山九之人元卽丁挨弼星仍九入中丁陰逆行

三此局乙方可用城門訣

四運申山寅向兼坤艮庚甲起星圖

輔八巨二 三	祿三武六 八	貪一文四 一 山
弼九祿三 二	破七貪一 四	廉五輔八 六
文四破七 七 向	巨二廉五 九	武六弼九 五

說明

一七到向七之人元即辛挨破軍仍七入中辛陰逆行

二一到山一之人元即癸挨貪狼仍一入中癸陰逆行

三此局癸方可用城門訣

五運申山寅向兼坤艮庚甲起星圖

輔八弼九 四	文四廉五 九	武六破七 二 山
破七輔八 三	弼九貪一 五	巨二祿三 七
祿三文四 八 向	廉五武六 一	貪一巨二 六

說明

一八到向八之人元即寅挨弼星故不用八而以九入中寅陽順行

二二到山二之人元即申挨貪狼故不用二而以一入中申陽順行

三此局坎方有水爲當元吉水其乙方並可用城門訣

六運申山寅向兼坤艮庚甲起星圖

		山
貪一 祿三 五	廉五 破七 一	祿三 廉五 三
巨二 文四 四	弼九 巨二 六	破七 弼九 八
武六 輔八 九	文四 武六 二	輔八 貪一 七
向		

說明

一九到向九之人元卽丁挨弼星仍九入中丁陰逆行

二三到山三之人元卽乙挨巨門故不用三而以二入中乙陰逆行

七運申山寅向兼坤艮庚甲起星圖

		山
巨二 廉五 六	武六 貪一 二	文四 祿三 四
祿三 文四 五	貪一 武六 七	輔八 輔八 九
破七 弼九 一	廉五 巨二 三	弼九 破七 八
向		

說明

一一到向一之人元卽癸挨貪狼仍一入中癸陰逆行

二四到山四之人元卽巳挨武曲故不用四而以六入中巳陽順行

三此局癸乙兩方俱可用城門訣

八運申山寅向兼坤艮庚甲起星圖

弼九 文四 七	廉五 弼九 三	破七 巨二 五 山
輔八 祿三 六	貪一 廉五 八	祿三 破七 一
文四 輔八 二 向	武六 貪一 四	巨二 武六 九

說明

一二到向二之人元卽申挨貪狼故不用二而以一入中申陽順行

二五到山無替可尋

三此局震方有水爲當元吉水

九運申山寅向兼坤艮庚甲起星圖

祿三 廉五 八	破七 貪一 四	廉五 祿三 六 山
文四 文四 七	巨二 武六 九	弼九 輔八 二
輔八 弼九 三 向	武六 巨二 五	貪一 破七 一

說明

一三到向三之人元卽乙挨巨門故不用三而以二入中乙陰逆行

二六到山六之人元卽亥挨武曲仍六入中亥陽順行

三此局乙癸兩方俱可用城門訣

以上申山寅向九局地運六十年各運同

玄空輯要

餘姚王則先述

目次

坤壬乙訣起例之由來
兼向
直向
五黃
出宮兼借助五黃法
玄空用法只重一卦
運尅龍趨避法
山龍出卦立向與平洋葬法
龍眞穴的宜乘時下塟
上山下水與收山出煞
上山下水須以局斷

沈氏玄空學

年紫白九星入中表

年庚	上元一運	中元四運	下元七運	年庚	上元二運	中元五運	下元八運	年庚	上元三運	中元六運	下元九運
甲子	一	四	七	甲申	八	二	五	甲辰	六	九	三
乙丑	九	三	六	乙酉	七	一	四	乙巳	五	八	二
丙寅	八	二	五	丙戌	六	九	三	丙午	四	七	一
丁卯	七	一	四	丁亥	五	八	二	丁未	三	六	九
戊辰	六	九	三	戊子	四	七	一	戊申	二	五	八
己巳	五	八	二	己丑	三	六	九	己酉	一	四	七
庚午	四	七	一	庚寅	二	五	八	庚戌	九	三	六
辛未	三	六	九	辛卯	一	四	七	辛亥	八	二	五
壬申	二	五	八	壬辰	九	三	六	壬子	七	一	四
癸酉	一	四	七	癸巳	八	二	五	癸丑	六	九	三
甲戌	九	三	六	甲午	七	一	四	甲寅	五	八	二

乙亥	八	二	五	乙未	六	九	三	乙卯	四	七	一
丙子	七	一	四	丙申	五	八	二	丙辰	三	六	九
丁丑	六	九	三	丁酉	四	七	一	丁巳	二	五	八
戊寅	五	八	二	戊戌	三	六	九	戊午	一	四	七
己卯	四	七	一	己亥	二	五	八	己未	九	三	六
庚辰	三	六	九	庚子	一	四	七	庚申	八	二	五
辛巳	二	五	八	辛丑	九	三	六	辛酉	七	一	四
壬午	一	四	七	壬寅	八	二	五	壬戌	六	九	三
癸未	九	三	六	癸卯	七	一	四	癸亥	五	二	八

凡排五黃卽查入中年星對待合十之數便是如一入中五黃在離九二入中五黃在艮八餘類推

月紫白九星入中表

月別	節候	子午卯酉年	辰戌丑未年	寅申巳亥年
正月	立春 雨水	八白	五黃	二黑
二月	驚蟄 春分	七赤	四綠	一白
三月	清明 穀雨	六白	三碧	九紫
四月	立夏 小滿	五黃	二黑	八白
五月	芒種 夏至	四綠	一白	七赤
六月	大暑 小暑	三碧	九紫	六白
七月	立秋 處暑	二黑	八白	五黃
八月	白露 秋分	一白	七赤	四綠
九月	寒露 霜降	九紫	六白	三碧
十月	立冬 小雪	八白	五黃	二黑
十一月	大雪 冬至	七赤	四綠	一白
十二月	小寒 大寒	六白	三碧	九紫

河洛概義 附圖

河圖

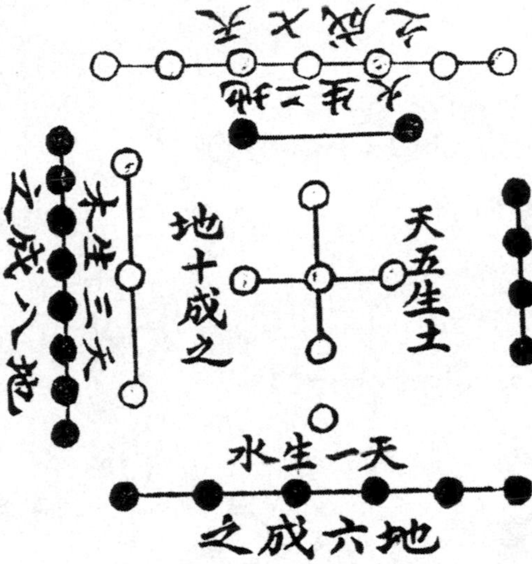

紅屬陽。黑屬陰。其數天一。地二。天三。地四。天五。地六。天七。地八。天九。地十。陽奇陰偶。天陽地陰。其位以天一生水。地六成之。水位北方。一生一成。故一六共宗而居北。地二生火。天七成之。火位南方。故二七同道而居南。天三生木。地八成之。木位東方。故三八為朋而居東。地四生金。天九成之。金位西方。故四九為友而居西。天五生土。地十成之。土位中央。故五十同途而居中。中為皇極。亦為樞

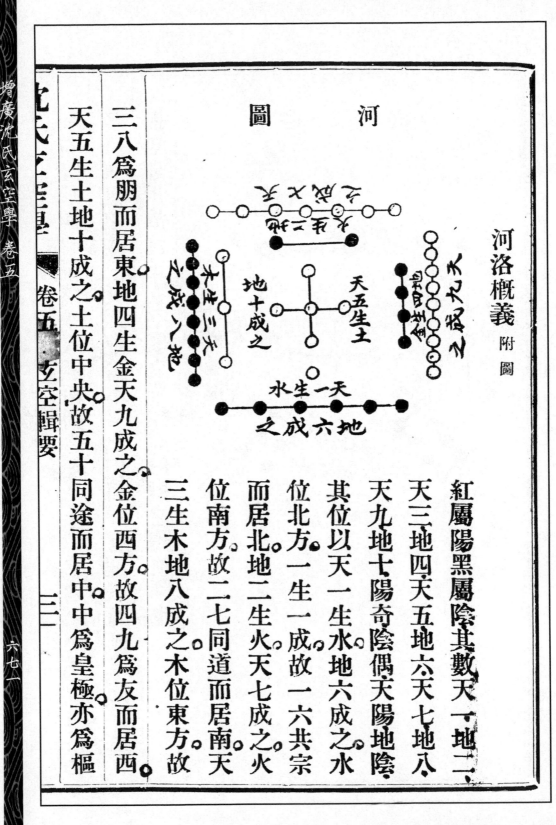

紐。寄旺於四時。維繫乎八炁河圖之理。一生一成。陰陽交互。乃地理之源。亦天運之本。三元炁運。蓋本乎此。但河圖有理氣。而無方位。有體質而無運用。故沈氏玄空學之羅經篇曰。盤之體河圖也。

洛書

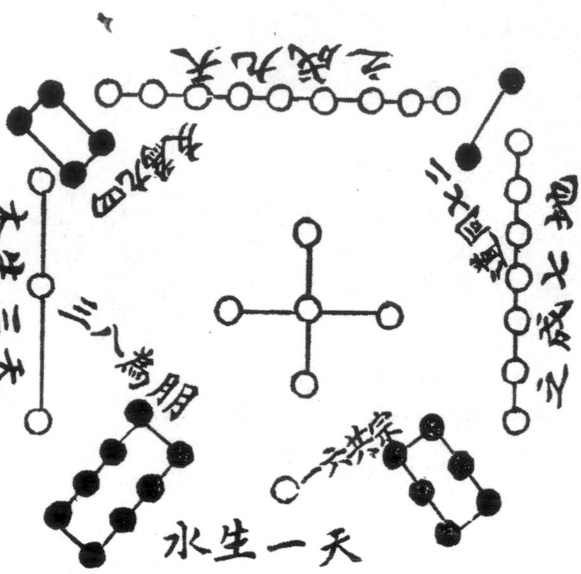

戴一履九左三右七二四爲肩六八爲足取龜象焉洛書之文與河圖之數相表裏有河圖而無洛書則有體而無用三元方位本於洛書而運用以起洛書之數對待合十一對九爲十二對八爲十三對七爲十四對六爲十地居四隅天居四正一生一成相爲經緯一陰一陽相爲交媾九疇從此生九宮從此配九星從此挨故沈氏玄空學之羅經篇曰盤之用洛書也

元旦盤二十四山分陰別陽之理根據河洛如干之陰陽卽河圖之奇偶支之陰陽則以支中藏干化釀而成其法以逢陽順比隔八相推陰逆納干隔八相藏至四維屬陽之理則亦不外以河圖之陰陽就洛書之方位而以乾巽艮坤順比坎離震兌彼此相加皆成奇數是也說詳沈氏玄空學羅經篇茲不復贅

地盤天盤飛星

後天八卦隸洛書而分佈八方中五爲皇極戊己主之一卦統三山共成二十四山以壬子癸屬坎一丑艮寅屬艮八甲卯乙屬震三辰巽巳屬巽四丙午丁屬離九未坤申屬坤二庚酉辛屬兌七戌乾亥屬乾六此八干四維十二支不易之定位名曰地盤亦稱元旦盤二十四山又分天地人三元以子午卯酉乾巽艮坤爲天元龍領卦之中氣名曰父母以甲庚壬丙辰戌丑未爲地元龍不與父母同行名曰逆子以乙辛丁癸寅申巳亥爲人元龍與父母同行名曰順子此天玉經溫氏續解所謂二十四龍管三卦是也同行者與父母陰陽相同順逆同途也子午卯酉辰戌丑未乙辛丁癸屬陰乾巽艮坤甲庚壬丙寅申巳亥屬陽此八干四維十二支不易之陰陽也更有五行以配九宮如坎一屬水離

九屬火震三巽四屬木乾六兌七屬金中五屬土此玄空五行八卦九星同出一軼也地畫八卦乃理氣之根基亦入用之準繩既瞭然矣始可進言三元九運而天盤之挨星以起三元者何上元中元下元是也上元統一白二黑三碧中元統四綠五黃六白下元統七赤八白九紫元統三運週歷六甲每運二十年以甲子甲戌二旬爲初局一四七等運値之甲申甲午二旬爲中局二五八等運値之甲辰甲寅二旬爲末局三六九等運値之三元九運共成百八十載週而復始循環無已者也何謂天盤即掌上所起之運星也蓋地理不外陰陽二字治玄空者不囿於地畫八卦之陰陽而取隨時而在往來消長之眞陰陽故端在逐運變易循環九宮此天盤之所由起焉其法即以所交之運星入中順佈八國如一運用一入中二挨乾三飛兌四到艮五臨離六就坎七

至坤八莅震九止巽二運二入中則三挨乾四飛兌依此遞推餘運皆
然天盤乃入用之初步僅開山向兩星入中之先河究未能顯衰旺生
死之妙用故必憑飛星之繼起而吉凶始判法就天盤所臨之山向某
字分别入中逢陽順飛逢陰逆佈例如一運子山午向運星六到山天
元龍六爲乾陽也卽以六入中順飛七乾八兌九艮一離二到山三坤
四震以迄五至巽止又運星到向爲五五無固定之陰陽視山向之陰
陽而定天人兩元四正屬陰則五仍爲陰四維屬陽則五亦爲陽地元
反是今午爲天元龍屬陰卽用五入中逆飛四乾三兌二艮一到向九
坎八坤七震六巽餘運餘向不難舉一反三依此類推明乎此則下卦
挨星之能事已盡而理氣入門之初基奠矣但立兼向則須用坤壬乙
訣以求替星名曰起星天盤無異特山向入中之飛星須依訣尋替而

已

正向

正向名曰下卦以運星入中順佈八國查山上得某字卽以某字入中逢陰逆飛逢陽順佈又查向上得某字亦以某字入中分陽順陰逆排之此卽顚顚倒之法其挨法前已詳言之矣然入中之字貴陰而賤陽蓋逢陰逆排旺星必到山到向逢陽順排旺星則上山下水故逢逆吉而逢順凶也旺星者當令合運之星辰也如一運之一二運之二推而至於九運之九臨山到向又得坐後有山向上有水之局則主財丁兩旺矣茲爲便利閱者檢查吉凶起見特列表如左

上元甲子向運吉凶表

龍別	向別	運別	山向衰旺	星運全局	打刼	父母三般卦	城門	反伏吟	入囚
天元	子午	一運	下水		離宮	離乾震一四七	巽坤		九運
		二運	上山				巽		六運
		三運	下水		離宮	離乾震三六九	坤		二運
	午子	一運	上山						六運
		二運	下水		坎宮	坎兌巽二五八	乾		三運
		三運	上山	合十					八運
	卯酉	一運	下水		坎宮	兌巽坎一四七	坤		五運
		二運	上山				乾		四運
		三運	到山到向				坤		五運
	酉卯	一運	上山				巽		八運
		二運	下水		離宮	震離乾二五八	巽		七運

		三運	到山到向						一運
	乾巽	一運	下水	合十	坎宮	巽坎兌一四七			八運
		二運	到山到向				卯		一運
		三運	上山下水				午卯		二運
	巽乾	一運	上山	合十			酉		二運
		二運	到山到向				子		三運
		三運	上山下水				酉		四運
	艮坤	一運	下水				酉午		七運
		二運	上山下水	合三般				反伏	八運
		三運	下水				酉午		九運
	坤艮	一運	上山						四運
		二運	上山	合三般			子卯	反伏	五運
		三運	上山				卯		六運

地元	辰戌	一運	下水		離宮	乾震離一四七	壬	三運
		二運	上山下水				庚	三運
		三運	到山到向				壬	四運
	戌辰	一運	上山				甲	九運
		二運	上山下水				丙	一運
		三運	到山到向					二運
	丑未	一運	上山					七運
		二運	到山到向	合十			庚丙	八運
		三運	上山					九運
	未丑	一運	下水				甲壬	四運
		二運	到山到向	合十				五運
		三運	下水				壬	六運
	甲庚	一運	上山				戌	三運

		二運	下水	坎宮	兌巽坎二五八	未		六運
		三運	上山下水			戌	反伏	五運
	庚甲	一運	下水	離宮	震離乾一四七	丑		六運
		二運	上山			丑		九運
		三運	上山下水			丑辰	反伏	一運
	壬丙	一運	上山				伏吟	五運
		二運	下水	離宮	離乾震二五八	未		一運
		三運	上山			辰		七運
	丙壬	一運	下水	坎宮	坎兌巽一四七	戌丑	伏吟	二運
		二運	上山			丑		七運
		三運	下水	坎宮	坎兌巽三六九	戌丑		四運
人元	乙辛	一運	下水	坎宮	兌巽坎一四七	申		五運
		二運	上山			亥		四運

	三運	到山到向				申		五運
辛乙	一運	上山				巳		八運
	二運	下水		離宮	震離乾二五八	巳		七運
	三運	到山到向						一運
丁癸	一運	上山						六運
	二運	下水		坎宮	坎兌巽二五八	亥		三運
	三運	上山	合十					八運
癸丁	一運	下水		離宮	離乾震一四七	巳申		九運
	二運	上山				巳		六運
	三運	下水	合十	離宮	離乾震三六九	申		二運
寅申	一運	下水				辛		七運
	二運	上山下水	合三般				反伏	八運
	三運	下水				辛丁		九運

	申寅	一運	上山						四運
		二運	上山下水	合三般			乙癸	反伏	五運
		三運	上山				乙		六運
	巳亥	一運	上山	合十			辛		二運
		二運	到山到向				癸		三運
		三運	上山下水				辛		四運
	亥巳	一運	下水	合十	坎宮	巽坎兌一四七	丁		八運
		二運	到山到向				乙		一運
		三運	上山下水				丁乙		二運

中元甲子向運吉凶表

龍別	向別	運別	山向衰旺	星運全局	打刼	父母三般卦	城門	反伏吟	入囚
天元	子午	四運	上山				巽坤		八運
		五運	到山到向						九運
		六運	下水		離宮	震離乾三六九	坤		五運
	午子	四運	下水		坎宮	巽坎兌一四七	艮		五運
		五運	到山到向						一運
		六運	上山				乾艮		二運
	卯酉	四運	上山下水				坤		六運
		五運	到山到向						七運
		六運	上山下水				坤乾		八運
	酉卯	四運	上山下水				艮巽		二運
		五運	到山到向						三運

	六運	上山下水				艮		四運
乾巽	四運	下水		坎宮	兌巽坎一四七		反伏	二運
	五運	上山下水				午卯		四運
	六運	上山				午	反伏	五運
巽乾	四運	上山				子	反伏	五運
	五運	上山下水				子酉		六運
	六運	下水		離宮	離乾震三六九		反伏	八運
艮坤	四運	到山到向						一運
	五運	上山下水	合三般			酉午	反吟	二運
	六運	到山到向				午		三運
坤艮	四運	到山到向				子		七運
	五運	上山下水	合三般			卯子	反吟	八運
	六運	到山到向						九運

地元	辰戌	四運	下水		離宮	離乾震一四七	庚	六運
		五運	到山到向					六運
		六運	上山				壬庚	七運
	戌辰	四運	上山				丙甲	三運
		五運	到山到向					六運
		六運	下水		坎宮	兌巽坎三六九	甲	四運
	丑未	四運	上山下水	合三般			庚丙	一運
		五運	到山到向					二運
		六運	上山下水	合三般			庚	三運
	未丑	四運	上山下水	合三般			甲	七運
		五運	到山到向					八運
		六運	上山下水	合三般			庚壬	九運
	甲庚	四運	到山到向	合十				六運

		五運	上山下水				未戌		七運
		六運	到山到向	合十					八運
	庚甲	四運	到山到向	合十					二運
		五運	上山下水				丑辰		三運
		六運	到山到向	合十					四運
	壬丙	四運	下水		離宮	震離乾一四七			三運
		五運	上山				辰未		九運
		六運	上山						一運
	丙壬	四運	上山				戌		九運
		五運	上山下水				戌丑		一運
		六運	下水		坎宮	巽坎兌三六九			七運
入元	乙辛	四運	上山下水				申		六運

		五運	到山到向						七運
		六運	上山下水				申亥		八運
	辛乙	四運	上山下水				寅巳		二運
		五運	到山到向						三運
		六運	上山下水				寅		四運
	丁癸	四運	下水		坎宮	巽坎兌一四七	寅		五運
		五運	到山到向						一運
		六運	上山				亥寅		二運
	癸丁	四運	上山				巳申		八運
		五運	到山到向						九運
		六運	下水		離宮	震離乾三六九	申		五運
	寅申	四運	到山到向						一運
		五運	上山下水	合三般			辛丁	反吟	二運

		六運	到山到向				丁		三運
	申寅	四運	到山到向				癸		七運
		五運	上山下水	合三般			乙癸	反吟	八運
		六運	到山到向						九運
	巳亥	四運	上山				癸	反吟	五運
		五運	上山下水				癸辛		六運
		六運	上山		離宮	離乾震三六九		反伏	八運
	亥巳	四運	下水		坎宮	兌巽坎一四七		反伏	二運
		五運	上山下水				丁乙		四運
		六運	上山				丁	反伏	五運

下元甲子向運吉凶表

龍別	向別	運別	山向衰旺	星運全局	打刼	父母三般卦	城門	反伏吟	入囚
天元	子午	七運	上山	合十					二運
		八運	下水		離宮	乾震離二五八	巽		七運
		九運	上山						四運
	午子	七運	下水	合十	坎宮	兌巽坎一四七	艮		八運
		八運	上山				乾		四運
		九運	下水		坎宮	兌巽坎三六九	乾艮		一運
	卯酉	七運	到山到向						九運
		八運	下水		坎宮	巽坎兌二五八	乾		三運
		九運	上山				乾		二運
	酉卯	七運	到山到向				艮		五運
		八運	上山				巽		六運

	九運	下水		離宮	離乾震三六九	艮		五運
乾巽	七運	上山下水				卯		六運
	八運	到山到向				午		七運
	九運	上山	合十			卯		八運
巽乾	七運	上山下水				子酉		八運
	八運	到山到向				酉		九運
	九運	下水	合十	離宮	震離乾三六九	子		二運
艮坤	七運	上山				酉		四運
	八運	上山下水	合三般			酉午	反伏	五運
	九運	上山						六運
坤艮	七運	下水				卯子		一運
	八運	上山下水	合三般				反伏	二運
	九運	下水				卯子		三運

地元	辰戌	七運	到山下向						八運
		八運	上山下水				壬		九運
		九運	上山				庚		一運
	戌辰	七運	到山到向				丙		六運
		八運	上山下水				甲		七運
		九運	下水		坎宮	坎兌巽三六九	丙		七運
	丑未	七運	下水				丙		四運
		八運	到山到向	合十					五運
		九運	下水				庚丙		六運
	未丑	七運	上山						一運
		八運	到山到向	合十			甲壬		二運
		九運	上山						三運
	甲庚	七運	上山下水				未戌	反伏	九運

		八運	上山				未		一運
		九運	下水		坎宮	巽坎兑三六九	未		四運
	庚甲	七運	上山下水				辰	反伏	五運
		八運	下水		離宮	離乾震二五八	丑		四運
		九運	上山				辰		七運
	壬丙	七運	下水		離宮	乾震離一四七	辰未		六運
		八運	上山				未		三運
		九運	下水		離宮	乾震離三六九	辰未	伏吟	八運
	丙壬	七運	上山				戌		三運
		八運	下水		坎宮	兑巽坎二五八	丑		九運
		九運	上山					伏吟	五運
八元	乙辛	七運	到山到向						九運
		八運	下水		坎宮	巽坎兑二五八	亥		三運

	九運	上山				亥		二運
辛乙	七運	到山到向				寅		五運
	八運	上山				巳		六運
	九運	下水		離宮	離乾震三六九	寅		五運
丁癸	七運	下水	合十	坎宮	兌巽坎一四七	寅		八運
	八運	上山				亥		四運
	九運	下水		坎宮	兌巽坎三六九	亥寅		一運
癸丁	七運	上山	合十					二運
	八運	下水		離宮	乾震離二五八	巳		七運
	九運	上山						四運
寅申	七運	上山				辛		四運
	八運	上山下水	合三般			辛丁	反伏	五運
	九運	上山						六運

	申寅	七運	下水				癸		一運
		八運	上山下水	合三般				反伏	二運
		九運	下水				乙癸		三運
	巳亥	七運	上山下水				癸辛		八運
		八運	到山到向				辛		九運
		九運	下水	合十	離宮	震離乾三六九	癸		二運
	亥巳	七運	上山下水						六運
		八運	到山到向				丁		七運
		九運	上山	合十			乙		八運

近期三元九運表

上元	一運	明弘治十七年甲子至 嘉靖二年癸未止	清康熙廿三年甲子至 康熙四二年癸未止	清同治三年甲子至 光緒九年癸未止
	二運	明嘉靖三年甲申至 嘉靖廿二年癸卯止	清康熙四三年甲申至 雍正元年癸卯止	清光緒十年甲申至 光緒廿九年癸卯止
	三運	明嘉靖廿三年甲辰至 嘉靖四二年癸亥止	清雍正二年甲辰至 乾隆八年癸亥止	清光緒三十年甲辰至 民國十二年癸亥止
中元	四運	明嘉靖四三年甲子至 萬歷十一年癸未止	清乾隆九年甲子至 乾隆廿八年癸未止	民國十三年甲子至 三二年癸未止
	五運	明萬歷十二年甲申至 萬歷三一年癸卯止	清乾隆廿九年甲申至 乾隆四八年癸卯止	民國三三年甲申至 五二年癸卯止
	六運	明萬歷三二年甲辰至 天啓三年癸亥止	乾隆四九年甲辰至 嘉慶八年癸亥止	民國五三年甲辰至 七二年癸亥止
下元	七運	明天啓四年甲子至 崇禎末年癸未止	清嘉慶九年甲子至 道光三年癸未止	民國七三年甲子至 九二年癸未止
	八運	清順治元年甲申至 康熙二年癸卯止	清道光四年甲申至 道光二三年癸卯止	民國九三年甲申至 百十二年癸卯止
	九運	清康熙三年甲辰至 康熙二二年癸亥止	清道光二四年甲辰至 同治二年癸亥止	民國百十三年甲辰至 百三二年癸亥止

坤壬乙訣起例之由來

地理玄空大卦與奇門同出一源欲知其訣只在陰陽一動一靜之間配合生成之妙故立向辨方推運測氣以運星爲主流轉之星辰爲用二十四山向從此推斷吉凶無不應驗若出卦兼向須用寄星故曰兼左兼右空中尋空者何五黃中宮之謂也而八卦中宮各有所寄　經曰坤壬乙巨門從頭出坤爲巨門不待言矣壬爲坎卦之寄星如陽一局坎上起甲子戊坤上起甲戌己震上起甲申庚巽上起甲午辛而中宮甲辰壬矣是以壬寄於坤與巨門爲一例已盡奇門之陽一局而陰九局安排六甲分佈九宮皆以壬爲寄星凡有向出兼卦者以流轉之星逢壬字即以巨門配之至於乙屬巨門乃乾陽六局巽陰四局之寄星也陽局乾上起甲子戊順行陰局巽上起甲子戊逆行則乙字俱入中

宮矣。從頭出者。從坤出也。坤壬乙俱在上元三卦。故論巨門。陰九局離上起甲子戊。艮上起甲戌己。兌上甲申庚乾。上甲午辛。而中宮亦甲辰壬癸。巽上甲寅癸。丁在震。丙在坤。乙在坎方。故曰坤壬乙巨門從頭出也。艮丙辛位位是破軍。奇門以兌卦爲天柱配。破軍不曰庚而曰辛者何也。庚爲震卦陽三局之寄星。甲子戊起於震。甲申庚入中宮。星配天衝。故不得爲破軍。庚爲兌卦陰七局之寄星。自爲破軍。不必專指爲破軍。奇門下元寄艮。但艮配輔星。列於北斗之側。不當正位。不得以輔星寄也。至於辛乃上元坤卦陽二局之寄星。坤上起甲子戊。而甲午辛入中宮矣。何以不配巨門。而仍曰破軍。以下元之星卦責重下元。如陰八局甲子戊起艮。則辛巳入中宮矣。故不能附於上元。但兌配丁。而丁巳入艮。是艮化七赤破軍矣。自坤起天蓬。而天柱已入艮宮矣。則艮爲破軍也明甚何以不名丑寅而曰艮艮爲父母卦且臨丙配天任爲兌卦陽七局之寄星兌起甲子戊而丙巳入中宮矣兌起天蓬而天任入中宮矣斗杓內下元只有七赤破軍一星而輔弼兩星不與焉二七陽局如是三八陰局亦如是艮丙辛俱在下元三卦故曰位位是破軍也

巽辰亥盡是武曲位何歟此中元巽中乾三卦專取武曲爲吉星中宮局五黃配天禽而無定位分寄巽乾通乎艮坤臨制四方無不周徧此造化運用之主宰也奇門如有所寄三元八卦六甲九宮陰陽消長順逆殊途以至用變不同生化莫測此中大道有至理存焉但言巽辰亥武曲臨而不及中宮者巽木上乘乎震五黃在巽則武曲爲寄星矣乾金下達乎兌五黃在兌則文曲爲寄星矣亥爲五黃居中順一局辰爲五黃居中逆一局以明用法之不同使武曲得以臨二十四山之方

位矣巽乘乎震以武曲爲寄星使人伸風木之思而帝德揚於王庭矣乾達乎兌以文曲爲寄宮使人沾天澤之恩而文德敷於四海矣故曰玄空大卦與奇門同出一源其中宮之謂歟

甲癸申貪狼一路行此三元已週運窮反本之義貪狼者坎卦也甲癸申者甲子戊也奇門同起一宮故曰一路行六甲起於坎故以甲爲貪狼戊癸爲坎卦之符首起於一白故以貪狼名之陰陽一九二局順逆相推則癸在中宮矣癸爲陽九局之寄星寄於巨門又爲陰一局之寄星可配巨門何以仍入貪狼故曰一路行也玄空大卦以中宮起星故五黃主事以甲子戊起中宮亦爲寄星戊在中宮寄於坤位坤爲巨門不得與貪狼並爲戊土生於申申乃坤卦之陽爻故申代戊而列貪狼之目矣故曰甲癸申者即甲子戊也子癸同是陰局故壬不與焉奧語首節責重八干四維者

何也先天羅經十二支以地支爲主八干四維地支分界中也凡出卦兼向責重干維責重干維中既已各司一星而乾與丁獨不言寄星者乾爲離九陽局寄星已附於癸例在貪狼前註明辨無庸另尋至於丁爲艮八陽局之寄星甲子戊起於艮則丁巳入中矣下元寄艮與輔星爲一例故不專用寄星也奇門中寄坤而下寄艮亦是此意元空大卦合奇門起例

乾金甲子外壬午　外戌申午　內辰寅子

坎水戊寅外戊申　外子戌申　內午辰寅

艮土丙辰外丙戌　外寅子戌　內申午辰

震木庚子外庚午　外戌申午　內辰寅子

巽木辛丑外辛未　外卯巳未　內酉亥丑

離火己卯外己酉　外己未酉　內亥丑卯
坤土乙未外癸丑　外酉亥丑　內卯己未
兌金丁巳外丁亥　外未酉亥　內丑卯乙

則先　謹按自無極子授蔣氏挨星圖後坤壬乙訣漸明於世然其起例之由來除　沈公繪圖繫說外先賢殊少記錄是篇得自友人祕本中其說蓋探源於奇門用輯入之以供闡究然　沈公亦曾作奇門九圖惜其書在嘉定南翔姚君孟塤家中不知日兵佔南翔時此書無恙否異日蒐集有得當互相考證爾

兼向

兼向名曰替卦亦稱變卦蔣杜陵曰兼則須用坤壬乙訣（見姜垚從師隨筆）　沈公以兼三四分者當用替星宗章仲山者則以出宮兼及本宮陰陽互

兼始用替星其挨法亦就運星所臨之山向某字配坤壬乙訣分陽順陰逆佈之逢子癸甲申用一入中坤壬乙卯未用二入中戌乾亥辰巽巳用六入中艮丙辛酉丑用七入中寅午庚丁用九入中此尋替之法也如四運立丑山未兼向運星四入中一到向丑未地元龍也一即壬屬陽當用二入中順飛其挨到向星爲八即替星也餘類推若兼而不變無替可尋者則照正向挨法行之可也其山向宮位如值運盤五到則無替可尋仍五入中而依山向之陰陽爲順逆推排之繩則此與下卦同一例也立向之道崇尚清純陰陽五兼便犯差錯出宮兼向更嫌卦氣龎雜二者皆因順山川之情勢不得已而立之然須以乘時合運爲依歸坤壬乙訣爲取裁必使旺星挨到山向又得旁水聯珠之美此爲地卦出而天卦不出轉主大吉若不明奥義竟落衰死出卦固凶差

錯亦難免咎。不可不愼也。或云出宮兼向其卦不變者无咎。此不足爲訓。緣陰陽差錯。乘時合運。尚不能作旺向論。况出卦乎。此替卦之概略焉。

直向

立向之法。正向兼向之外。更有所謂直向者。包括錯卦互卦。其法係就出宮兼與陰陽互兼之一部。用坤壬乙訣尋替。然挨法與替卦異。傳者謂直向之名。出於章氏仲山。而時人即稱爲拘馬。以其愈錯則愈直愈拘而愈正也。佈運盤後。就正向某字配坤壬乙訣挨向上一盤。即用所得替星列於向首。而不以中宮爲出發點。且不問陽順陰逆。錯卦悉用順。互卦盡用逆。此直向之特例也。三元九運中。計錯卦十二局。即一運之亥向兼壬。乾向兼戌。庚向兼申。辛向兼戌。二運之辰向兼乙。四運之

辛向兼戌五運之亥向兼壬六運之亥向兼壬甲向兼寅卯向兼甲七
運之乾向兼戌庚向兼申是也例如一白運坐巳向亥兼丙壬一局運
星一入中順行至向上得二二之人元即申申即一白貪則用一列向
首爲之旺星到向順行二兌三艮四離五坎六坤七震八巽九入中此
錯卦之挨法也又如六運之卯向兼甲震上挨六巽上挨七八入中宮
震巽兩方有水主旺四十年財源交八運便主不利又同運之亥向兼
壬初年亦不吉交七運始亨通因七挨乾六入中宮故也餘向皆然五
卦在三元九運中僅得二局一即二黑運之巳向兼丙以運星二入中
順行至向得一一之人元即癸仍爲一白貪用一列向首逆行九入中
八到乾七到兌六到艮五到離四到坎三到坤二到震止一即八白
運之巳向兼丙運星八入中順行至向上得七七之人元即辛辛仍七

赤破用七列向首逆行六入中五乾四巽三離二一坎九坤八震此兩局用於向上遮蔽坤震兩方有生旺水可收之地若向上遮蔽而坤震兩方無水可收者立此局主大凶云茲將直向十四局演圖如左

一白運坐巳向亥兼丙壬

山 九八 九	五四 五	七六 七
八七 八	一九 一	三二 三
四三 四	六五 六	二一 二 向

此局運星二一到向二一之人元卽申申卽貪狼故向上挨一爲旺向順行九入中山類推

亥壬局中宮合十書云坎離水火中天過龍墀移帝座中天過者中宮得一九也龍墀者九也帝座者一也

一運立此向要向上有水爲一白水應亥上挨兌爲二艮爲三離爲四坎爲五坤爲六震爲七巽爲八一方有水可旺二十年財丁若多有一

方水照即加二十年旺氣由向而兌迄巽連貫不斷則旺至一百六十年九運入中方止若斷於何方即停在何運此直向旺星到向收水法舉一以例其餘

一白運坐巽向乾兼辰戌

山 九九 九	五五 五	七七 七
八八 八	一一 一	三三 三
四四 四	六六 六	二二 二 向

此局運星二到向二之天元即坤坤即巨門故向上挨二爲生向順行一入中山類推每運分上下兩句凡生向宜用於下句餘運皆然

則按八純卦本主大凶此局山向運星字字相同顯係陰陽不調未可輕立否則若惑於生向其吉不敵凶無疑心所謂危用綴數語幸閱者加之意焉

一白運坐甲向庚兼寅申

五六 七	一二 三 向	九一 二
三四 五	八九 一	四五 六
七八 九	六七 八 山	二三 四

此局運星三到向三之地元即甲甲即貪狼故向上挨一為旺向順行八入中山類推

一白運坐乙向辛兼辰戌

六八 七	二四 三 向	一三 二
四六 五	九二 一	五七 六
八一 九	七九 八 山	三五 四

此局運星三到向三之人元即乙乙即巨門故向上挨二為生向順行九入中山類推

二黑運坐戌向辰兼辛乙

九六 八	五二 四	四一 三 山
七四 六	三九 二	八五 七

此局運盤一到向一之地元即壬壬即巨門故向上挨二為旺

二八一向　一七九　六三五　向順行三入中山類推

四綠運坐乙向辛兼辰戌

一九一　六五六向　五四五　此局運盤六到向六之人元卽
八七八　四三四　九八九　亥亥卽武曲故向上挨六順行
三二三　二一二山　七六七　四入中山類推

按此局向星入囚不利則

五黃運坐巳向亥兼丙壬

二四二　七九七　六八六向　五黃運運星與地盤無異此局
九二九　五七五　一三一　運星六到向六之人元卽亥亥
四六四山　三五三　八一八　卽武曲故向上挨六爲生向順
行五入中山類推

則按此局犯全盤伏吟令星入中之咎非所取焉

六白運坐酉向卯兼庚甲

五二三　七一八山　九六七　此局運星四到向四之天元卽

三九一　八五六　四一二　巽巽卽武曲故向上挨六為旺

七四五　六三四向　二八九　向順行八入中山類推

六白運坐庚向甲兼申寅

五二三　七一八山　九六七　此局運星四到向四之地元卽

三九一　八五六　四一二　辰辰卽武曲故向上挨六為旺

七四五　六三四向　二八九　向順行八入中山類推

六白運坐巳向亥兼丙壬

三三三　八八八　七七七向　此局運星七到向七之人元卽

一一一　六六六　二二二　辛辛卽破軍故向上挨七爲生
五五五山　四四四　九九九　向順行六入中山類推
則按此局山向運星字字相同一無變化主大凶

七赤運坐巽向乾兼辰戌

三四四　八九九　七八八向　此局運星八到向八之天元卽
一二二　六七七　二三三　艮艮卽破軍故向上挨七爲旺
山五六六　四五五　九一一　向順行六入中山類推
則按此局犯丁星入中

七赤運坐甲向庚兼寅申

二五四　七一九向　六九八　此局運星九到向九之地元卽
九三二　五八七　一四三　丙丙卽破軍故向上挨七爲旺

四七五　三六四山　八二一　向順行五入中山類推

以上錯卦十二局

二黑運坐亥向巳兼壬丙

三六八　七一四　八二三山　此局運星一到向一之人元即

五八六　九三二　四七七　癸癸即貪狼故向上挨一逆行

向一四一　二五九　六九五　九入中山類推

二運中立此向係避衰就旺法須遇向上閉塞坤震兩宮有水之地方

可八白運同

八白運坐亥向巳兼壬丙

九四五　四八一　五九九山　此局運星七到向七之人元即

二六三　六一八　一五四　辛辛即破軍故向上挨七逆行

七二向七　八三六　三七一　六入中山類推

此向亦係避衰就旺法可參看二黑運

以上互卦二局

則先謹按直向之名不著於世且與替卦並行莫之適從友人抄本中謂其法爲宗章氏者所採取然稽之古籍莫明其所由來證之仲山宅斷亦無前例可援究否合乎眞理目下尙未爲理氣家所肯定總之直向偏重水法就其所取十四局觀之往往置星氣叢伏於不顧故是法縱爲玄空學者所公認亦不過收局部之水爲不得已之取裁而已其遠遜淸純正向甯待言歟表而出之聊備一格以供留心斯道者之研究所望實地考驗有以證明其眞僞此某所馨香禱祝者也

五黃

凡天盤之五黃卽零神之方位三元九運中除中五立極之五運外計得二十四局卽一運之丙午丁二運之丑艮寅三運之庚酉辛四運之戌乾亥六運之辰巽巳七運之甲卯乙八運之未坤申九運之壬子癸是也宗章氏者輒取此宮之陰字爲正向名五里山不立兼向如一運取子山午向癸山丁向運盤一入中順行五到離午陰也仍以五入中逆行旺星一到向餘運餘向依此類推其引寶照經云前頭走到五里山遇着賓主相交接此卽章氏取五爲正向之由來也試問五運作何用法夫亦曰寄艮寄坤之板法而已其實一運一入中八國間配合生成獨缺坎一故一運以五寄坎餘運不難類推得之若五運之玄關所在亦不外山向飛星所缺某字以寄於五耳於此可悟五黃無正位分寄於二十四山之理矣然運盤之五與向之陰陽大有出入陰向逆行旺

星到向且全盤與地卦合十雖曰反吟當令益旺若陽向順行則旺星上山且字字與地卦相同是犯全盤伏吟山向同例此不可不察也惟五運之陰向十二局到山到向無一非五此飛星之五爲當令旺星非他五所堪比擬向星五黃入中名爲皇極居臨正位至大至尊有逢囚不囚之功若飛臨外宮名曰廉貞不論生尅到處成凶故宜靜不宜動動則招殃體用合法飛到三叉猶嫌多事年神並臨自慮疾病損人蓋五爲戊己大煞諺有到處不留情之語凶可知矣

出宮兼借助五黃法

凡立出卦向如向首入中其飛星輪轉之五黃適臨所兼宮位例如一白運立坐亥向巳兼壬丙一局即運星一入中九到向九即丁陰逆行仍九入中一到向五黃挨到離位即可用巳兼丙之向是也然此局山上

用替雖免下水之咎而天盤二到山二即申陽也申以一入中二挨山夫一乃天心正運之令星不能到山而反入中是謂丁星入囚且順行字字與運星相同亦稱全盤伏吟故此局不過舉一例以資隅反識者無取焉且借助之含義無非以五爲寄旺與藉以無囚二者然出宮不變卦氣已雜依局立此猶可若貪助勉立仍所當戒也

玄空用法只重一卦

寶照經云天機妙訣本不同八卦只有一卦通玄空之法取八卦以配九宮其運用只重一卦此一卦即天心正運入中之某字亦即本運旺星到向之一卦是也明乎此則隨在之陰陽得矣而九星之流轉如乾坤艮巽巋於何位乙辛丁癸落在何宮甲庚壬丙臨於何地亦從可知矣因而辨山水之得失察八國之衰旺吉凶禍福便如神見矣

運剋龍趨避法

凡立旺山旺向本主大吉然又當觀近穴一節龍脈有無剋洩運剋龍曰剋龍剋運曰洩逢剋則絕逢洩則衰此生剋制化之一訣也如九紫運立午山子向旺星到向誰云弗吉但龍脈若從兌方入首山上運星是四四即巽陽也當四入中順行六到兌六爲乾屬金即犯火運剋金龍矣便主絕丁逢此來脈宜立午子兼向則山上可用替運盤之四變爲武曲當用六入中順行而兌上之乾金變爲艮土非特不剋而反得火運生土龍之妙主丁氣大旺此趨吉避凶之法也餘若九紫運遇一白龍則爲龍剋運矣餘類推

山龍出卦立向與平洋塟法

寶照經云子字出脈子字尋莫教差錯丑與壬可見來脈以清純爲尚不

獨出卦爲忌而壬陽子陰雖屬同宮亦非所宜山穴遇之宜補偏救弊以立淸純之向若向立一卦而坐朝欹斜形局不正者只得內向立一卦淸純外向仍立出卦向以配堂局此卽諺所謂內藏黃金斗外掩時人口也然外向用替亦當乘時合運若平洋則以水證龍脈以水界氣以水聚與山巒非一家骨肉祇要迎龍立向以朝有情之水而取其三吉五吉可也然亦在作者之心靈目巧仍以形氣兼賅爲依歸耳

龍眞穴的宜乘時下葬

凡定穴立向貴乎形止氣蓄堂局整齊此固不刊之論雖然地誠美矣苟用非其時非徒無益反致凶咎縱發亦甚顚倒蔣杜陵所以有我葬出王侯人葬出盜賊之語味其詞旨吉凶禍福之繫於天心得失明矣不過福力之厚薄仍視形局之大小爲等差耳夫龍眞穴的本具自然之

山向固不當削足就履以強立旺向亦豈可不問元運而隨時扞卜以貽吉地凶葬之咎夫然惟有如程子所云非時不葬而已蓋地理之道形氣並重體用不能偏廢龍眞穴的固已樹發福之根基而立向納氣實司穴中迎神之主宰掌陽神招攝之化機故葬不乘時星衰運替其凶轉不可思議焉爾

上山下水與收山出煞

青囊序曰山上龍神不下水水裏龍神不上山此二語乃吉凶之樞紐禍福之關鍵爲玄空理氣中扼要法門山主人丁水主財源龍神得失所關至鉅偶或顚倒則損丁破財爲禍百端故山上排龍切忌下水必置旺星於高山實地水裏排龍並忌上山亦須挨旺星於池蕩河流或低窪之處此山向飛星安排之要訣不容倒置者也茲舉七運乙山辛向一

局以例其餘山上排龍以運盤五到山用五入中乙陰逆行山上飛星七到山七卽當令之星爲旺氣八挨坤八係將來者爲生氣故七八兩方要高九在坎遇高地則山上龍神得所矣生旺之氣放在高處主旺人丁六爲衰氣臨於巽方四爲死氣臨於乾方若巽乾方高則爲衰死氣得力故宜巽乾兩方有水則衰死之氣放在水裏而煞脫矣水裏排龍運盤九到向用九入中九卽丁陰逆行向上飛星七到向七爲當運之旺氣八在乾爲未來之生氣故兌乾兩方有水則水裏龍神得所矣生旺之氣放在水裏主旺財源六爲衰氣五四爲死氣若有水則衰死之氣得力而煞存也故艮離坎三方宜高而不喜見水則衰死之氣放在高處矣且水裏排龍生旺固宜挨到水裏而山上排龍衰死亦要放在水裏則兌乾兩方有水俱一舉而兩得反之震坤坎三方有山亦各

得其宜總之能辨五行之衰旺以配合則龍神豈徒免上山下水之病而收山出煞之妙用亦道在斯矣

上山下水須以局斷

水裏排龍旺星挨在低窪主旺財源若反躍高處謂之水裏龍神上山上不僅破財亦且傷丁陰卦傷女丁陽卦損男丁不必高大星辰卽三尺墩阜亦能發禍但上山之後而更有吉水挨到其凶略減大都水之旺星以到向爲吉然向上却逢牆垣高阜形與氣背仍犯上山若飛臨坐後固名上山然坐後有水可收亦能致福水後若更有山則合雙星會合於坐山之局堪輿家亦嘗取之山上排龍旺星挨在高處主旺丁氣若反落低窪謂之山上龍神下水便致傷丁緣山之旺星以臨坐爲吉但坐後却逢池蕩河流局非所用亦犯下水若反值向首原稱下水但

苟與向上旺星同臨。又得水外有山之局。亦能添丁。惟不甚旺。是名雙星合會於向首。頗爲堪輿家所重視。綜上以論。到山到向之局。必須配背山面水之地爲合法。厥理甚明。上山下水。倘配於坐空朝滿之局。龍眞穴的。亦能發福。因上山而仍遇水。下水而又逢山故也。然巧奪天工。究不及旺星到山到向之悠遠。弗替耳。即雙星會合於坐山。亦不逮會合於向首者。何也。蓋向首一星。納衰旺之氣。司災福之柄。非山上飛星所可同日語也。故或以謂下水猶可。上山則斷斷不可。此豈於山向兩星。好爲軒輊。蓋以向首乘天陽之氣。朱雀發源。司權特大。故耳。

斷財丁貴秀以太歲重加取驗

凡斷陰宅。須考其受氣之元運。與山向之飛星。爲主。而以客星或太歲之加臨爲用。此乃不二法門。然斷新坟吉凶。以巒頭爲重。旁考其星辰。是

否當運得水吉則更吉倘方位不吉而遇吉星挨到亦能減凶若夫久
塟之坟形巒理氣交相爲用則須視星辰之得失以察形象之美惡而
更以太歲之加臨爲取驗動機然後用星分房斷禍福之誰屬秩然無
遺矣天玉經云但看太歲是何神立地見分明足徵太歲加臨之損益
非其他客星所堪比擬然須就實地巒頭加太歲以斷吉凶則財丁貴
秀分别推論百不爽一大抵財以水斷當於向水或旁水上加太歲推
其吉凶例如向上飛星是一白交甲子年太歲亦是一白先用年紫白
順飛至向上得一白者卽爲太歲加臨一白重逢一白故也向上有水
主中房申子辰命發財又用月紫白順挨至向上得三碧者更妙因三
碧卽甲卯乙也是年太歲是甲子一爲子三爲甲二星同臨一宮卽重
加太歲其月建一白到向亦名重加是也丁以山斷須就坐山與環巒

或水口加太歲定房次合年命以斷吉凶其驗乃神至破財傷丁亦不外以上山下水而又逢太歲沖破尅洩之咎相推斷此山洋同例也若論貴秀山穴以坐山斷大抵陽脈入首不過財丁門族而已穴後有突或墩阜形態端秀者方主發貴洋穴則須視前後左右水流曲折愈折愈貴然八國間有特異挺秀之峯或三义水口城門交鎖及流神屈曲之處逢太歲塡合即能發貴仍以實地巒頭斷其生肖可也

太歲有地盤年盤之別子年在子丑年在丑者地盤太歲也若年盤太歲子年屬一白丑年屬八白以其飛輪無定又名飛太歲例如上元甲子年一白入中卽太歲在中宮中元四綠入中一白飛坤則太歲在坤下元七赤入中一白到艮太歲便居艮後表所列卽年盤太歲加臨之方位也

太歲臨方檢查表

年庚	上元一運	中元四運	下元七運	年庚	上元二運	中元五運	下元八運	年庚	上元三運	中元六運	下元九運
甲子	中	坤	艮	甲申	艮	中	[坤]	甲辰	震	離	乾
乙丑	巽	坎	兌	乙酉	中	坤	艮	乙巳	[巽]	坎	兌
丙寅	中	坤	艮	丙戌	中	坤	艮	丙午	坎	兌	巽
丁卯	坎	兌	巽	丁亥	[乾]	震	離	丁未	巽	坎	兌
戊辰	震	離	乾	戊子	坤	艮	中	戊申	中	[坤]	艮
己巳	[巽]	坎	兌	己丑	坎	兌	巽	己酉	坤	艮	中
庚午	坎	兌	巽	庚寅	坤	艮	中	庚戌	坤	艮	中
辛未	巽	坎	兌	辛卯	兌	巽	坎	辛亥	震	離	[乾]
壬申	中	[坤]	艮	壬辰	離	乾	震	壬子	艮	中	坤
癸酉	坤	艮	中	癸巳	坎	兌	[巽]	癸丑	兌	巽	坎
甲戌	坤	艮	中	甲午	兌	巽	坎	甲寅	艮	中	坤

乙亥	震	離	[乾]	乙未	坎	兌	巽	乙卯	巽	坎	兌
丙子	艮	中	坤	丙申	[坤]	艮	中	丙辰	乾	震	離
丁丑	兌	巽	坎	丁酉	艮	中	坤	丁巳	兌	[巽]	坎
戊寅	艮	中	坤	戊戌	艮	中	坤	戊午	巽	坎	兌
己卯	巽	坎	兌	己亥	離	[乾]	震	己未	兌	巽	坎
庚辰	乾	震	離	庚子	中	[坤]	艮	庚申	艮	中	[坤]
辛巳	兌	[巽]	坎	辛丑	巽	坎	兌	辛酉	中	坤	艮
壬午	巽	坎	兌	壬寅	中	坤	艮	壬戌	中	坤	艮
癸未	兌	巽	坎	癸卯	坎	兌	巽	癸亥	[乾]	震	離

年盤太歲加臨於地盤太歲之上者特於字外加方格以資識別

斷向不當旺客星加臨之咎

陰陽兩宅如衰死到向爲某字逢流年客星到向又値某字主傷丁口向不當旺而逢流年紫白旺星挨到亦反主發禍例如八白運立壬山丙向旺星到坐至甲午年年星四綠入中八白到向便主發禍此以向首斷也水裏龍神上山之局並可就坐後斷如七赤運立子山午向向上旺星到坎已犯水裏龍神上山若坎方塡實或有高山高屋已屬不吉緣飛星雙七臨坎天盤三到坎交八運七爲衰氣逮癸卯流年二月客星三又到坎是爲三七迭臨必遭刦盜官訟之禍土乙卯癸未肖人發禍至十一月雖有三到却不爲害因月建已屬甲子非太歲故也此以加臨客星與年月太歲合參而斷生肖然氣運既衰凶星來襲變故之生如響斯應縱無乙卯癸未生肖亦豈能免禍哉

斷陰宅發蹟生肖

大凡善相墓者首察龍穴之眞僞次考星運之衰旺而斷其發蹟之能否地果美也令果得也因而辨公位之誰屬然後進推其生肖大都陰宅所發何肖可從出脈入首處之某字斷換言之卽從坐上斷如子山午向卽斷肖鼠者發但入首倘爲亥則斷肖猪者發不必用飛星推也山上旺星到向則可從向上之地盤某字以斷所發生肖如雙星會合於向首之局立子山午向斷肖馬者發立午山子向斷肖鼠者發依向類推可也然亦不可死執此板法有時却當從飛星斷如宅斷中上虞鯉魚山錢姓祖墓向上雙二共九仲山卽斷爲丙申命發詞林是也更有以城門對宮之分金斷者如宅斷中之論錢茶山祖墓是也但四山環繞獨缺一口在地盤某字卽可斷某肖絕也若其缺口適合城門鎖籥

正氣反主大吉是又當別論矣

飛星四綠方宜高

向上飛星之四綠方當生旺之時固忌窒塞須見明水若水外有高峯高屋及塔井旗桿等主旺科名值衰死之際放在高處亦主功名之應

反伏吟

山向兩星五入中宮順局爲伏吟逆局爲反吟蓋所忌在與地盤相犯耳然僅犯反吟亦未嘗爲虐如一運中之子午癸丁卽其明證且逢五逆行令星無一不到山向雖名穿心煞當令不忌故章氏取爲正向而不疑若伏吟則實能作祟反伏並犯更不待言然全局合成三般卦者化凶爲吉得保無虞此從師隨筆所載爲商姓卜葬一段可徵信焉或云反伏吟之爲害莫甚於向首其他方位空實得宜亦堪制化此可信也

然反伏吟每與上山下水不牟而合欲圖補救良非易易除合三般者不忌外惟有用替以變其星苟不能移宮換宿則亦惟待時而耋而已廣義言之伏吟不僅限於地盤即飛星與天盤之字相同及兼向之八純卦亦俱得謂之伏吟也

零神照神

凡水之宮位與運合十者爲正吉零神合生成者爲催吉照神故一二三四之運須收九八七六之水爲正吉零神六七八九之水爲催吉照神反之六七八九之運以四三二一之水爲正吉零神一二三四之水爲催吉照神其方位不若配水之以流轉星辰爲斷而以元旦盤爲歸如一白主運以離宮爲正吉零神乾宮爲催吉照神艮兌兩宮爲吉照二黑主運以艮宮爲正吉零神兌宮爲催吉照神離乾兩宮爲吉照三碧

主運以兌宮爲正吉零神艮宮爲催吉照神離乾兩宮爲吉照四綠主運以乾宮爲正吉零神離宮爲催吉照神艮兌兩宮爲吉照六白主運以巽宮爲正吉零神坎宮爲催吉照神坤震兩宮爲吉照七赤主運以震宮爲正吉零神坤宮爲催吉照神坎巽兩宮爲吉照八白主運以坤宮爲正吉零神震宮爲催吉照神坎巽兩宮爲吉照九紫主運以坎宮爲正吉零神巽宮爲催吉照神坤震兩宮爲吉照是也惟五黃主運須分甲申甲午二旬上十年以戌丑爲正吉零神午丁爲催吉照神下十年以辰未爲正吉零神子癸爲催吉照神因五黃運八宮寄旺於四維故取裁不若他運之易凡配水與零神相合其效益神城門亦如之

零神方位源出先天卦序

山用順水用逆此二語爲零正入用之犒矢故正神取當元旺神如一運

坎二運坤用以排龍而零神則轉取失元衰神一運用離二運用艮以之排水是也然零神方位後天雖用逆而闡之先天卦序父統三男母統三女陽順陰逆井然而不紊上元一白當令取後天離方水者離乃先天乾位乾爲老父故居第一又一六共宗故以乾六爲照神二黑當令取後天艮方水者艮乃先天震位震爲長男故居第二又二七同道故以兌七爲照神三碧當令取後天兌方水者兌爲先天坎位坎爲中男故居第三又三八爲朋故以艮八爲照神中元四綠當令取後天乾方水者乾爲先天艮位艮爲少男故居第四又四九爲友故以離九爲照神此先天四陽卦先長後少依序順輪者也中元六白當令取後天巽方水者巽乃先天兌位兌爲少女故居第六而一六共宗因以坎一爲照神下元七赤當令取後天震方水者震乃先天離位離爲中女故

居第七而二七同道因以坤二爲照神八白當令取後天坤方水者坤乃先天巽位巽爲長女故居第八而三八爲朋因以震三爲照神九紫當令取後天坎方水者坎乃先天坤位坤爲老母故居第九而四九爲友因以巽四爲照神此先天四陰卦先少後長依序逆輪者也八卦效用以先後天同位其驗乃神章氏仲山於三元九運中每取五里山爲正向者卽隱寓零神於向首耳然水裏排龍星仍用順苟當令旺星挨到水裏卽爲撥水入零堂也若夫正神與零神相對待撥之先天卦序適成反比例學者可得而悟矣山上排龍旺星挨到高山實地爲之正神正位裝但正神百步始成龍平洋立穴忌數十步便爲河流界斷所謂水短便遭凶也總之零正對待消長無定隨運流轉識其所在則排龍排水知所配合可不致犯零正顚倒之病矣

零神正神逐運方位吉凶表

元運 零正 地盤	一運 龍	一運 水	二運 龍	二運 水	三運 龍	三運 水	四運 龍	四運 水	五運上旬 龍	五運上旬 水
坎	正神	正煞	烝退	凶照	烝死	凶照	烝死	催煞	烝死	催煞
坤	烝平	凶照	正神	正煞	烝退	催煞	烝死	凶照	烝死	正煞
震	烝平	凶照	烝平	催煞	正神	正煞	烝退	凶照	烝退	凶照
巽	烝平	催煞	烝平	凶照	烝平	凶照	正神	正煞	正神	正煞
乾	烝死	催吉	烝死	吉照	烝死	吉照	正凶	零神	正凶	戌方零神
兌	烝死	吉照	烝死	催吉	正凶	零神	烝死	吉照	烝死	吉照
艮	烝死	吉照	正凶	零神	烝死	催吉	烝死	吉照	烝死	丑方零神
離	正凶	零神	烝死	吉照	烝死	吉照	烝死	催吉	烝死	催吉

六運		七運		八運		九運	
龍	水	龍	水	龍	水	龍	水
烝死	催吉	烝死	吉照	烝死	吉照	正凶	零神
烝死	吉照	烝死	催吉	正凶	零神	烝死	吉照
烝死	吉照	正凶	零神	烝死	催吉	烝死	吉照
正凶	零神	烝死	吉照	烝死	吉照	烝死	催吉
正神	正煞	烝退	凶照	烝死	凶照	烝死	催煞
烝平	凶照	正神	正煞	烝退	催煞	烝死	凶照
烝平	凶照	烝平	催煞	正神	正煞	烝死	凶照
烝平	催煞	烝平	凶照	烝平	凶照	正神	正煞

城門

城門爲穴內進氣之關鍵。水之三叉聚會。或照穴有情。權力獨勝處。而又合乎五行。生旺之方位者。謂之城門。其五行生旺之方位維何。卽向旁左右兩宮是也。天人兩元之向。遇運星一三七九飛到隣宮。便合城門。地元向。逢二四六八飛臨亦然。大凡城門純以逆飛。取得旺氣。故於同元一氣中。舍陽而取陰。向旁運星之五。有水挨到。亦作城門論。但同元可用。又有正馬借馬之別。以元旦盤宮位爲率。如坎之與乾。乾之與坎。互合生成者爲正馬。餘則爲借馬。其力略輕。有以出宮兼向爲借庫。一卦純淸爲自庫者。此城門之正格也。若言變格。例如挨星之一。臨於乾位。暗合生成於鄰宮者是也。其環山獨缺一口。用作城門方位。亦依此類推。大抵向衰者。得城門一吉足資補救。向旺者得之。益臻昌盛。因是

氣無異中宮之氣故也。諺所謂雪中送炭。錦上添花者。城門兩有之。故

經有城門一訣最爲良之讚美。然城門輪到衰死之星。則亦不免凶耳。

水法

旺向逢水。即爲旺水。苟無通流。或有而不見。則其力薄。此天玉經。所以有

龍要合向。向合水。以致其叮嚀之意也。但旁水得令。映照切近。則亦不

亞於向上旺水。此言水之用。而其體亦殊多美惡。屈曲流神。名曰御街。

一卦淸純。謂之三陽。二者皆體之上格。均主貴秀。若斜飛直射反弓無

情。水之所忌。裏頭。割脚出卦斬頭縱發不久。凡此皆水法所不取。亦即

非龍眞穴的之顯徵。平洋以水證龍。體用得失。背關吉凶。顧不重歟。但

八國有水。而無峯相配。其氣散漫。亦主有財無丁。如六運立戌山辰向。

水神一到離。九到坎。離方有水。與向首合一六共宗。名催官水。若更有

坎方高峯相配。力加十倍。無峯力輕。此取山水相對。其中蓋有精義存焉。

三吉五吉

三吉五吉爲水法所最喜。何謂三吉。卽一白六白八白等於奇門之休開生。一白居九星之首。既統諸卦。合冠三吉。然天氣下降。地氣上升。亦何所容其軒輊。堅金遇土。富並陶朱。八六相生。異途擢用。六白八白之同爲吉曜。蓋可知矣。至五吉則合三般而兼取貪輔。如上元一運。取一二三之水。而配以六八。中元四運。取四五六之水。而配以八一。下元七運。取七八九之水。而配以一六是也。總之三吉五吉安排得法。聯珠相貫。其發福自久而弗替耳。

陽宅三十則

城鄉取裁不同　鄉村氣渙立宅取裁之法以山水兼得爲佳城市氣聚雖無水可收而有鄰屋之凹凸高低街道之闊狹曲直凹者低者闊者曲動者爲水直者凸者狹者特高者爲山

挨星　陽宅挨星與陰宅無異以受氣之元運爲主山向飛星與客星之加臨爲用陰宅重向水陽宅重門向然門向所以納氣如門外有水放光較路尤重衰旺憑水權衡在星之理蓋亦無稍異也

屋向門向　凡新造之宅屋向與門向並重先從屋向斷外六事之得失倘不驗再從門向斷之若屋向既驗不必復參門向反之驗在門向亦可不問屋向也

堂局環境　凡看陽宅先看山川形勢氣脈之是否合局繼看路氣與週圍之外六事及鄰家屋脊牌坊旗桿坟墩古樹等物落何星宮辨衰旺

以斷吉凶

大門旁開　凡陽宅以大門向首所納之氣斷吉凶大門旁開者則用大門向與正屋向合兩盤觀之外吉內凶難除瑕疵外凶內吉僅許小康

屋大門小　凡屋與門須大小相稱若屋大門小主不吉然屋向門向皆旺屋大門小亦無妨

乘旺開門　凡舊屋欲開旺門須從舊屋起造時某運之飛星推算如一白運立壬山丙向旺星到坐原非吉屋到三碧運在甲方開門方能吸收旺氣緣起造時向上飛星三碧到震交三運乘時得令非為地盤之震三也若開卯門亦須兼甲以通山向同元之氣也

新開旺門　凡舊屋新開旺門後其斷法可竟用門向不用屋向也打灶作房亦從門向上定方位則按此指旺門大開原有大門堵塞或緊

閉者而言須辨方向之陰陽順逆與乘時立向無異若開便門以通旺氣則取同元一氣仍照起造立極之屋向斷之可也

旺門蔽塞　凡所開旺門前面有屋蔽塞不能直達從旁再開一低小便門以通旺門則小門祗作路氣論不必下盤

旺門地高　旺門門外有水本主大吉但門基反高於屋基者雖有旺水不能吸收門基高於門內之明堂者亦然若門外路高當別論也

黑衕　凡宅內有黑衕不見日光者作陰氣論二黑或五黃加臨主其家見鬼卽不逢此二星亦屬不吉

造竈　不論宅之生旺衰死方均可打竈但生旺方可避則避竈以火門爲重竈神坐朝可弗問焉火門向一白爲水火既濟向三碧四綠爲木生火均爲吉竈火門向八白火生土爲中吉向九紫亦作次吉論但究

嫌火太熾盛耳。六白七赤火門不宜向。因火剋金也。二黑五黃更不宜向。因二爲病符。五主瘟癀也。然火門所朝之向。乃造屋時向上飛星所到之活方位。非指地盤九星言也。如一白運所造之屋。至八九運打竈。仍須用一白運之向上飛星是也。惟飛星之九紫方。切忌打竈。火氣太盛。恐遭火患。此造竈方位之概略也。

糞窖牛池。穢濁不宜嚮邇。五黃加臨。則主瘟癀。二黑飛到。亦罹疾病。以較遠之退氣方爲宜。

隔運添造。凡屋同運起造。固以正屋爲主。如後運添造前後進或側屋。而不另開大門者。亦仍作初運論。不作兩運排也。若添造之屋另開一門。獨自出入。方作兩運排。倘因後運添造。而更改大門。則全宅概作後運論可也。

分房挨星　凡某運起造之宅至下運分作兩房者仍以起造時之宅運星圖爲主而以兩邊私門爲用蓋星運定於起造不因分房而變動分房以後各以所處局部之星氣推斷吉凶可也同運分房者類推參看宅斷中會稽章宅七運子午兼癸丁圖自明

數家同居　一宅之中數家或數十家同居斷法以各家私門作主諸家往來之路爲用看其路之遠近衰旺即知其氣之親疏得失也

分宅　一宅劃作內室另立私門者從私門算但全宅通達毗連仍作一家排不從兩宅斷也

逢囚不囚　向星入中之運如二四六八進之屋逢囚不囚者何也因中宮必有明堂氣空可作水論向星入水故囚不住若一三五七進之屋中宮爲屋入中便囚但向上有水放光者亦囚不住

店屋。　凡看店屋以門向爲君。次格櫃。又次格財神堂。俱要配合生旺。若門吉櫃凶。或財神堂凶。吉中有疵。主夥友不和。或多阻隔。其衰旺之氣。皆從門向吸受。

吉凶方高。　宅之吉方高聳。年月飛星來生助。愈吉。來尅洩則凶。若凶方高聳。年月飛星來尅洩。反吉。來生助則凶。此指山上龍神之方位也。

竹木遮蔽。　陽宅旺方有樹木遮蔽。主不吉。竹遮則無礙。然亦須疎朗。因竹通氣故也。衰死方竹木皆不宜。

一白衰方。　陽宅衰氣之一白方。有鄰家屋脊冲射者。主服鹽滷死。獸頭更甚。

財丁秀。　財氣當從宅之向水。或旁水。看旺在何方。加太歲斷之。功名當從向上飛星之一白四綠兩方。看峯巒。或三叉交會。流神屈曲處。加太

歲合年命斷之丁氣當從宅之坐下及當運之山星斷之其驗乃神

流年衰死重臨與旺星到向　陽宅衰死到向是某字逢流年飛星到向又爲某字主傷丁旺星不到向逢流年旺星到向亦轉主發禍陰宅同斷

鬼怪　衰死方屋外有高山屋脊屋內不見名爲暗探屋運衰時陰卦主出鬼陽卦主出怪陰陽並見主神然必須太歲月日時加臨乃應初現時有影無形久而彌顯甚或顛倒物件捉弄生人枯樹冲射屋運衰時陰卦亦主鬼陽卦主神陰陽互見主妖怪

路氣　路爲進氣之由來衰旺隨之吸引離宅遠者應微然亦忌冲射名爲穿砂有凶無吉二宅皆然貼宅近路與宅中內路尤關吉凶故內路宜取向上飛星之生旺方合三般者吉而外路亦須論一曲之首尾察

三灣之兩頭看其方位落何星卦灣曲處作來氣橫直者作止氣其法係從門向上所見者排也天元五歌云酸漿入酪不堪斟即言屋吉路凶之咎也

井

井爲有源之水光氣凝聚而上騰在水裏龍神之生旺方作文筆論落衰死尅煞方主凶禍陰宅亦然

塔

塔是挺秀之形名曰文筆在飛星之一四一六方當運主科名失運亦主文秀若在飛星之七九二五方主興災作禍尅煞同斷陰宅亦然

橋

在生旺方能受蔭落衰死方則招殃石橋力大木橋力輕二宅同斷

田角

取兜抱有情忌反背尖射二宅皆然

九星斷略

竊聞河圖洩兩儀之祕洛書闡九曜之靈一白先天在乾後天居坎上

應貪狼之宿號爲文昌行屬水色尙白秋進冬旺春洩夏死士人遇之必得其祿庶人遇之定進財喜第一吉神也爲尅煞則莊子鼓盆之嗟卜啇喪明之痛有諸

二黑屬土星號巨門發田財則青蚨闐闐旺人丁則螽斯蟄蟄然爲晦氣病符憂愁抑鬱有所不免暗悶淹延蓋嘗有之爲尅煞孕婦有坐草之慮孀居矢柏舟之志或涉婦人而興訟或因女子以招非大抵此方不宜修動犯者陰人不利其病必久

三碧祿存星隸震宮其色碧其行木値其生興家立業當其旺富貴功名若官災訟非遇其尅也殘病刑妻遭其凶也犯之者膿血之災觸之者足疾大禍

巽得四數其色綠風中木文曲居之當其旺登科甲第君子加官小人進產爲尅煞瘋哮自縊之厄不得免焉淫佚流蕩之失勢所有之

五宮廉貞位鎭中央威揚八表其色黃行屬土宜靜不宜動動則

終凶。宜補不宜尅。尅之則禍疊。戊己大煞。災害並至。會太歲歲破。禍患頻仍。故此星值方。在平坦之地。門路短散。猶有疾病。臨高峻之處。門路長聚。定主傷人。值其凶遭回祿之災。萬室咸燼。遇瘟癀之厄。五子云亡。其性最烈。其禍最酷。何其甚也。蓋以土爲五行之主。中爲建極之基。有天子之尊。司萬物之命。不可輕犯者也。倘有大石尖峯。觸其怒。古樹神廟。壯其威。如火炎炎。不可嚮邇矣。　乾宮六白。武曲居之。行屬金。性尚剛。其生旺也。威權震世。巨富多丁。其尅煞也。伶仃孤苦。刑妻傷子。　七赤破軍。位居正西。有小人之狀。爲盜賊之精。其生旺也。財丁亦增。爲尅煞也。官非口舌。秋金主殺。九紫可制。夏月忌臨。八白和之。　艮得八數。其色白。其行土。生旺則富貴功名。尅煞則小口損傷。性本慈祥。能化凶神。反歸吉曜。故與一六皆歸吉論。並稱三白。　離宮九紫星名右弼。行

屬火性最燥吉者遇之立刻發福凶者値之勃然大禍故術家以爲趕煞催貴之神但火性剛不能容邪宜吉不宜凶故曰紫白並稱

六親吉凶斷

聿九星有生克之辨六親有休咎之占　乾稱乎父六白居之其行屬金畏九紫之克其性喜土賴八白之生配乎坤內助攸資得乎艮中和吉慶當其克宅主有迍邅之慮遇乎生老翁得矍鑠之容　坤稱乎母二黑主之行屬土喜生火九紫到享閨房之福土畏木克三四臨遭採薪之憂　帝出乎震爲長男三碧木也木非水不生一白至則欣欣向榮木無金不克六七來則蕭蕭日瘁　坎乃次男其數一白其行爲水遇六七仲房發達逢二八中子受殃　艮土八白少男當之畏伯兄之克然木雖無情得仲姊之生九紫有助風行壓制逢主母之扶二五可安

長女代母行權爲父克不和於季妹七赤來則閨中狼狽有賴乎仲弟一白至壼內鴻禧　離爲中女九紫屬火火之熾也資乎木三四助之火之滅也畏乎水一白克之當其熾仲女福集閨房值其滅仲婦災生牀席　兌季女也陰金可知六白來臨父也助予二黑飛至母兮鞠我金生水爲洩氣一白到未免生災火制金爲煞地九紫來安能無恙總之生旺比和一家均獲休祥死敗墓絕六親各罹災咎

暗建

例如中元四運甲子年四綠入中值年太歲一白到坤坤爲二黑每月調遞太歲所臨之二黑即名暗建煞如正月八白入中暗建在艮二月七赤入中暗建在離每月退一位乙丑年三碧入中太歲八白到坎則以每月調遞之一白爲暗建煞餘類推暗建煞切忌修造犯則凶禍立見

此選擇應避之一端也

余友陳君念劬昔年卜地葬親不敢假庸地師手緣縱覽靑囊諸籍知三元三合之相去霄壤遂治玄空家言蒐集是類祕本不遺餘力茲編所述治諸家祕笈於一爐而以陳君藏本採輯爲多惟按原本語氣有類師門授受信筆揮灑之作而於篇次之程序文字之繁簡雅俗胥不之計加以轉輾抄傳魚魯滋多 則先 爲公世計爰爲之權衡損益循序歸納或錄其要而參以己意或存其眞而量予潤飾旁參諸家附表繫說摭述成編以供同好蓋 沈公以盡洩此中天機爲懷而陳君亦不以嚴守祕密爲然此玄空輯要之所由作也 則先並識

卷五 校勘表 起星立成圖

頁	面	圖	說	行	字	誤	正
三	下			七	第八字下		八國二字刪
六	上			八	第十四字	武	午
十一	上			八	第七字	座	坐
十二	上			一	第二字下	行一	一行
十三	上			六	第十一字	封	卦
十三	上			十一	第十字下		脫一辰字
十六	上			十一	第廿三字下		脫一起字
十七	上			四	第二字	諺	語
十七	上			十一	第十九字	三小註	四
十七	下			六	第三字	因	固
十七	[illegible]			[illegible]	第[illegible]		脫一學字
十八	下			[illegible]	第[illegible]三[illegible]下	不贅 識	序不贅
二十	下			五	第二字	落	尋
二三	上			一	第十七字下	巳乾	乾巳
二三	上			五	第二十一字	末	未
二四	下		二	五	第十四字	詔	謂
二五	上	一		二	第三字	五九九	五九六
二七	下	一		三	第五字	九四四	九四三
三二	下		一	三	第三字下	一山	山一
三六	上	一		一	第二字	三一五	二一五
三六	下		二	五	第六字	西	兩
三七	下		一	五	第四字下		脫一午字
四十	下	一		三	末	山	向
四一	下	二		二	第一字	貪七四 破一	貪一四 破七
四一	下		二	五	第四字下		脫一子字
四二	上			五	第二字下	丙山壬	壬山丙

四二	上		二	三	第七字下		脫一元字
四三	上		二	末			脫三此局辰方可用城門訣十字
四三	下	二		二	首末	山向	向山
四三	下		二	末			脫此局未方可用城門訣
四四	下		一	末			脫此局丑方可用城門訣
四五			一	末			脫此局戌方可用城門訣
四五	下	一		二	第三字		破七武六一
四六	下		一	一	第十字下		脫一挨字
四六	下	二		二	末	五	七
四六	下	二		三	末	七	五
四九	上		十	末			脫此局丑方可用城門訣
五一	下		二	三	第十字	經	維
五六	上	二		三	第一字	輔一貪八三	貪一輔八三
五六	下		二	五	第四字	甲	庚
五七	下		二	二	第四字下	陰辰	辰陰
五八	上		二	一	第五字下	地之	之地元
七六	上			二	第一字	向	山

玄空輯要

頁	面	行	字	誤	正
十一	下	一	第十四字下	四艮三離二坎	四兌三艮二離一坎
十三	上	圖九	第一字	六	九
十四	上	十	第二字	三	四
十四	下	一	第二字	五	六
十四	下	一	第四字	四	五
十九	上	一	第十五字下	則龍神	龍神則
十九	上	四	第廿八字		上字删
廿九	上	六	第二字	本	木

玄空古義

目次

說卦錄要

近人卦象多宗孟氏逸象雖多而不切實用端木氏周易指經生習焉於此篇則簡略初學入門不如江陵鄭石元氏所著讀易輯要淺釋爲易解手錄此篇並變易體裁使人一目了然　丙戌夏沈竹礽識於上虞之福祈山下

☰乾健也（乾純陽動而不息）☷坤順也（坤純陰靜而從陽）☳震動也（震剛好進銳作上起）☴巽入也（巽柔始生潛伏上侵）☵坎陷也（坎一陽在陰中上下皆順必溺而陷之）☲離麗也（離一陰在陽中上下皆健必附而麗之）☶艮止也（艮一陽健極於上前無所往必止）☱兌說也（兌一陰順見於外情有所發必說）

此言八卦之性情

☰乾爲馬（馬性健而不息其蹄圓乾象也）☷坤爲牛（牛性順而載重其蹄坼坤象也）☳震爲龍（震以奮動之身而靜息於重陰之下龍象也）☴巽爲雞（巽以入伏之身而出聲於重陽之表雞象也）☵坎爲豕（豕外質濁而心躁剛在內也）

☲離爲雉、雉外文明而性介、陽明在外也。☶艮爲狗、艮外剛能止物、而內柔者、狗也。☱兌爲羊、兌外柔能悅羣、而內很者、羊也。

此言遠取諸物

☰乾爲首、首爲衆陽所會、圓而在上、乾也。☷坤爲腹、腹爲衆陰所藏、虛而有容、坤也。☳震爲足、一陽動於下、足也。☴巽爲股、陰坼而入於下、股也。☵坎爲耳、陽明在內、猶耳之聰在內也、兩旁暗、而內一陽明能納言在內、故爲耳。☲離爲目、陽明在外、猶目之明在外也、陽白陰黑、離之黑居中、黑白分明、目之象也。☶艮爲手、動於上而握物、艮止之象也。☱兌爲口、口開於上、而能言笑、兌悅之象也。

此言近取諸身

☰乾天也、故稱乎父、☷坤地也、故稱乎母、六子皆自乾坤而生、故稱父母。☳震一索而得男、故謂之長男、☴巽一索而得女、故謂之長女、索者、陰陽相求也、陽先求陰、則陽入陰中而爲男、陰先求陽、則陰入陽中而爲女、一索者、初爻也。☵坎再索而得男、故謂之中男、☲離再索而得女

故謂之中女（在中爻為再索）☶艮三索而得男故謂之少男☱兌三索而得女故謂之少女（在三爻為三索）

此以八卦分父母男女一家之象也

☰乾爲天（乾純陽在上故爲天）爲圜（天體圓而運轉不息爲圜）爲君（居上爲萬物主爲君）爲父（萬物資始爲父）爲玉（色白而純粹無瑕爲玉）爲金（質堅而純剛能斷爲金）爲寒爲冰（後天乾居西北當戌亥之月其候水始冰地始凍故爲寒爲冰）爲大赤（先天乾居正南火方故色爲大赤）爲良馬（純陽善走者馬也德莫尚者爲良馬）爲老馬（智莫尚爲老馬）爲瘠馬（骨莫尚爲瘠馬健之最堅者也）爲駁馬（力莫尚爲駁馬健之最猛者也）爲木果（圓而在上爲木果天之大德曰生木上有果生氣之完也）

荀九家有爲龍爲直爲衣爲言來氏補有爲蒂爲旋爲知爲富爲鼎爲戎爲武邵氏補有爲郊爲野爲虎

☷坤爲地（純陰在下爲地）爲母（萬物資生爲母）爲布（地東西爲經南北爲緯故爲布）爲釜（容物熟物）

而能養物者釜也且六斗四升為釜坤包六十四卦故為釜也為吝嗇陰主收斂故為吝嗇為均卦象平分而地無私載故為均為

子母牛性順多孕生生相繼為子母牛為大輿形方能載重故為大輿為文奇為質偶為文三畫平分而成章也為衆

三畫斷斷而為六畫六畫斷而為十二畫故為衆為柄在下而承物於上為柄坤持成物之權也其於地也為黑極陰之色先天

坤居正北故色為黑

荀九家有為牝為迷為方為囊為裳為黃為帛為漿來氏補有為未

為小為能為明為戶為敦邵氏補無

三震為雷震正東方二月之卦陽氣動於下為雷為龍神物動於淵為龍為玄黃乾坤始交兼有天地之氣為玄黃

為旉陽氣始施為旉為大塗上二偶開張前無壅塞為大塗為長子一索而得男為長子為決躁陽動決陰其進也銳

為決躁為蒼筤竹為萑葦東方之色蒼下苞上茂本實榦虛陽下陰上之象故為蒼筤竹為萑葦其於馬也為

善鳴上偶開張故於馬為善鳴為馵足爾雅馬左白曰馵震居左下一陽白又為足故為馵足為作足兩足並舉曰作震性

動故為作足為的顙額有白色曰的顙頭上旋毛如射之的故為的顙其於稼也為反生子墜苗抽剛反而生於下

其究爲健爲蕃鮮。（故于稼爲反生。陽長終究必至于乾健、故其究爲健、始専而終必盛、蕃育鮮明、極言盛長之不可量、震巽獨以究言剛柔之始也。）

荀九家有爲玉。爲鵠。爲鼓。來氏補有爲靑。爲躋。爲奮。爲官。爲園。爲春。耕。爲東。爲老。爲筐。邵氏補爲車。爲得。

☴巽爲木。（巽、入也、物之善入者、惟木、無土不穿、）爲風。（氣之善入者、惟風、無物不被、）爲長女。（一索而得女、爲長女、）爲繩直。（木曰曲直、繩所以糾木之曲者、故爲繩直、）爲工。（引繩制木、爲工、）爲白。（先天巽居西南、金方、其色爲白、）爲長。（風行最長、）爲高。（木升最高、）爲進退。爲不果。（陽性至果、陰性多疑、風行無常、或東或西、故爲進退、爲不果、）爲臭。（一陰伏于二陽之下、氣鬱不散、以風傳之、故爲臭、）其於人也。爲寡髮。（髮爲血所生、一陰入於下、而未上行、故其人爲寡髮、）爲廣顙。（陽氣獨上、感爲廣顙、）爲多白眼。（陽白陰黑、離之黑居中、爲目之正、巽則二白在上、一黑在下、故爲多白眼、）爲近利市三倍。（後天離居正南、巽居東南、近離、離爲日中之市、其數三、爲利市三倍、巽入而貪侵牟二陽、故爲近利市三倍、）其究爲躁卦。（震爲決躁、巽錯卽震、其究長而上之、復反、必爲躁卦也、）

荀九家有爲楊爲鸛來氏補有爲後爲魚爲草茅爲宮人爲老婦邵氏補爲瓜爲潔爲絲爲床

☵坎爲水坎一陽內明爲水爲溝瀆物陷則汙小者爲溝大則爲瀆爲隱伏水由地中行爲隱伏爲矯揉矯直使曲揉曲使直陽欲直而陰欲曲有水流曲直之象故爲矯揉爲弓輪水激射如弓運轉如輪二物中勁皆矯揉而成故爲弓輪其於人也爲加憂陷而成險心危慮深於人爲加憂爲心病中滿而不虛靈爲心病爲耳痛坎爲耳耳以虛爲體一畫實於中爲耳痛爲血坎在天地爲水在人身爲血水周天地之血脈也爲赤得乾中畫亦分乾之赤色但不大耳故爲赤亦由血卦之色相承而言也其於馬也爲美脊剛在中而兩陰旁分故於馬爲美脊爲亟心剛在內而躁爲亟心爲下首柔在上故首垂不昂爲薄蹄柔在下故蹄薄不厚爲曳陷而失健足行無力爲曳其於輿也爲多眚行險而勞卦象上下皆缺口故其輿爲多眚爲通上下皆虛流而不滯故通爲月水之精爲月爲盜陽剛伏陰中而能陷人爲盜其於木也爲堅多心陽剛在中則心堅實故於木爲堅多心

荀九家有爲宮爲律爲可爲棟爲叢棘爲狐爲蒺藜爲桎梏來氏補

有爲沐爲泥塗爲孕爲德爲淫爲北爲幽爲浮爲河邵氏補爲鹿爲金

☲離爲火（離、麗也、麗木而生、爲火）爲日（火之精、麗於天、爲日）爲電（火之光、麗於雲、爲電）爲中女（再索而得女、爲中女）爲甲胄（剛在外、則外堅、故爲甲胄）爲戈兵（火上炎、則上銳、爲戈兵）其於人也爲大腹（中空虛、爲大腹）爲乾卦（火性躁、爲乾卦）爲鼈爲蟹爲蠃爲蚌爲龜（外剛內柔、象乎介虫、離得坤中之黃、其物介而有黃者、爲鼈爲蟹、形銳善麗、且圓轉而上尖、爲蠃、內虛含明、爲蚌、文明含智、爲龜）其於木也爲科上槁（木之中空者、上必槁、火虛上炎之象也）荀九家有爲牝牛來氏補有爲苦爲朱爲焚爲泣爲惡爲號爲垣墉爲不育爲害邵氏補爲巷爲虎

☶艮爲山（一陽高出二陰之上、而止其所、爲山）爲徑路（一陽塞於外、不通大塗、與震相反、爲徑路）爲小石（堅而止於小山、下爲小石）爲門闕（上畫相連、下畫雙峙而虛、故爲門闕）爲果蓏（得乾之上爻、堅圓在上、爲果蓏）爲閽寺（禁止人之出入者、爲閽寺）爲指（人能止物者在指）爲狗（畜能守物者、爲狗）爲鼠（其剛在上、如鼠剛在齒也）爲黔喙之屬（黔黑色、爲喙烏

之黑色者其類不一 其於木也爲堅多節 陽在上剛而不中故於木爲堅多節

荀九家有爲鼻爲虎爲狐來氏補有爲牀爲握爲終爲宅廬爲簷爲章爲尾邵氏補有爲喪

☱兌爲澤 坎水上入而下不洩爲澤 爲少女 三索而得女故爲少女 爲巫 以歌悅神爲巫 爲口舌 以言悅人爲口舌兌爲口爲悅也 爲毀折 兌爲正秋八月萬木彫落其象上缺故爲毀折 爲附決 柔附剛爲附決 其於地也爲剛鹵 流水甜而止水鹹兌澤止水凝而至堅爲剛鹵 爲妾 少女從娣爲妾 爲羊 外悅內很爲羊

荀九家有爲輔頰爲有常來氏補有爲笑爲食爲跛爲眇爲西邵氏補有爲虎爲袂爲金

此章言象必合正卦變卦錯卦綜卦互卦先後天八卦方位參觀之六十四卦中言象者皆不外此

先後天八卦取象

坎卦爲水星爲貪狼數爲一白人爲中男爲酒徒爲舟子爲盜爲淫爲加憂爲多眚爲孕爲鬼於德爲敬爲勞憫爲疑爲險爲亂於身爲耳爲腎爲血動物爲豕爲鼠爲燕靜物爲池塘爲河海爲泥塗爲幽谷其性浮而蕩

坤卦爲地星爲巨門數爲二黑人爲老母爲寡婦爲女子爲小人爲吝嗇於德爲智爲安甯於身爲腹爲脾爲肉動物爲牛爲羊爲猴靜物爲塚墓爲郊墟其性柔而靜

震卦爲雷星爲祿存數爲三碧人爲長男爲秀士爲官爲好爵爲侯爲里甲爲言於德爲決躁動物爲龍爲狐爲兔靜物爲棟梁爲園爲陵爲刑具其性勁而直

巽卦爲風星爲文曲數爲四綠人爲長女爲文人爲婢妾爲富爲官爲工爲近利市三倍於德爲進退爲損於身爲股肱爲寡髮爲廣顙爲多白眼爲氣動物爲鷄爲龍爲蛇靜物爲廟爲藤蘿爲繩索其性和而緩

乾卦爲天星爲武曲數爲六白人爲老父爲賊盜爲軍吏爲富於德爲大爲道爲德爲福祉慶祥於身爲首爲項爲肺爲骨動物爲馬爲犬爲猪靜物爲鐘鼎爲玉爲石爲金其性剛而動

兌卦爲澤星爲破軍數爲七赤人爲少女爲讒人爲武人爲倡優爲巫祝於身爲口舌爲涎爲毀折爲跛眇動物爲羊爲虎豹爲鷄爲鳥靜物爲刀戟爲斧鋤其性決而利

艮卦爲山星爲左輔數爲八白人爲少男爲僮僕爲樵豎爲君子爲損疾於身爲手爲指爲背爲鼻動物爲狗爲鼠爲虎爲牛靜物爲園林爲巖

壑為門闕為宅廬為邱其性安而止

離卦為火星為右弼數為九紫人為中女為穎士為通人於德為蓄為言為敬於身為目為心為三焦為大腹為不孕動物為雉為鹿為馬靜物為爐竈為燈燭為焚其性燥而烈

八卦變六十四卦世次圖

乾爲天本宮上世 天風姤一世 天山遯二世 天地否三世 風地觀四世 山地剝五世 火地晉
遊魂四世 火天大有歸魂三世

震爲雷本宮上世 雷地豫一世 雷水解二世 雷風恆三世 地風升四世 水風井五世 澤風大
過遊魂四世 澤雷隨歸魂三世

坎爲水本宮上世 水澤節一世 水雷屯二世 水火旣濟三世 澤火革四世 雷火豐五世 地火
明夷遊魂四世 地水師歸魂三世

艮爲山本宮上世 山火賁一世 山天大畜二世 山澤損三世 火澤睽四世 天澤履五世 風澤
中孚遊魂四世 風山漸歸魂三世

坤爲地本宮上世 地雷復一世 地澤臨二世 地天泰三世 雷天大壯四世 澤天夬五世 水天
需遊魂四世 水地比歸魂三世

巽爲風本宮上世風天小畜一世風火家人二世風雷益三世天雷无妄四世火雷噬嗑

五世山雷頤遊魂四世山風蠱歸魂三世

離爲火本宮上世火山旅一世火風鼎二世火水未濟三世山水蒙四世風水渙五世天水

訟遊魂四世天火同人歸魂三世

兌爲澤本宮上世澤水困一世澤地萃二世澤山咸三世水山蹇四世地山謙五世雷山小

過遊魂四世雷澤歸妹歸魂三世

駱士鵬六十四卦論 此爲收山出煞之用錄自圖書發祕

乾爲天 運屬中元甲辰甲寅 爲金爲陽爲老父於身爲骨爲首爲肺爲上焦於數合西方四九配坎爲天水訟 水吉山凶 配艮爲天山遯 砂吉水凶 配震爲天雷无妄 水吉山凶 配巽爲天風姤 水吉山平 配離爲天火同人 山龍上吉水凶 配坤爲天地否 水吉 砂凶 配兌爲天澤履 山龍上吉水凶

坎爲水 運屬上元甲子甲戌 爲陽爲中男於身爲耳爲血爲腎爲寒於數合北方一六配艮爲水山蹇 水吉砂平 配震爲水雷屯 山龍上吉水凶 配巽爲水風井 山龍上吉水凶 配離爲水火既濟 向水兼收吉砂實凶 配坤爲水地比 山龍吉水凶 配兌爲水澤節 山次 凶水吉 配乾爲水天需 山次凶水吉

艮爲山 運屬下元甲申甲午 爲土爲陽爲少男於身爲手指爲首鼻背於數合中央五十配震爲山雷頤 水吉砂凶 配巽爲山風蠱 水吉山凶 配離爲山火賁 山龍上吉水凶

配坤爲山地剝 水吉山凶 配兌爲山澤損 水平山退 配乾爲山天大畜 山平水次吉 配

坎爲山水蒙 水吉山凶

震爲雷 運屬上元甲辰甲寅 爲木爲陽爲長男於身爲肝爲足爲髮爲聲音爲驚恐

於數合東方三八配巽爲雷風恆 山龍上吉水凶 配離爲雷火豐 砂次吉水吉 配坤

爲雷地豫 砂次吉沖則凶水次吉 配兌爲雷澤歸妹 水吉砂凶 配乾爲雷天大壯 水吉砂兇

配坎爲雷水解 山次吉水次凶 配艮爲雷山小過 山次吉水吉

巽爲風 運屬中元甲子甲戌 爲木爲陰爲長女於身爲股肱爲氣爲風疾於數合東

方三八配離爲風火家人 水吉山凶 配坤爲風地觀 砂退水次凶 配兌爲風澤中

孚 山龍上吉水凶 配乾爲風天小畜 向水兼收吉水吉 配坎爲風水渙 山平退尖峯吉水吉 配艮

爲風山漸 山水均次吉 配震爲風雷益 山吉水凶

離爲火 運屬下元甲辰甲寅 爲陰爲中女於身爲心爲目爲熱於數合南方二七配

坤爲火地晉山龍平吉水吉配兌爲火澤睽砂平吉水夾凶配乾爲火天大有砂秀吉水夾凶
配坎爲火水未濟山向兼收吉水吉配艮爲火山旅山退夾吉水夾吉配震爲火雷噬
嗑龍吉砂凶水夾吉配巽爲風火鼎水吉山凶
坤爲地運屬上元甲申甲午爲土爲陰爲老母於身爲皮肉爲腹胃爲穀不化於數
合中央五十配兌爲地澤臨水吉山凶配乾爲地天泰水吉龍夾吉配坎爲地水
師山退中吉水夾吉配艮爲地山謙水吉山凶配震爲地雷復山吉水凶配巽爲地風井
山龍吉水凶配離爲地火明夷水吉山凶
兌爲澤運屬下元甲子甲戌爲金爲陰爲少女於身爲肺爲口舌爲痰涎於數合西
方四九配乾爲澤天夬山退中吉水平吉配坎爲澤水困砂水兼收吉水吉配艮爲澤
山咸龍砂吉水凶配震爲澤雷隨山中凶水吉配巽爲澤風大過水吉山凶配離爲澤
火革山龍上吉水凶配坤爲澤地萃水吉山凶

以上雖論先天河圖當與後天洛書參看蓋收山出煞乃地主靜而常守配先天運行卽天主動而不息尤宜看本卦干支有用此支干入中宜順宜逆上元中元下元之不同上元如坎一卦子癸爲吉壬子凶之類若下元用壬之一二入中順布卽六七到穴何凶之有或上元坐水向實仍吉餘例仿此

祖緜按駱氏所謂吉凶係迂執已見學者萬勿拘泥

河洛生剋吉凶斷 錄元合會通

河圖一六水生旺爲文秀爲榜首爲材藝聰明剋煞爲淫佚爲寡婦爲溺水爲漂蕩 二七火生旺爲橫財巨富爲多女剋煞爲吐血爲墮胎難產爲夭亡橫禍 三八木生旺爲文才爲元魁爲多男剋煞爲少亡爲自縊爲絕嗣 四九金生旺爲巨富爲好義爲多男剋煞爲刀兵爲孤伶爲自縊 五十土生旺爲驟發爲多子孫剋煞爲瘟癀爲孤孀爲喪亡此曆數之大略也然五行間喜水金木忌火土以火土興廢靡常不耐久長故也 一六生震巽旺坎剋離煞午二七生艮坤旺離剋乾兌煞乾三八生離旺震巽剋坤艮煞坤仿此推之

洛書一白水爲中男爲魁星生旺少年科甲名播四海多生聰明智慧男子剋煞刑妻瞎眼夭亡飄蕩 二黑土爲老陰生旺發田財旺人丁不

產文士止應武貴妻奪夫權陰謀鄙吝剋煞寡婦相傳產難刑耗腹疾惡瘡　三碧木爲長男生旺財祿豐盈興家創業貢監成名長房大旺剋煞瘋魔哮喘殘疾刑妻是非官訟　四祿木爲長女爲文昌生旺文章名世科甲聯芳女子容貌端妍聯姻貴族剋煞瘋哮自縊婦女淫亂男子酒色破家漂流絕滅　五黃土爲戊己大煞不論生剋俱凶宜安靜不宜動作年神並臨即損人丁輕則災病重則連喪至五數止季子昏迷癡獃孟仲官訟淫亂　六白金爲老陽生旺威權震世武職勳貴巨富多丁剋煞刑妻孤獨寡母守家　七赤金爲少女生旺發財旺丁武途仕宦小房發福剋煞盜賊離鄉投軍橫死牢獄口舌火災損丁　八白土爲少男生旺孝義忠良富貴綿遠小房福洪剋煞小口損傷瘟瘽膨脹　九紫火爲中女生旺文章科第驟至榮顯中房受蔭易廢易

與剋煞吐血瘋癲目疾產死囘祿官災

玄機賦 陰陽二宅同斷

宋 吳景鸞

大哉居乎成敗所係危哉葬也興廢攸關氣口（即城門）司一宅之樞龍穴樂三吉之輔陰陽雖云四路（四山四水合上下兩元也）宗支只有兩家（一陰一陽）數列五行體用恩仇始見星分九曜吉凶悔吝斯章宅神不可損傷（靜以待動）用神最宜健旺（即龍穴之入首）値難不傷蓋因難歸閒地（即水之低平無動作處）逢恩不發祗緣恩落仇宮（即不當令處或向水被宮神所尅）一貴當權諸凶攝服（龍神得生旺雖尅亦吉）衆凶剋主獨力難支（立穴雖吉若龍水皆不當令又遇諸星來尅故獨力難支）火炎土燥南離何益乎艮坤水冷金寒坎癸不滋乎乾兌（炎燥寒冷太過也皆不當元之故）然四卦之互交固取生旺（山水品配又得元也）八宮之締合自有假眞（眞假於來情辨之）地天為泰老陰之土生老陽（土生金也）若坤配兌女庶妾難投寡母之歡心（蓋純陰也）澤山為咸少男之情屬少女（下元大發）若艮配純陽鰥夫豈有發生之幾兆（品配必審乎時）乾兌託假鄰之誼（山水皆可相兼）坤艮通

偶爾之情（二八爲配、取比肩也）雙木成林雷風相薄（此後天也、亦如先天）中爻得配水火方交（坎離中爻互易、即天地交泰之理）木爲火神之本（木生火也）水爲木氣之元（水生木也）巽陰就離風散則火易熄（宜審元運）震陽生火雷奮而火尤明（即棟入南離之義）震與坎爲乍交離共巽而暫合（皆得相生之義、惟非正配偶然而已）坎若生氣得巽木而附寵聯歡（即上元車驅北闕之義）乾之元神用兌金而傍城借主（乾不當元而兌當令亦得生旺）風行地上決定傷脾（土受傷也、風爲木、脾爲土）火照天門必當吐血（金主肺被火尅、故吐血也）木見戌朝莊生難免鼓盆之歎（巽爲長女、乾金尅之、故主尅妻）坎流坤位買臣常遭婦賤之羞（坎爲中男、坤土尅之、即我不尅而反尅我、主遭婦辱、故以朱買臣爲證）艮非宜也筋傷股折（艮主股肱筋絡、如受木尅、即有傷折之應）兌不利歟脣亡齒寒（兌主脣齒、若受金尅、故主脣亡齒寒）坎宮缺陷而墮胎離位巉巖而損目（二方以形勢言、坎爲當元、離失元也）輔臨丁丙位列朝班（應在下元）巨入艮坤田連阡陌（艮坤爲土、故旺田園）名揚科第貪狼星在巽宮（即四一同宮之義）職掌兵權武曲峯當庚兌（應在下元）乾首坤腹八卦推詳即乾為首、坤為腹、離為目、坎為耳、兌為口、震為足、巽為股、艮為手之類。癸足丁心十干類取甲頭、乙項、丙肩、丁心、戊脅、己脾、庚臍、辛股、壬脛、癸足、此十干之應也、子疝氣、丑脾肝、寅背肱、卯目手、辰背胸、巳面齒、午心腹、未脾脇、申咳嗽、酉背肺、戌頭項、亥肝腎、此十二支之應也、參合八卦、其應如響、木入坎宮鳳池身貴應在上元、此亦四一同宮之義、金居艮位烏府求名應在下元、金取土培火宜木相

玄空祕旨

（按此篇有三註本。舊註本。及鮑士選註本。均題宋吳景鸞著。章仲山註本題明目講僧著。玩其理論。實與玄機賦同。或本吳景鸞作。而目講傳之歟。茲將原註。鮑註。列於句下。章註則附於每段之後。其字句不同處。亦逐一註明。讀者參證之可也。）

不知來路（章作變易）焉知入路（章作但知不易）盤中（章作九星）八卦皆空（原註）開章最重來脈。來源與入首入路。即五行城門一訣之義。故爲至要。若呆拘於坐向。謬曰此是一卦。而實非此一卦也。故曰。盤中八卦皆空。（鮑註）來路者。理氣之根。宅之大門。地之來脈。水之三叉是也。入路者。領氣之訣。即宅之門路。墓之明堂是也。識得理氣之根。方知領氣之訣。盤。羅盤也。盤中八卦方位。隨時顛倒轉換。南不是離。北不是坎。東非卯。而西非西。故曰八卦皆空。空即玄空之謂也。

未識內堂（章作不識三般）焉識外堂（章作那識兩片）局裏（章作凡屬）五行盡錯（原註）受外來立極之所。名曰內堂。不解玄空者。不知內堂所受之氣。皆外來之氣。則局裏之五行皆錯矣（鮑註）內堂旺神也。當加諸向首。外堂砂水方位也。當挨之卦內。明得立向挨加之法。砂水方能取用。若拘定二十四字。則毫釐差而千里謬矣。故曰盡錯。

乘氣脫氣（章作顛之倒之）轉禍福於指掌之間（原註）以排山掌訣挨運命之興衰也（鮑註）氣者。生旺之氣也。得卦中生旺之氣則福。不得卦中生旺之氣則禍。天地之氣。以生旺衰謝分吉凶。故陰陽二宅。重在乘氣也。

左挨右挨。辨吉凶於毫芒之際（原註）吉凶。即在本卦左右雜與不雜。該順該逆之分。（鮑註）生旺衰謝之氣。兩宮同至。或挨左以乘其吉、或挨右以避其凶、即毫芒幾微、不宜夾雜、一夾雜、即龍神交戰矣。**一天星斗運用只在中央**（原註）即先看龍從何來、路從何至、陽宅以路爲入氣、與水從何入口、便將來脈來路之卦入中宮取用（鮑註）中央中宮也、如天之北辰、衆星環拱、八方從中宮而定、中宮由山向而來、識得此訣、方知運用之妙。**千瓣蓮花根蒂生於點滴**章作九曜干支旋轉由乎北極（原註）來脈來源、即山向之根蒂、所謂月窟天根者此也（鮑註）山川之氣騰而爲雲、降而爲雨、故曰水爲氣母、凡墓宅收得吉卦之水、即吸得山川之吉氣、如蓮花之根蒂、生於點滴之水也。

章註此言玄空大卦、陰陽五行、縱橫顛倒、變化不測、毫釐千里、甚屬玄微、目講、恐讀者無所適從、又將衆星旋轉之機以示之、謂衆星之所以旋轉也、其機在乎北極、陰陽之所以顛倒也、其樞在乎三般、讀者當細細揣之、則縱橫顛倒之機、隨時變易之理、自可得而知之矣。

夫婦相逢於道路卻嫌阻隔不通情（原註）若來脈來源、一雜他卦、則我該納何氣、不能得何氣矣、故云阻隔、或山水皆從一卦來、經曰、夫婦同行脈路明、須認流郎別處尋、蓋水須對宮之卦爲配也（鮑註）夫向之吉方也、宜有水、婦山之吉方也、宜有山、苟無山水以應之、是爲阻隔、不必上山下水也。**兒孫盡在於門庭猶忌**章作恐**凶頑非孝義**（原註）一卦管三山、雖在一宮之內、而脈有左右之分、須知用此爻則吉、彼爻則凶、即子癸爲吉、壬子凶、三字眞假在其中、故用之各別、蓋人元爲順子、地

元爲逆子。天可兼人地。而地不能兼天。猶父母之帶子息。是爲一卦純清

（鮑註）山向吉方、有砂水以應之固佳。然猶忌情頑形劣。不能端拱朝揖。他日子孫雖盛。必難望其孝順也。

章註 相逢者。卽山上水裏。陰陽相見配合生生之謂也。相見而得其所自有福祿之蔭相見而不得其所便是禍咎之根。用法卽得是其方或逢形勢反背、水法傾流、以是而非、定有阻隔凶頑之更變矣此節及下文、總言山上水裏、挨星得失之元微、其中奧妙全在說卦以推氣。用卦以明理。繫辭以辨吉凶因形察氣。因氣求形。以推休咎也。

卦爻雜亂。異姓同居。吉凶相併。螟蛉爲嗣（原註）總結上文雜亂之應也。（鮑註）山水界乎吉凶之二卦之間、是爲雜亂。故有異姓同居之應。向上排來巳有吉水、山上排來又有凶巒、更無一吉砂朝拱、有財無丁、宜其螟蛉爲嗣也。

章註 出卦則卦氣雜亂。雜亂卽龍神交戰。交戰雜亂。自有此應。雜亂指干支方位而言。相併指挨星反伏而言。所謂用得卽是相見。用失便謂反吟

山風值而泉石膏肓。（原註）艮被巽尅也。（鮑註）艮止。巽伏。故有山林之癖。篇中、凡言吉者、皆得運。凶者皆失運、人丁指山上言、財祿指水裏言、

午酉逢而江湖花酒。（章作柳）（原註）午酉雖屬同元。而火能尅金。雖無大礙、亦不免好花好酒之

應、（鮑註）離爲月、爲心、爲喜、兌爲悅、爲妾、爲少女、皆陰柔卦、故有柔媚之象、如八運丙向、主敗風俗、蕩花酒、又有成勞瘵者、蓋勞瘵、亦好色之所致也、

「虛」章星作聯奎壁啟八代之文章、（原註）虛壬也、奎木壁水、在乾戌之間、其中水木相生、雖居金土之位、而有制有化、故有八代文人之應、蓋一元、而兼兩元、所謂一六共宗也、（鮑註）星日離也、文明之宿、奎壁乾也、圖書之宿、六運而直接七八九曰聯、故有八代文章之應、其吉全在一聯字、若但六兼九、反嫌火金相爍矣、

胃入斗牛、積千箱之玉帛、（原註）胃土、在酉庚之位、入於艮丑、斗木金牛之位、在下元、主富、胃兌也、斗牛艮也、艮爲天市垣、又七八相生、故有巨富之應、入者、言輔星當飛在水口三叉也、

雞交鼠而傾瀉、必犯徒流、（原註）雞酉也、鼠子也、若酉金到子、雖屬相生、苟不當元而又傾瀉、必犯徒流破敗、以水冷金寒也、輕則腎耳有病、（鮑註）傾瀉散漫奔流也、兌爲刑、坎爲陷、坎水流而不返、故有充軍之象、交字宜味之、

雷出地而相衝、定遭桎梏、（原註）雷震也、地坤也、土被木尅、若出元、必遭桎梏之刑、（鮑註）坤爲刑、爲小、八震爲木、爲正直、出字作尅字解、震木尅坤土、故有桎梏之象、衝指水言、

章註

艮爲山、止也、陽在上則止、巽爲風、入也、陰在下則伏、止者、不事王侯、高尚之士也、伏者、山林隱逸、不求聞達於諸侯者也、止伏相投、自有泉石之癖、離爲火、爲目、爲心、性喜流動、兌爲金、爲少女、爲妾、性愛嬌奢、離麗也、一陰附於陽則喜、兌說也、少陰出於陽則說、離兌相逢、故有江

湖花柳之應也、星應日司文章翰墨之神、躔於奎壁、定卜文才傑出、胃爲土、主倉廩五穀之府、躔於斗牛、定致千箱之積、兌如加坎、或傾瀉奔流、一遇歲君、徒流不免、震若交坤、或相沖相射、年逢三碧、桎梏難逃、

火章增若字**剋金兼化木數驚**章作經**囘祿之災、**（原註）此即七與九會也、七爲先天火數、九爲後天火數、若不當元、或山上龍神下水、水裏龍神上山、或七九在三四運內、或七九運、水該三四而在山、山本七九反在水、或七九而幷有三四配到、或龍運夾雜、或陽宅與工動作、皆主有囘祿之災也、（鮑註）九七同宮、又遇流年一白飛到、則火災立見、蓋丁壬化木、一九相激也、

土章增能字**制水復生金自**章作定**主田莊之富、**（原註）土本尅水、有金來化、則金生水、而土又生金、故主田莊之富、雖不當元、亦無礙也、（鮑註）一六相生、遇流年坤艮加來、似嫌尅制一白、不知生金益水、反有田莊之應、乾爲金玉、坤爲財、爲大業、坎爲納也、

木見火、而生聰明奇士、（原註）木火通明、乃文明之象、雖不當元、亦生聰敏之子、（鮑註）山上排來是震巽、水裏排來遇離、木火通明、故出秀士、

火見土而出愚鈍頑夫、（原註）火炎土燥、雖當元、亦主生頑鈍愚夫、何況出元也、（鮑註）坤爲冥晦、爲迷、雖遇離明相生、而火炎土燥、故出頑鈍、嘗見有九運、立丙向丁未坤方有高山、出蠢子、癡不辨菽麥、

無室家之相依、奔走於東西道路、（原註）有山而無水以界氣、故東西奔走無定所、其應如此、（鮑註）有陽無陰、無所歸宿、故主奔走勞碌、

鮮姻緣

之作合。寄食於南北人家。（原註）南北爲諸卦之首，倘本卦無特朝之水爲配，若南北有水，合得圖書之祕，亦主小富小貴。（鮑註）有陰無陽，不能自立，故主寄食依人。

章註此節專言生尅制化之理，妙在山水峯巒、五星九星正變之象，辨別清楚，再辨玄空隨時變易之機，往來進退之理，認得分明，當補者補，當瀉者瀉，制化得宜，自能得心應手。稍有偏勝，定見榮枯，理之必然者也。如火金相剋，當扶水以尅之，或培土以泄之，乃是扶金壯水之至理。若反以木助火，火藉風而愈熾，木生火而愈旺，回祿難逃。土尅水則水自涸，得金曜重重，洩土壯水，自有田莊之富。所謂強者宜洩，弱者宜扶，即同此意。火由木出，相得則木火通明，定生聰俊。土本火生，太過則火炎土燥，自產頑愚。男以女爲室，女以男爲家，無家無室，是言孤陰孤陽，無所依靠，故主奔走寄食於東西南北也。

男女多情，無媒灼則爲私約。章作合（原註）若山水無從中用，不合圖書之祕，雖山水有情，只爲私約，蓋中五立極之所，猶丹家黃婆爲媒之義。（鮑註）多情如掀裙舞袖、抱肩挨背之砂，形既不潔，復界於陰陽兩卦之間，故有私約之應。陰陽相見。遇冤仇而反無冤。章作情（鮑云）情當作猜（原註）山水各得其位，當元合令，雖是相尅，而反有相濟之功。（鮑註）冤仇即上山下水，即陰陽正配亦屬無情。非章作惟正配而一交，有夢蘭之兆。（原註）坐下雖無龍氣，倘得外山與我所蓄明堂來水，合配圖書，亦主妻生子而發貴。（鮑註）九一、三四、七八爲正配，兼之固吉。一二、二三、六七、八九，雖非正配，若用得合宜，必產佳兒。夢蘭鄭穆公事，見左傳。

得干神之雙至，多折桂之英。（原註）卽支兼干出最豪雄之義。（鮑註）干神以四正卦言，如震之甲乙是也。雙至，言山上水裏俱吉，總以不出卦爲重，旣不出卦，則山非一山，水非一水，用又合宜，故多折桂。折桂者，捷秋闈也。四維卦亦可謂干神。

章註　多情言山形水勢相得之情，媒妁謂立穴定向之得宜，如立穴定向少有差錯，猶男女不用媒妁，便爲私合，陰陽雖得相見，遇反伏冲尅，上山下水，顛倒誤用，反恩爲仇，定見災殃。雙至，卽干支品配得宜，山上水裏，排來都吉之謂，此卽靑囊所謂四神第一者是也。

陰神滿地成羣，紅粉場中空（章本無）**快樂。**（原註）山本陰質，仍得陰星，水亦得陰神，雖多妻妾，只有空樂而無子。（鮑註）陰神二四七九也，陰宅疊見於向首砂水，陽宅重遇於門方向首，皆主好色。

火曜連珠相值，靑雲路上自（章本無）**逍遙。**（原註）山得陽星，水亦得陽星，雖貴而不富。（鮑註）火曜尖秀之峯，卽文筆也。連珠，一六、二七、三八、四九、九一、一四等是也。遇文筆之砂，挨以官貴之星，故發貴。

非類相從，家多淫亂。（原註）水若反弓，雖相合而亦主淫。（鮑註）非一九合二六、三四、七八之正配，卽爲非類相從，雜亂也，故有此應，亦兼砂不潔言。

雌雄配（章作相）**合世出賢良。**（原註）山迎水抱。

雌雄正配故出人亦正（鮑註）山上之陽遇水裏之陰水裏之陽遇山上之陰是爲配合故有出賢良之應

章註四七九二爲陰神諸星重疊於水口三叉或値門方向首男女貪淫火曜郎尖秀挺拔之峯排立於主山朝案用又得一六連珠之妙自能早登科第得志於當時也所云相從相合者總言山上水裏之玄空及方位干支清純錯雜之應驗耳

棟章作負棟入南離驟章作蚢見廳堂再章作更煥（原註）九紫運龍從卯乙來脈坐午山子兼丁癸則九紫運當驟發木生火尤速也此爲龍來三九逆去爲穴應主八十年之富貴（鮑註）三九而逢流年巽至有廳堂再煥之象巽爲棟震爲喜笑離爲光明也

車驅章作驅車朝北闕時聞丹詔頻來（原註）一白運龍從巽來立坎山離向即四三二一龍逆去四子均榮貴之義（鮑註）一六而逢年上坤來有丹詔之應坤爲車爲國爲書乾爲君坎爲三蔵

苟章作全無生氣入門糧艱章作蹇

一宿（原註）入首一節應初年若入首値衰敗則家無隔宿之糧或用順排父母主代代人才消退（鮑註）陰宅水上排來全無生旺陽宅向首門路又逢衰敗故有此應

會有旺星到穴富積千鍾章作箱（原註）入首生旺以水爲救水之尅入正龍之生入也（鮑註）會者二三處吉水會於向也如果屈曲朝來主大富

章註負者排也挨也挨排震木加於離火出乎震者復相見乎離故有廳堂之再煥乾金排於坎水成乎地者又生乎天天地生生不息

定主丹詔頻來、無生氣、有旺神、總言宜生不宜剋、宜旺不宜衰、此亦趨吉避衰之最要者也。

相剋而有相濟之功先天之乾坤大定（原註）先天之氣、惟以生旺衰敗為主、若山水皆得生旺、雖相剋無礙也。

相生而有相凌之害後天之金木章作水**交併**（原註）若山水不合、各有生旺、雖相生而亦主凶、便以後天金木相剋斷之、

章註此言河洛先後天陰陽變易之機、五行顛倒之氣、顛倒變易、相剋相生、乃陰陽五行自然之理、且先天主體、後天主用、為體者不可以用言、為用者不可以體言、所謂先後八卦、體用咸明者此也。

鮑註平視後天卦、有方位、無對待、豎看先天卦、有對待、無方位、以地面視之、天在上、地在下、故高者乾、而低者坤、天之黃道高於午、低於子、故乾南而坤北、日生於東、月出於西、故離東而坎西、此先天對待之象也、洛書坎離二卦、勢常遠而情常親、故有相濟之功、究之先天本屬乾坤、洛書坎兌金水相生、先天則為坎坤、非對待卦也、玄空妙用、無與先天、此獨牽言者、示人以對待之象也。

木傷土而金位重重雖禍章作禍須**有救**（原註）木剋土、以金制之、故云禍有救。**火剋金而水神疊疊災不**章作亦**能侵**章作釀（原註）火有水制、故不為害、**土困**章作涸**水而木旺無妨金伐**

木而火熒何忌（原註）以木制土以火制金也

章註 此節申言生尅制化得宜之妙必須形氣兼看方得制化之精微如形合而氣不合或氣合而形不合稍有偏勝制化雖得亦見榮枯理勢之必然者也

鮑註 玄空之法不以生尅爲吉凶而以得時失時爲吉凶得時者生我吉尅我亦吉失時者生我凶尅我尤凶如艮交震巽七運無礙破武遇弼兼貪反吉貪若兼巨尤須震巽文兼武破要用弼星此因時補救之大旨也

吉神衰章作忌神旺而忌神旺章作制神弱乃入室而章作以操戈（原註）吉不當令忌反當令故有操戈之暴若山下水水上山兩相冲尅亦如此斷凶神旺章作吉神衰而吉神衰章作凶神旺直開門而揖盜（原註）復接上二句制神失令忌神當令猶開門揖盜何所用耶

章註 尅我者謂之忌神制神即尅制我之神也旺者強也衰者弱也制尅無權定見操戈之患吉不敵凶自有揖盜之災要之一貴當權諸凶咸服衆凶尅主獨力難支此亦扶生制尅之一法也

鮑註 忌神凶神三七也忌神言山上排龍凶神言水裏排龍旺謂強旺非生旺也制神吉神主當元生旺說生旺方之山水弱而小三七

方之山水強而大其應如此

重重剋入立見消章作死亡。（原註）既不當令、又遇重重相剋、故有立見消亡之禍、（鮑註）剋入指衰敗之氣言、陰宅向首峯巒、三叉水口、皆遇衰敗、立見傷丁、陽宅向首門路、俱屬衰敗、先破財、後傷丁、位位生來連添財喜章作喜氣（原註）若更當元、又重重生入、美之愈美、故有連添財喜之慶、（鮑註）生旺也、陰陽二宅、向首水口門路等、疊見生氣旺神、故主添丁發財、不剋我而我剋我剋章作剋我同類多出鰥寡孤獨之人。（原註）他既不來剋我、而我反去剋他、亦猶生出剋出之義、（鮑註）剋、衰敗也、水上排來、雖得一二吉神、山上排龍、俱屬剋氣、出鰥寡孤獨、是指山地言、不生我而我生我生章作生我家人乃生俊秀聰明之子。（原註）不生我、而我自相生、雖不當元、亦生俊秀聰明之子、至當令時、必發矣、（鮑註）生、生旺也、水上排來、得一二吉星、山上排來、不止一二吉星、故主生聰明之子、合上文參觀、可見人丁為重、我向首也、同類家人、左右二爻也、

章註 生則不剋、剋則不生、陰陽五行、自然之理也、所云位位重重、指門方水口而言、門方水口、有生入剋入之利害、同類家人、指干支卦爻而言、干支卦爻、有正剋旁剋之吉凶、一生一剋、一正一旁、應驗各殊、讀者當察五行之性情、山水之形勢、去來得失之間、趨生避死、迎旺去衰、自無死傷孤寡之患矣、

爲父所剋男不招兒。（原註）被當令陽星所剋、或破碎、皆有此患。被母所傷女不成章作難得嗣。（原註）生旺處、被水冲斷、或衰敗方、有岡路直冲、則女不能成蔭、（鮑註）此四語、指兩卦夾雜言、如乾雜震巽、即爲父所剋、三四夾七、即爲母所傷、金剋木、長子難招、土剋水、仲子必亡、木剋土、少男有厄是也。後人不肖因生方之反背無情。（原註）言生旺方、來龍反背而去、或生旺水反去反跳者皆是。賢嗣承宗。緣生位之端拱章作方朝揖（原註）生位有情端拱朝揖、雖不有當元、亦生賢嗣、（鮑註）旺主當時、生主將來、故後嗣、全賴生方之山端拱朝揖、不可反背無情。

章註木受金剋、長子難招、水被土傷、次子無嗣、皆指玄空而言、非指方位朝揖反背、言山水之情形、生方旺方、言挨星之得失、生方果有眞情相向、并有朝揖情形、兒孫定多賢良孝友、此因形察氣因氣求形之法、總之必兼形氣理、以推休咎、方一毫不爽耳。

我剋彼而反章作覓遭其辱。因章作爲財帛以喪身。（原註）水本以剋我爲旺、而我反去剋他、故有因財帛喪身之應、（鮑註）山形乖戾、勢或逼近、適山上之星剋制水裏之星、一失運、必有是應。我生之而反被章作受其災。章作殃爲章作因難產以致死。（原註）我不當令、而反生彼、彼不當令、反以生旺之星下水、故有此應、（鮑註）此亦指山形凶惡破碎、言山上之星、適生水裏之星是也。

章註（生之太過，反主死傷，尅之太急，反遭其辱，均由形氣乖戾之故，所謂過猶不及者此也。）

腹多水而膨脹（原註）坤爲腹，遇坎水重重，不當令者應。足以（章作見）金而蹣跚（原註）震爲足，被金尅，而不當令，故有蹣跚之應。（鮑註）坤爲腹，坎爲水，土敗不能制水，故主腹疾，震爲足，遇六七尅之，故主足跛。巽路（章作宮）水宮（章作路）纏乾爲（章作主有）懸樑之犯（章作厄）（原註）或水或路，巽乾相冲，乾爲首，巽爲索，如不當元，故有懸樑之厄。

明堂破震主（章作定生）吐血之災（原註）明堂聚水處也，兌以震爲明堂，兌在下元，陰陽相反，兩敵爲難，兌爲口，爲血，爲肺，震爲肝，兌破震，水冲破，肺肝兩傷，故有吐血之應。（鮑註）山得三，水得七，恰逢向首是也。風行地而硬直難當，室有欺姑之婦（原註）坤爲老母如姑，巽爲長女如婦，形來硬直，如值失令，以巽木尅坤土，故家有欺姑之婦也，如當元則減等。火燒天而張牙相鬥，家生罵父之兒（原註）乾爲天，爲父，離火來尅，其形更如張牙相鬥之狀，必生罵父之逆子，失元更者應。

章註（坤爲腹，爲土，土衰不能制水，自有膨脹之病，震爲足，爲木，爲肝，肝主血，受乾兌金尅，則木壞肝傷，主足跛吐血之證，巽爲長女，坤爲老母，風行地，則坤母受制於巽女，更兼形勢硬直無情，故有欺姑之婦，乾爲天，爲父，爲金，乾金受尅於離火，更有張牙不遜之勢，必生不孝之兒，此極大關風化，全在立穴定向之際，斟酌得宜，苟能挽逆爲順，實有功於名教也。）

此節總言相尅之利害、腹脹吐血欺姑罵父、皆形氣相尅之應驗也、讀者當細心參考、務宜兼形兼氣、方得九星八卦之精微耳。

兩局相關必生雙（章作孿）**子**。（原註）即靜一局、動一局、皆得當時生旺、或辛戌二峯、連在六七運中、乙辰二峯、連在三四運中、亦生雙子、此即支兼干出之義。**孤龍單結定主**（章作有）**獨夫**。（原註）如乙辛丁癸之類、惟一字上來脈懦弱、故主單傳、

章註 兩局指承氣收水而言、孤單指地氣形勢而言、此節專言龍水闊狹厚薄之應、

鮑註 孿子雙產也、兩局相關、兩卦會局也、如立向在陰陽交界、或兩卦騎縫處、必一吉一凶、兩局皆吉、故生孿子、兩局皆凶、亦應禍不單行、一吉一凶、有見吉不見凶、有吉凶並見者、須細細詳之方準、孤龍一吉之龍也、不能兼他卦補救、故有獨夫之應、

坎宮高塞而耳聾。（原註）下元坎方高塞、應主耳聾、**離位摧殘而目瞎**。（原註）上元離位摧殘、或建廁、皆主損目墮胎、**兌缺陷而唇亡齒寒**。（原註）下元兌方缺陷、或水冲敗、皆主缺唇音啞口喉諸病、**艮傷殘**（章作破碎）**而筋枯臂折**。（原註）艮爲脾、爲背、爲手、爲足、爲鼻、下元艮位傷殘、故有臂折筋枯之應、**山地被風**（章作風吹）**還生瘋**（章作風）**疾**。（原註）山艮地坤皆屬土、若失元、而被巽木來尅、故有風疾之應、**雷風金伐**（章作因金死）**定被刀傷**。（章作兵）（原註）震雷巽風皆屬木、若失元、而被金尅、定主刀斧之傷、或遭兵慘、

章註坎耳離目艮手震足皆兼形氣以占休咎所言卦理是玄空變易之卦理非南離北坎之定位讀者切勿悞會如坎方高塞定主耳聾離位傷殘必多目疾兌取象於口缺陷則脣亡齒寒艮取象於身破碎則筋枯臂折艮坤爲土巽風吹剋風疾難逃震巽爲木乾兌金傷刀兵必至種種均由縱橫顚倒相沖相射形氣之所應也

家有少亡只爲沖殘子息卦（原註）我生者爲子息若子息位被沖傷破損每主少亡**庭無耋耄**（章作耆老）**多因裁**（章作攻）**破父母爻**（原註）生我者爲父母若父母卦位破碎則家無耋老或中元乾位損者亦如是

章註乾坤爲父母六卦爲子息此八卦之父母也諸卦自爲母三爻爲子息此一卦之父母也玄空之父母子息則又以變易干支者爲父母以何位何宮倒地翻天者爲子息沖殘攻破言生氣之受剋耳

鮑註如乾卦乾爲父母戌亥爲子息乾坤爲父母震巽爲長坎離爲仲艮兌爲季俱爲子息父母破損家無耆老子息破損室有少亡衝殘攻破皆言受剋也

漏道在坎宮遺精洩血（原註）遺精洩血腎經下體之病也上元坎方有漏道則男主遺精女主洩血也**破軍居巽位顚疾風狂**（鮑註）破軍非兌卦也言欹斜破碎形似金星巽上逢之故出顚狂也**開口筆插離方必落**

孫山之外（原註）離主文明、峯宜尖秀、故曰文筆、官星倘破碎而開口、雖有文而不中、故有落孫山之應、倘**離鄉砂見艮位**（見章作飛）**定遭**（章作亡）**驛路之亡**（章作中）（原註）艮為山、為岩壁、倘此方有反背離鄉砂、更遇失元、主流亡於外、或山腳有驛路之旁（鮑註）砂形向外反抱曰離鄉、艮為徑路、此砂見於艮位、故主客死。

章註 水分兩處、曰漏道、非分濱分枝之謂也、坎為水、為腎、主精血、是方有水傾瀉奔流、便是腎氣不固、自有遺精洩血之病、其餘顛病是風狂、皆言因形察氣之法。

金水多情貪花戀酒（原註）坎為中男、兌為少女、主男女多情、坎為水為酒、兌為金、為娼、水性淫蕩、值失元之時、故有貪花戀酒之應。**水**（章作木）**金相反背義忘恩**（原註）上文七運而用一白、此則一運而用七赤、為上運之七相反失令、金主義、故曰背義忘恩、無所取用（鮑註）金兌也、水坎也、木震也、兌為少女、為密、坎為淫、為酒、多情如砂有抱肩挨背等形、木為仁、金為義、相反形向外也、此皆形體不整、故有此應、**震庚會局文臣而兼武將之權**（原註）震甲為文士、庚為武將、若上元、震山庚水、庚峯向水兼收、即三陽水向盡源流之義、下元兌山震水、甲峯亦主文武全備、失元不應、謂為金木交併（鮑註）山三水七、或山七水三、得時皆有此應。

丁丙朝乾貴客而有耆耄之壽（原註）下元九八七六逆徘、父母主八十年之久、故主貴壽、上元不應（鮑註）離爲南極主壽、乾爲貴客、山上六、水遇九、得時者應、**天市合丙坤富堪敵國**（原註）天市艮也、合丙坤即二一九八進氣、或坤山坤向坤水流之類、故曰富堪敵國也、（鮑註）八九排在水上、又二來合十、故有此應、**離壬會子癸喜產多男**（原註）離水至壬而止、子癸進氣、卽支兼干出最豪雄也、在上元主多男丁盛（鮑註）離爲喜、九一爲正配、故主多男也、

章註金水多情、木金相反、是言玄空之金木、非西金東木之方位、震爲天祿、庚號武爵、玄空會合文武全才、丁爲南極、丙爲太微、巽眞情朝拱、主貴而多壽、艮爲天市、本主財祿、又得火土相扶、故富可敵國、離壬子癸會成旣濟、主多男之慶、然必體得其體、用得其用、方有是徵、若拘拘於呆法者、百無一得也、

四生有合人文旺（原註）上元一二三四之山有九八七六之水、配成合十之數、下元六七八九之山有四三二一之水配合一六二七三八四九生成之數、主旺人文、**四旺無沖田宅饒**（原註）四旺、卽上元九八七六下元四三二一之水無有沖破、故主田宅富饒、如失運、卽有山上龍神下水之患（鮑註）寅申巳亥四生方之山挨着吉星、主旺人文、子午卯酉四旺方之水挨着生旺、主饒田宅、雖爲臨穴之大旨、實挨星進一層法也、**丑未換局而出僧尼震巽失宮而生賊丐**（二語舊本無今照章本增）（鮑註）坤爲寡、艮爲閽寺、故出僧尼、震爲寺、爲草莽、動而不正、有賊象、巽爲近市利、卑而不正、有丐象、二語當兼形體言、**南離北坎**

位極中「央」章作天（原註）南北爲中天立極之所、八卦之父母、其力最厚、能管諸方、故配合之道、以天地爲定位也、（鮑註）坎離二卦、得乾坤之中氣、合時者至貴、長庚啓明交戰四國。（原註）長庚西也、啓明東也、東在天地之左、爲陽爲生、主晝、即日之東升、升則處處皆得陽明生旺之氣、西在天地之右、爲陰爲死、主夜、即日之降也、降則處處皆昏暗陰慘矣、四面八方、此陽彼陰、此陰彼陽、山水四配交媾之義準此、（鮑註）兌爲長庚、震爲啓明、合時用之主出、武路之入、健而動順而動、三字章本無動非佳兆。（原註）健者龍也、順者水也、若龍水皆得時令之陽、是陽爲生旺、宜於龍脈之主動、水本靜也、受時令之陰氣、令亦反陽、獨陽不生矣、故曰非佳兆也、止而靜順而靜。三字章本無靜亦章作罔不宜。（原註）脈之止處、亦得時令之陰氣、蓋入首最要生旺、而與水皆陰、是孤陰不生也、故曰不宜、（鮑註）乾健、坤順、艮止、巽入、不宜衝動、宜安靜、此以動靜審吉凶也、富並陶朱斷是堅金遇土。章作堆金積玉、（原註）下元六七之山、而遇坤水、爲水之生入主富、或六七之山、而遇艮水亦然、此即六七八之山一片是也、貴比王謝。總緣喬木扶桑。章作疎（原註）即上元震山而配兌水、或艮水、主富貴、即三四輔扶是也、辛比庚而辛「要」章作更精神。（原註）辛庚雖屬同卦、然有順有逆、所用不同、故有遇庚固吉、而遇辛更精神百倍也、甲附乙而甲「亦」章作益靈秀。（原註）此言震卦一宮、總要從父母而來、即三陽一宮之義也、（鮑註）辛庚皆兌、甲乙俱震、四向各有所宜、辛略勝庚、甲不遜乙、合下壬癸丙丁方。言羅經立向。隨時不同。學四正。以例四維。學者融會貫通之可也。

癸爲元龍。壬號紫氣。昌盛各得有因。

章作有攸司。（原註）癸旺本宮。壬順對位。各有順逆不同。元有六甲之辨。故曰各得有因也。（鮑註）癸壬各有宜用之時。非癸向爲吉。壬爲凶。亦非壬向爲吉。癸爲凶也。故曰昌盛各有攸司也。

丙臨文曲。丁近傷官。人財因之耗乏。

（原註）丙雜巳。爲文曲。丁雜未。以火生土。爲傷官。龍水有犯此者。人財有耗乏之應。龍雜主丁。水雜主財也。（鮑註）五運丙向。四運丁向。皆人財耗散之局。傷官。五黃也。近。鄰近也。

章註 有合無冲。即彼此生生無冲射反伏也。東木西金。南離北坎。言四生四旺。各得其宜也。健動止靜。謂干支卦爻清純者爲靜。止錯雜者爲動。健論山水。則以形動者爲動。形靜者爲靜。所謂行乎不得不行。止乎不得不止。氣勢兩兼。方是眞動眞止。王謝陶朱。皆言砂水峯巒體用兼得之妙。甲乙庚辛。不拘來山去水。方位干支。須歸一路。如丙雜巳。丁入未。不知挨星妙用。而又出卦。自有偏枯耗散之病矣。

見祿存瘟㾮必發。遇文曲蕩子無歸。

（原註）此二句總結上文。若龍水雜此。應於三碧四綠運中。

値廉貞而頓見火災。

（原註）値五黃運在中央爲土。在外即廉貞火也。

逢破軍而多虧身體。

（原註）火尅金也。以上皆因夾雜之故。至其元而應。（鮑註）祿存三也。文曲四也。廉貞五也。破軍七也。非時而向上逢之。其應如此。向可忽乎哉。

四墓非

吉陽土陰土之所裁章作貴竊裁（原註）四墓辰戌丑未乃戊己寄旺之所陽戊寄未辰陰己寄丑戌四墓有生旺時便以爲龍有衰敗時便爲消水俗師止知用於水口而不知亦有卯金龍之動時也惟犯乙辛丁癸之位則每多消索用者須知所忌耳

四生非凶卦內卦外由我取（原註）四生本吉非凶若在卦內則吉卦外則凶無有一定總以得時爲吉悖時則凶惟在人之合取用配合圖書而已（鮑註）辰戌丑未四墓支向俗謂不吉然有時大吉寅申巳亥四生支向俗謂無凶然有時大凶皆須以運爲準且四墓四生最易出卦有雜乙辛丁癸甲庚壬丙而凶者亦有兼之而反吉者學者須辨明卦內卦外然後取用之可也

若知禍福緣由章作因妙在天心橐籥（原註）此尾句以結通篇大旨

鮑註橐治器喻砂水也籥管籥喻九星也道德經云天地之間其猶橐籥乎註云橐者外櫝以受籥也籥者內管以鼓橐也由是觀之必橐籥兩備方能造福故曰妙在天心橐籥天心卽天心正運之一卦也識得天心方能符籥以尋橐因橐以核籥以此卜陰陽兩宅可無一遺憾矣學者勉之

章註此節專辨諸星之應驗必須測氣象辨九星察形勢看遠近再推五行生尅制化之理吉凶消長之機而言得言失言禍言福自能百不失一陰土陽土者借庫自庫之謂卦內卦外者得失之謂讀者須從天心顚倒之間裁取得失自無不當矣

青囊萬卷總不出體用二字體有山水之分用有得失之辨體有形步之不同用有隨時之更變用必依形而顯休咎體必因氣而見吉凶要之體無用不靈用無體不驗必須形氣兩兼默參九星生尅之理以推休咎方得體用之精微此祕旨言體言用縷析條分闡發精詳無微不入非深得青囊之奧河洛之理者焉能道其隻字耶　道光癸未無心道人註

飛星賦

賦一作斷是篇未詳作者姓名篇中言吉者從略言凶者特詳足補玄空祕旨之未備欲人知所避也惟須知九宮摩盪隨時變易若呆板輪流不啻毫釐千里矣姚士選識

周流八卦顛倒九疇察來彰往索隱探幽承旺承生得之足喜逢衰逢謝失則堪憂人為天地之心凶吉原堪自主易有災祥之變避趨本可預謀小人昧理妄行禍由己作君子待時始動福自我求

此節發明吉凶得失惟人自召之故

試看復壁揖身

坤為積土有墻壁之象又為身震犯坤土故主土礱篇中借用六十四卦名以明山與向之飛星也下仿此

壯途躓足

壯大壯也震為足乾為行人乾金尅震木故主跌仆也

同人車馬馳驅

乾為馬為遠為行人離日尅之故有此象

小畜差徭勞碌

巽為命令乾為大人乾尅巽故有差徭勞碌之象

乙辛兮家室分離

乙即震為主為夫為反為出辛即兌為妻妾為少女為毀折震兌對待冲尅故有此應

辰酉兮閨幃不睦

辰即巽巽為長女酉即兌兌為少女兌巽相尅故主閨幃不睦

寅申觸巳曾聞虎咥家人

參宿為白虎在申宮寅宮亦有尾虎申寅衝衝則動再遇流年巳火弔來寅刑巳巳刑申三刑會自有咥人之象又象取坤虎艮山巽風然事不常見下故取象於犬傷

壬甲排庚最異龍摧屋角

震為

龍、坎爲雲、爲雨、兌爲澤、震坎相生、雲從龍象、兌來衝尅、龍飛滕象、主有龍陣摧屋、然事亦非常見、下故取象於蛇、**或被犬傷**艮爲狗、逢
三刑、以猘犬斷、若坤爲主、則斷牛傷、**或逢蛇毒**解見上、又巽爲蛇、必弔太歲到向、方斷傷人、否則見蛇而已、**靑樓染疾只**
因七弼同黃兌爲少女、爲賊妾、離爲心、爲目、心悅少女、淫象也、五黃性毒、故主患楊梅瘡毒、**寒戶遭瘟緣自三廉**
夾綠震爲虫、中五性毒、巽風夾之、故瘟、又有風疹、
赤紫兮致災有數七赤、爲先天火數、九紫、乃後天火星、二星相併、水如衝動、災必驟發、洩之反不見殃、火性炎烈故也、**黑黃**
兮釀疾堪傷二黑、在一二運、爲天醫、餘運、爲病符、若與五黃同到、疾病損人、**交至乾坤吝心不足**乾爲金、坤爲吝、
嗇、故吝而無厭、**同來震巽昧事無常**震爲出、巽爲入、出入不當、故因循悞事、**戌未僧尼自我有緣何**
益戌爲僧、未爲尼、失時、相生何益、**乾坤神鬼與他相剋非祥**乾爲神、坤爲鬼、尅則、有鬼神指責、**當知四蕩**
一淫淫蕩者扶之歸正四爲風、故蕩、水趨下、須扶、蓋得時吉、失時凶、此四爲主、非一爲主得也、**須識七剛三毅**
剛毅者制則生殃凡三七、皆不可尅制、尅制、則其禍尤烈、**碧綠風魔他處廉貞莫見**雷風相薄、本主
瘋病、疊五黃、則立應、**紫黃毒藥鄰宮兌口休嘗**火味苦、五性毒、故爲毒藥、若兌金、貪五土之生、則毒藥入口矣、嗜煙者如

之、酉辛年戊己弔來喉間有疾兌為喉舌、逢五黃、必生喉症、子癸歲廉貞飛到陰處生瘍一為腎、故云陰處、五主膿血、故有生瘍之象、豫雷、地、也、擬食停坤為脾胃、木剋之、脾胃受傷、故食停也、臨地、澤、云泄痢澤金、泄坤腹之氣、澤性注下、故主痢、頭嚮兮六三乾為首、震為聲、雷性上騰、故頭鳴、大抵肝陽上升等症、乳癰兮四五四為乳、五膿血、火暗而神志難清火為神、若離宮幽暗、主神昏、此兼氣色斷、下仿此、風鬱而氣機不利在天為風、在人為氣、巽宮窒塞、故有此應、切莫傷夫坤肉震筋豈堪損乎離心艮鼻此言方位、不可有惡形、震之聲巽之色向背當明向背、指形勢言、乾為寒坤為熱往來切記往來、指形勢、及門路言、遇乾坤雙至、必患三陰瘧、須識乾爻門向長子癡迷乾爻、戌也、乾為知、為健、失時、則癡迷矣、誰知坤卦庭中小兒顛額二為病符、若飛到東北方、主少男病、凡乾坤二卦、以老父老母斷、十有一二驗、以所到方之卦斷、十有八九驗、因六子當事故也、因星度象木反側兮無仁反側、指形說、震為仁、以象推星水欹斜兮失志坎為志、欹斜、亦指形言、沙形破碎陰神値而淫亂無差陰神、陰卦也、二四七九是、水勢斜衝陽卦憑則是非牽累陽卦、一三六八也、巽如反臂總憐流落無歸四綠到處、砂形如臂向外反抱者、主流落他鄉、因風性飄蕩故也、乾若懸頭更痛遭刑莫避懸頭、斷頭砂也、遭刑、殺戮也、七有葫蘆之異醫卜興家七爲刑、有除惡之象、故爲醫、洪範、七稽疑、故爲卜、葫蘆、砂形、如葫蘆也、七逢刀盞之形屠沽居肆刀盞、砂形也、七乃西方金、故爲屠、又爲口舌、故爲沽也、旁通推測木工因斧鑿三宮觸類引伸鐵匠緣鉗鎚七地此憑砂之形象、以斷千變萬化、總在形與星也、至若蛾眉魚袋衰卦非宜猶之旗鼓刀鎗賤龍則忌娥眉、女貴、魚袋、男貴、失運反賤、旗鼓刀鎗、用不合法、反主盜賊也、赤爲形曜那堪射脅水方碧本賊星怕見探頭山位射脅水、探頭山、最凶、若七三臨之、禍更甚、若夫申尖興訟尖者、尖峯也、在一九爲文筆、在四、爲畫筆、在申、爲詞訟筆、辰碎遭兵辰、乃天罡、破碎、非宜、破近文貪秀麗乃溫柔之本一四、雜七、其弊如此、赤連碧紫聰明亦刻薄之萌三九、雜七、始聰明、而漸刻薄、兩卦、夾雜之弊、如此、五黃飛到三叉尚嫌多事用法、俱合、流年、五黃到三叉、尚有小疵、太歲推來向首尤屬堪驚承氣雖吉、太歲到向、猶恐損人、豈無騎線遊魂鬼神入室騎綫、如巳丙丁未等、騎綫之向也、離魂、如乾離、坎坤、艮巽、震兌是也、若遊魂失運、鬼神晝見、如九運、用巳丙向、堂中黑暗、承巳氣多、丙氣少、堂中午後、或見鬼神、人不敢居、或疑堂下有伏尸、不知非也、乃卦氣使然耳、

更有空縫合卦。夢寐牽情。空縫、乃一卦之空縫、如丙午辰巽等、是也、合卦、如乾坤坎離是也、見此則人營用心、於無用之地、夢寐縈懷、若用騎綫向、較空縫尤甚、

寄食依人。原卦情之戀養。拋家背父。見星性之貪生。承上騎綫、空縫、而言、如九運、亥壬門向、申庚宅向、外卦承氣亥、九喜生、壬五爲戀養、養者、養之也、內承兌氣、庚七喜受坤二之生、即爲貪生、生者、生我也、如是者、主寄食依人、拋家而去也、壬亥門向、又爲空縫合卦、

總之助吉助凶。年星推測。流年九星、入中宮、弔動運盤、足以助吉、亦足以助凶也、

還看應先應後。歲運經營。吉凶、先後不一、年星與運氣、一一推排、自知先後之應、故曰、歲運經營、

玄關同竅歌

司馬頭陀作、此篇自消遣集、地理辨正補中錄出、玄者、令星、以當運之星、入中也、關者、天根、以山向挨得之星、入中也、竅者、城門、亦以挨得之星、入中也、

知妙道玄關一訣為至要識眞情玄上天機竅上分即城門一訣最為良之義漫說天星並納甲且將左右問原因先觀水倒向何流玄關造化此中求內外玄關同一竅內外、即山向飛星、城門亦同、故云同竅、綿綿富貴永無休一竅通關作大謀以城門之星、入中也、玄關交媾亦堪求若是玄關俱不媾局堪圖畫沒來由重重生氣入關中連逢三五位三公轉關一節逢生旺便知世代出豪雄不論陰陽純與雜猶嫌墓氣暗相攻其間造化眞玄奧不與時師道吾今數語吐眞情不悞世間人

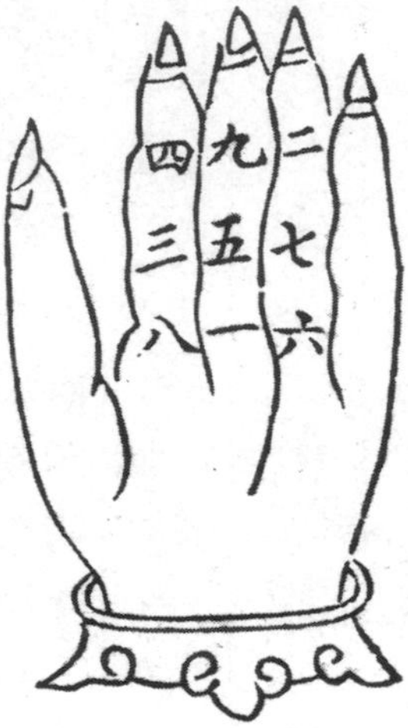

八卦掌訣

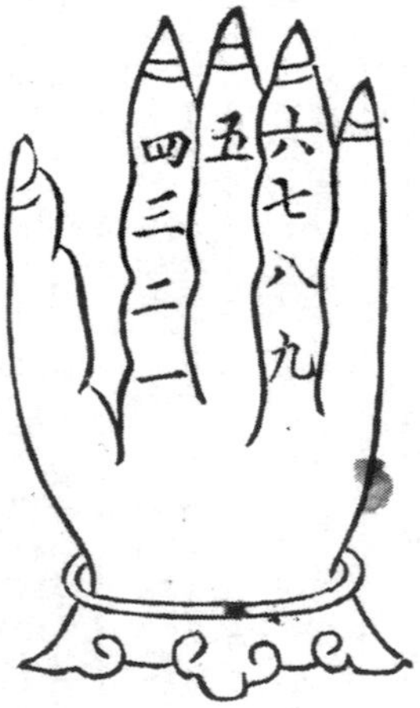

排山掌訣

年上紫白吉星歌

年上吉星論甲子。逐年星逆中宮始。上中下作三元彙。一上四中七下使。

推算法。 上元甲子年。一白入中。中元甲子年。四綠入中。下元甲子年。七赤入中。 如上元甲子年。一白入中。二黑到乾。三碧到兌。四綠到艮。五黃到離。六白到坎。七赤到坤。八白到震。九紫到巽。乙丑年。九紫入中。丙寅年。八白入中。丁卯年。七赤入中。戊辰年。六白入中。己巳年。五黃入中。庚午年。四綠入中。辛未年。三碧入中。壬申年。二黑入中。癸酉年。又爲一白入中。周而復始。中下兩元照此例推。凡起法、從中宮起、年順飛、星則逆數。

上元甲子六十年紫白圖

中元甲子六十年紫白圖

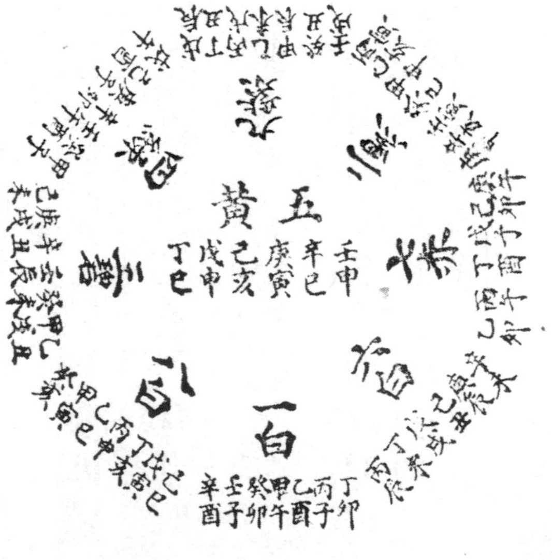

下元甲子六十年紫白圖

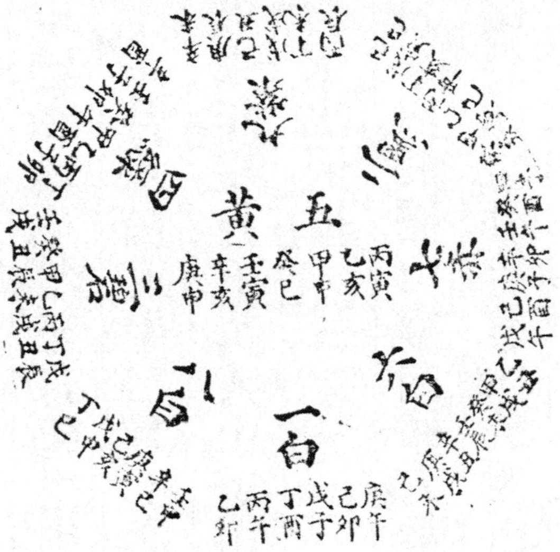

月上紫白吉星歌

旺年八白中宮得墓是五黃生是黑逐月逆星次第行一周之內可推測

推算法　子午卯酉爲旺年正月起八白辰戌丑未爲墓年正月起五黃寅申巳亥爲生年正月起二黑俱從中宮起隨月星逆數　凡子午卯酉年正月八白入中二月七赤入中至十月仍八白入中周而復始辰戌丑未年正月五黃入中寅申巳亥年正月二黑入中不論上中下三元均依此例推

凡年月紫白於開山立向修方最忌者五黃一星切不可犯犯則諸事不利此外九星有吉有凶於開山立向修方均無妨礙惟在配合玄空飛星定其衰旺生死合其五行生剋而已

子午卯酉年月上紫白圖

辰戌丑未年月上紫白圖

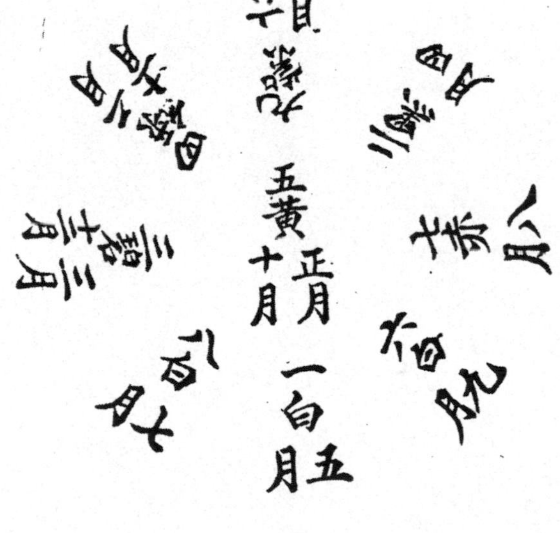

寅申巳亥年月上紫白圖

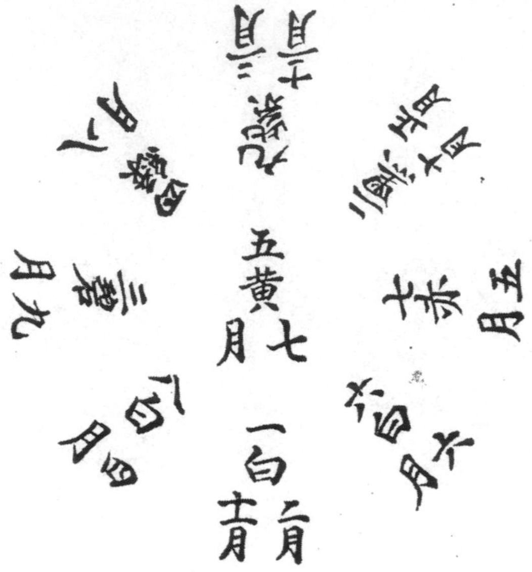

日家白星起例 楊錫祺加註

寶海經云。日家白法不難求。二十四氣六宮周。冬至雨水及穀雨。陽順一四七中遊。夏至處暑霜降後。九六三星逆行求。

如冬至後甲子。為上元起一白。乙丑二黑。雨水後甲子。為中元起七赤。乙丑八白。穀雨後甲子。為下元起四綠。乙丑五黃。並順佈。求值日星入中宮順行。夏至後甲子。為上元起九紫。乙丑八白。處暑後甲子。為中元起三碧。乙丑二黑。霜降後甲子。為下元起六白。乙丑五黃。並逆佈。求值日星入中宮逆行。

時家白星起例

寶海經云。時家紫白更精微。須知二至與三元。謂順局、以冬至起、逆局、以夏至起、務要分清三元、方與日白相脗合、冬至三時一四七。冬至、與雨水、穀雨、為三時、凡此三時、在四孟日子時、則一白入中、四仲日子時、則四綠入中、四季日子時、則七赤入中、故云一四七也。子酉宮中順佈之。子時、與酉時、飛星入中、均同順佈。專指冬至三時而言。夏至九六三星逆。夏至、與處暑、霜降、在四孟日子時、則九紫入中、四仲日子時、則六白入中、四季日子時、則三碧入中、故云九六三也。九星挨巽震排之。此指逆佈之法、如子日一白到巽、二黑到震、是也。順逆兩邊如日例。謂順逆不同顛倒兩邊、如日白飛星之起例也。戌丑亥寅一般施。言其子酉二時、無論孟仲季日、飛星入中均同。故丑未二時、寅申二時、亦與子酉二時、相似也。

如子午卯酉四孟日。上元冬至。中元雨水。下元穀雨後。子時起一白。丑時二黑。順行。上元夏至。中元處暑。下元霜降後。子時起九紫。丑時八白。逆行。如辰戌丑未四仲日。上元冬至。中元雨水。下元穀雨後。子時起四綠。丑時五黃。順行。上元夏至。中元處暑。下元霜降後。子時起六白。丑時五黃。逆行。如寅申巳亥四季日。上元冬至。中元雨水。下元穀雨後。子時起七赤。丑時八白。順行。上元夏至。中元霜降。下元處暑後。子時起三碧。丑時二黑。逆行。

此表推算法、每歲在冬至後之甲子日、起一白、順佈推算、至芒種後癸亥日、九紫入中為止、以下即與夏至後之甲子日九紫入中對頭、

上元日紫白九星順局表

冬至	雨水	穀雨
小寒	驚蟄	立夏
大寒	春分	小滿
立春	清明	芒種
凡在此三節後之甲子日以前、概屬大雪節算、	凡在此三節後之甲子日以前、概屬立春節算、	凡在此三節後之甲子日以前、概屬清明節算、
凡在此節後之甲子日、概歸雨水節算、	凡在此節後之甲子日、概歸穀雨節算、	凡在此節後之甲子日、概歸夏至節算、
一白	七赤	四綠
二黑	八白	五黃
三碧	九紫	六白
四綠	一白	七赤
五黃	二黑	八白
六白	三碧	九紫
七赤	四綠	一白
八白	五黃	二黑
九紫	六白	三碧

甲子	乙丑	丙寅	丁卯	戊辰	己巳	庚午	辛未	壬申
癸酉	甲戌	乙亥	丙子	丁丑	戊寅	己卯	庚辰	辛巳
壬午	癸未	甲申	乙酉	丙戌	丁亥	戊子	己丑	庚寅
辛卯	壬辰	癸巳	甲午	乙未	丙申	丁酉	戊戌	己亥
庚子	辛丑	壬寅	癸卯	甲辰	乙巳	丙午	丁未	戊申
己酉	庚戌	辛亥	壬子	癸丑	甲寅	乙卯	丙辰	丁巳
戊午	己未	庚申	辛酉	壬戌	癸亥			
中	巽	震	坤	坎	離	艮	兌	乾
乾	中	巽	震	坤	坎	離	艮	兌
兌	乾	中	巽	震	坤	坎	離	艮
艮	兌	乾	中	巽	震	坤	坎	離
離	艮	兌	乾	中	巽	震	坤	坎
坎	離	艮	兌	乾	中	巽	震	坤
坤	坎	離	艮	兌	乾	中	巽	震
震	坤	坎	離	艮	兌	乾	中	巽
巽	震	坤	坎	離	艮	兌	乾	中

此推算表法、每歲在夏至日、後之甲子日、起九紫、逆佈推算、至大雪後癸亥日一白入中爲止、以下卽與冬至後之甲子日、一白入中對頭、

上元日紫白九星逆局表

夏至	處暑	霜降
小暑	白露	立冬
大暑	秋分	小雪
凡在此三節後之甲子日以前、概屬芒種節算、	凡在此三節後之甲子日以前、概屬立秋節算、	凡在此三節後之甲子日以前、概屬寒露節算、
立秋	寒露	大雪
凡在此節後之甲子日、概歸處暑節算、	凡在此節後之甲子日、概歸霜降節算、	凡在此節後之甲子日、概歸冬至節算、
九紫	三碧	六白
八白	二黑	五黃
七赤	一白	四綠
六白	九紫	三碧
五黃	八白	二黑
四綠	七赤	一白
三碧	六白	九紫
二黑	五黃	八白
一白	四綠	七赤

甲子	癸酉	壬午	辛卯	庚子	己酉	戊午	中	乾	兌	艮	離	坎	坤	震	巽
乙丑	甲戌	癸未	壬辰	辛丑	庚戌	己未	巽	中	乾	兌	艮	離	坎	坤	震
丙寅	乙亥	甲申	癸巳	壬寅	辛亥	庚申	震	巽	中	乾	兌	艮	離	坎	坤
丁卯	丙子	乙酉	甲午	癸卯	壬子	辛酉	坤	震	巽	中	乾	兌	艮	離	坎
戊辰	丁丑	丙戌	乙未	甲辰	癸丑	壬戌	坎	坤	震	巽	中	乾	兌	艮	離
己巳	戊寅	丁亥	丙申	乙巳	甲寅	癸亥	離	坎	坤	震	巽	中	乾	兌	艮
庚午	己卯	戊子	丁酉	丙午	乙卯		艮	離	坎	坤	震	巽	中	乾	兌
辛未	庚辰	己丑	戊戌	丁未	丙辰		兌	艮	離	坎	坤	震	巽	中	乾
壬申	辛巳	庚寅	己亥	戊申	丁巳		乾	兌	艮	離	坎	坤	震	巽	中

此表推算法。每歲在雨水後之甲子日起七赤順佈推算至立秋後丁巳日九紫入中爲止。以下倒數六日即與處暑後甲子日三碧入中相符合。

中元日紫白九星順局表

雨水	驚蟄	春分	凡在此三節後之甲子日以前概屬立春節算	清明	凡在此節後之甲子日概歸穀雨節算	七赤	八白	九紫	一白	二黑	三碧	四綠	五黃	六白
穀雨	立夏	小滿	凡在此三節後之甲子日以前概屬清明節算	芒種	凡在此節後之甲子日概歸夏至節算	四綠	五黃	六白	七赤	八白	九紫	一白	二黑	三碧
夏至	小暑	大暑	凡在此三節後之甲子日以前概屬芒種節算	立秋	凡在此節後之甲子日概歸處暑節算	一白	二黑	三碧	四綠	五黃	六白	七赤	八白	九紫

甲子	癸酉	壬午	辛卯	庚子	己酉	戊午	中	乾	兌	艮	離	坎	坤	震	巽
乙丑	甲戌	癸未	壬辰	辛丑	庚戌	己未	巽	中	乾	兌	艮	離	坎	坤	震
丙寅	乙亥	甲申	癸巳	壬寅	辛亥	庚申	震	巽	中	乾	兌	艮	離	坎	坤
丁卯	丙子	乙酉	甲午	癸卯	壬子 癸亥	辛酉	坤	震	巽	中	乾	兌	艮	離	坎
戊辰	丁丑	丙戌	乙未	甲辰	癸丑 壬戌	壬戌	坎	坤	震	巽	中	乾	兌	艮	離
己巳	戊寅	丁亥	丙申	乙巳	甲寅 辛酉	癸亥	離	坎	坤	震	巽	中	乾	兌	艮
庚午	己卯	戊子	丁酉	丙午	乙卯 庚申		艮	離	坎	坤	震	巽	中	乾	兌
辛未	庚辰	己丑	戊戌	丁未	丙辰 己未		兌	艮	離	坎	坤	震	巽	中	乾
壬申	辛巳	庚寅	己亥	戊申	丁巳 戊午		乾	兌	艮	離	坎	坤	震	巽	中

此表推算法。每歲在處暑後之甲子日起三碧逆佈推算至立春後丁巳日一白入中爲止。以下倒數六日即與雨水後甲子日七赤入中相符合。

中元日紫白九星逆局表

處暑	白露	秋分	凡在此三節後之甲子日以前概屬立秋節算	寒露	凡在此節後之甲子日概歸霜降節算	三碧	二黑	一白	九紫	八白	七赤	六白	五黃	四綠
霜降	立冬	小雪	凡在此三節後之甲子日以前概屬寒露節算	大雪	凡在此節後之甲子日概歸冬至節算	六白	五黃	四綠	三碧	二黑	一白	九紫	八白	七赤
冬至	小寒	大寒	凡在此三節後之甲子日以前概屬大雪節算	立春	凡在此節後之甲子日概歸雨水節算	九紫	八白	七赤	六白	五黃	四綠	三碧	二黑	一白

甲子	癸酉	壬午	辛卯	庚子	己酉	戊午	中	乾	兌	艮	離	坎	坤	震	巽
乙丑	甲戌	癸未	壬辰	辛丑	庚戌	己未	巽	中	乾	兌	艮	離	坎	坤	震
丙寅	乙亥	甲申	癸巳	壬寅	辛亥	庚申	震	巽	中	乾	兌	艮	離	坎	坤
丁卯	丙子	乙酉	甲午	癸卯	壬子 癸亥	辛酉	坤	震	巽	中	乾	兌	艮	離	坎
戊辰	丁丑	丙戌	乙未	甲辰	癸丑 壬戌	壬戌	坎	坤	震	巽	中	乾	兌	艮	離
己巳	戊寅	丁亥	丙申	乙巳	甲寅 辛酉	癸亥	離	坎	坤	震	巽	中	乾	兌	艮
庚午	己卯	戊子	丁酉	丙午	乙卯 庚申		艮	離	坎	坤	震	巽	中	乾	兌
辛未	庚辰	己丑	戊戌	丁未	丙辰 己未		兌	艮	離	坎	坤	震	巽	中	乾
壬申	辛巳	庚寅	己亥	戊申	丁巳 戊午		乾	兌	艮	離	坎	坤	震	巽	中

此表推算法。每歲在穀雨後之甲子日。起四綠。順佈推算。至寒露後辛亥日。九紫入中爲止。以下倒數十二日。即與霜降後甲子日。六白入中相符合。

下元日紫白九星順局表

穀雨	立夏	小滿	凡在此三節後之甲子日以前概屬清明節算	芒種	凡在此節後之甲子日概歸夏至節算	四綠	五黃	六白	七赤	八白	九紫	一白	二黑	三碧
夏至	小暑	大暑	凡在此三節後之甲子日以前概屬芒種節算	立秋	凡在此節後之甲子日概歸處暑節算	一白	二黑	三碧	四綠	五黃	六白	七赤	八白	九紫
處暑	白露	秋分	凡在此三節後之甲子日以前概屬寒露節算	寒露	凡在此節後之甲子日概歸霜降節算	七赤	八白	九紫	一白	二黑	三碧	四綠	五黃	六白

甲子	癸酉	壬午	辛卯	庚子 癸亥	己酉 甲寅	戊午	中	乾	兌	艮	離	坎	坤	震	巽
乙丑	甲戌	癸未	壬辰	辛丑 壬戌	庚戌 癸丑	己未	巽	中	乾	兌	艮	離	坎	坤	震
丙寅	乙亥	甲申	癸巳	壬寅 辛酉	辛亥 壬子	庚申	震	巽	中	乾	兌	艮	離	坎	坤
丁卯	丙子	乙酉	甲午	癸卯 庚申	壬子	辛酉	坤	震	巽	中	乾	兌	艮	離	坎
戊辰	丁丑	丙戌	乙未	甲辰 己未	癸丑	壬戌	坎	坤	震	巽	中	乾	兌	艮	離
己巳	戊寅	丁亥	丙申	乙巳 戊午	甲寅	癸亥	離	坎	坤	震	巽	中	乾	兌	艮
庚午	己卯	戊子	丁酉	丙午 丁巳	乙卯		艮	離	坎	坤	震	巽	中	乾	兌
辛未	庚辰	己丑	戊戌	丁未 丙辰	丙辰		兌	艮	離	坎	坤	震	巽	中	乾
壬申	辛巳	庚寅	己亥	戊申 乙卯	丁巳		乾	兌	艮	離	坎	坤	震	巽	中

下元日紫白九星逆局表

此表推算法每歲在霜降後之甲子日起六白逆佈推算至清明後辛亥日一白入中爲止以下倒數十二日即與穀雨後甲子日四綠入中相符合

霜降	立冬	小雪	凡在此三節後之甲子日以前概屬寒露節算	大雪	凡在此節後之甲子日概歸冬至節算	六白	五黃	四綠	三碧	二黑	一白	九紫	八白	七赤
冬至	小寒	大寒	凡在此三節後之甲子日以前概屬大雪節算	立春	凡在此節後之甲子日概歸雨水節算	九紫	八白	七赤	六白	五黃	四綠	三碧	二黑	一白
雨水	驚蟄	春分	凡在此三節後之甲子日以前概屬立春節算	清明	凡在此節後之甲子日概歸穀雨節算	三碧	二黑	一白	九紫	八白	七赤	六白	五黃	四綠

甲子	癸酉	壬午	辛卯	庚子 癸亥	己酉 甲寅	戊午	中	乾	兌	艮	離	坎	坤	震	巽
乙丑	甲戌	癸未	壬辰	辛丑 壬戌	庚戌 癸丑	己未	巽	中	乾	兌	艮	離	坎	坤	震
丙寅	乙亥	甲申	癸巳	壬寅 辛酉	辛亥 壬子	庚申	震	巽	中	乾	兌	艮	離	坎	坤
丁卯	丙子	乙酉	甲午	癸卯 庚申	壬子	辛酉	坤	震	巽	中	乾	兌	艮	離	坎
戊辰	丁丑	丙戌	乙未	甲辰 己未	癸丑	壬戌	坎	坤	震	巽	中	乾	兌	艮	離
己巳	戊寅	丁亥	丙申	乙巳 戊午	甲寅	癸亥	離	坎	坤	震	巽	中	乾	兌	艮
庚午	己卯	戊子	丁酉	丙午 丁巳	乙卯		艮	離	坎	坤	震	巽	中	乾	兌
辛未	庚辰	己丑	戊戌	丁未 丙辰	丙辰		兌	艮	離	坎	坤	震	巽	中	乾
壬申	辛巳	庚寅	己亥	戊申 乙卯	丁巳		乾	兌	艮	離	坎	坤	震	巽	中

三元時紫白順逆合局表

新表、分上中下三元、各元照各元節氣、分佈順逆、與日紫白每歲順逆佈法、庶相符合、如上元冬至後子日子時、順局爲一白入中、夏至後子日子時、逆局爲九紫入中、此即合十之義也、且與日白順逆兩局相符、

上元冬至後甲子日起	中元雨水後戊午日起	下元穀雨後壬子日起	一白	二黑	三碧	四綠	五黃	六白	七赤	八白	九紫
上元夏至後甲子日起	中元處暑後戊午日起	下元霜降後壬子日起	九紫	八白	七赤	六白	五黃	四綠	三碧	二黑	一白
子午卯酉四孟日	丑未辰戌四仲日	寅申巳亥四季日									
子酉	午	卯	中	乾	兌	艮	離	坎	坤	震	巽
丑戌	未	辰	巽	中	乾	兌	艮	離	坎	坤	震
寅亥	申	巳	震	巽	中	乾	兌	艮	離	坎	坤
卯	子酉	午	坤	震	巽	中	乾	兌	艮	離	坎
辰	丑戌	未	坎	坤	震	巽	中	乾	兌	艮	離
巳	寅亥	申	離	坎	坤	震	巽	中	乾	兌	艮
午	卯	子酉	艮	離	坎	坤	震	巽	中	乾	兌
未	辰	丑戌	兌	艮	離	坎	坤	震	巽	中	乾
申	巳	寅亥	乾	兌	艮	離	坎	坤	震	巽	中

右表爲江蘇淮安楊君錫祺去年辯正之新表云得自乃師汪澄伯先生所授汪氏什襲蓋累世矣以舊表不分三元有失寶海經本旨爰秉其師承加以訂正云

則先併識

太歲

子年在子方。丑年在丑方。推之亥年。則在亥方。

太歲爲一年主宰。掌一年吉凶。宜坐不宜向。避之爲吉。犯則禍大且久。

如子年立子山午向。卽爲坐太歲。午山子向。卽爲向太歲。修子方。卽爲

動太歲。能不坐不向不動。最佳。否則。坐之動之。須看年月有吉神方可。

語云。若要貴。修太歲。其中蓋有玄妙。切勿輕犯。

七煞

子年在午方。丑年在未方。推之亥年。則在巳方。

七煞卽歲破。切不可犯。否則須看年月有太陽及貴人祿馬等吉神飛

到方可。否則其凶立見。

年三煞

申子辰水局在巳午未寅午戌火局在亥子丑亥卯未木局在申酉戌巳酉丑金局在寅卯辰

年煞宜向不宜坐如子年立巳午未三山卽爲坐煞立丙丁二山卽爲夾煞立亥壬子癸丑五山卽爲向煞修巳丙午丁未五山卽爲犯煞雖有吉神臨方不能化解不得已向之無妨然須有吉神到向方可

月三煞

正五九月煞在亥子丑二六十月煞在申酉戌三七十一月煞在巳午未四八十二月煞在寅卯辰

月煞按月遷移宜向不宜坐犯則凶禍立見遲則一月速則旬日如正月立亥子丑三山爲坐煞立壬癸二山爲夾煞立巳丙午丁未五山爲向煞修亥子丑方爲動煞凶不得已向之須有吉神到向方可

紫白訣上篇 錄華亭姚廷鑾陽宅全祕

姚云、此訣無作者姓氏、或云目講、或云王思山、無可證也、篇中頗多奧旨、陽宅精蘊、闡發殆盡、應驗如神、惜世無刻本、抄錄者、字多舛錯、爰爲細心校讎、逐句詮釋、庶作者精意大白、讀者亦不至有悞解錯用之弊云

紫白飛宮辨生旺退殺之用、三元氣運判盛衰興廢之時

紫白洛書九星也、以排山掌訣、飛佈八方、如坎宅一白入中、二黑乾、三碧兌、四綠艮、五黃離、六白坎、七赤坤、八白震、九紫巽、八宅均以本宅入中照此飛去、九星各有五行、一白水、二黑、五黃、八白土、三碧、四綠木、六白、七赤金、九紫火、八方飛星來生中宮爲生、乾宅遇二黑五黃八白土是與中宮比和爲旺、乾宅遇七赤金、是中宮去生八方爲退、乾宅遇一白水、是八方來尅中宮爲殺、乾宅遇九紫火、是中宮去尅八方爲死、乾宅、遇三碧四綠木、是三元、卽上中下三元得元運則興盛、失元運則衰廢

生旺宜興運未來而仍替、退殺當廢運方交而尙榮、總以氣運爲之君、而吉凶隨之變化。

此二節、總攝通篇大旨、而歸重於元運、如一白水遇六七金爲生、遇一水爲旺、然未交金水元運、則水不得令、仍衰廢而替、遇三四木爲退、

[illegible]八土為殺，然正交金水元運，則一白得令，即退殺不作廢論。君主之無論生旺退殺，總以三元氣運為主，得元則吉，失元則凶，故云隨之變化也。

以圖運論體，書運論用，此法之常也。以圖運參書，書運參圖，此法之變也。

此節總提圖書二運，下文逐一承明之。河圖之運，即下文五子運也。八宅坐定之星為體，由宅星飛佈八方為用，洛書之用，即下文上、中、下三元大小運也。以圖書五行參合而論，有時用圖兼書，有時用書兼圖，或重或輕，常變互用之法也。

河圖之運，以甲丙戊庚壬五子，配水火木金土五行，五子分元，五行定運，秩然不紊。

河圖之數，一六水，二七火，三八木，四九金，五十土，一生一成，順挨其序，甲子十二年為水運，丙子十二年為火運，戊子十二年為木運，庚子十二年為金運，壬子十二年為土運，秩然不紊也。

凡屋層與間值水數者，喜金水運；值木數者，嫌金火運。火金土數，依此類推。

屋之一層六層、一間六間者、爲水數、値庚子十二年金運爲生、甲子十二年水運爲旺、戊子十二年木運爲退、壬子十二年土運爲殺、丙子十二年火運爲死、其二層七層、二間七間、爲火數、三層八層、三間八間、爲木數、四層九層、四間九間、爲金數、五層十層、五間十間、爲土數、値五子運、俱喜生旺、而忌剋洩、

生運發丁而漸榮。旺運發祿而驟富。退必冷退絕嗣。殺則橫禍官災。死主損丁。吉凶常半。應如桴鼓。圖運有然。

此三節、申明圖運論體句、五行屋數、遇五子運、來生者、發丁而榮顯、比和者、發貴而發財、屋生運者、爲退、主貧窮夭絕、運來剋屋、則禍生不測、官事連綿、屋剋運者、爲死、但比運來剋屋、爲輕、故吉凶互見也、

九星遇此。喜忌亦同。木星金運。宅逢刼盜之凶。火曜木元。人沐恩榮之喜。書可參圖。蓋如是也。

此一節、申明書可參圖句、（此）字指圖運言、以洛書之九星、遇河圖之五運、其喜生旺比和、忌死退剋殺、亦同上文所云、木星四句、正申明此句之意、洛書三四木星、遇河圖庚子金運、木被金剋、故逢刦盜、洛書九紫火星、遇河圖戊子木運、木能生火、故沐恩榮、木星火曜、洛書五行也、

金運木元、河圖五行也、洛書之吉凶、參用河圖之元運、所謂書可參圖也、

洛書之運上元一白中元四綠下元七赤各管六十年謂之大運上元一、二三中元四五六下元七八九各管二十年謂之小運

上元運、一白統管六十年、而前二十年小運、亦一白管中二十年二黑管、後二十年三碧管、中元運、四綠統管六十年、而前二十年小運、亦四綠管、中二十年五黃管、後二十年六白管、下元運、七赤統管六十年、而前二十年小運、亦七赤管、中二十年、八白管、後二十年九紫管、上、中、下、三元共一百八十年、九星則一白至九紫、周而復始也、

元運既分更宜論局如八山上元甲子甲戌二十年得一白龍穴一白方砂水一白方居住名元龍主運發福非常至甲申甲午二十年得二黑龍穴二黑方砂水二黑方居住名旺星當運發福亦同一元如是三元可知

三元之運、生、旺、退、殺、俱由此別、然吉凶應驗、均在局上、局者、龍、穴、砂、水、方位也、如上元前二十年、大小運、俱一白司令、若住屋、龍穴、砂水、皆一白爲元龍主運、發福無量、元、三元也、龍、龍穴也、一白龍、遇一白運、則一白專主、不雜他運、故曰、主運、如中二十年、小運是二黑司令、住屋之龍

穴砂水皆二黑、其豨福與合一白者同、上元前中二十年如是、後二十年可知、上元如是、中下二元、亦可知矣、

二者、不可得兼、或當一白司令、而震巽受元運之生、四綠乘時、而震巽合元運之旺、此方居住、亦慶吉祥、

言主運不可得、或一白運、震巽受生氣、四綠運、震巽受旺氣、住震巽方之屋、亦主獲福、

先天之坎在兌、後天之坎在坤、上元之坤兌、未可言衰、先天之巽在坤、後天之巽在兌、中元之兌坤、亦可云旺、此卦之先後天運可合論者也、

此四節、申明書之運論用句、兌金、坤土、值上元一白水運、則金生水爲退氣、土尅水爲死氣、不知先天之坎、在後天兌位、後天之坎、在先天坤位、則兌雖值後天退氣、而先天則得令、坤雖值後天死氣、而先天却乘旺、坤兌俱先天之吉、故不爲衰、先天之巽、在後天坤位、坤雖被中元木尅、而先天巽木却是得令、後天之巽、在先天兌位、兌雖尅、中元木而先天巽木正值司令、是中元木運坤兌亦遇先天之吉、故可云旺、玩先後天卦位、圖自明、

一白司上元、而六白同旺、四綠主中元、而九紫均興、七赤居下元、而二黑

並發此卽河圖一六共宗二七同道三八爲朋四九爲友之義圖可參書不信然乎

此一節申明圖可參書句洛書一白管上元則一白爲主而水得運河圖一六共宗一旺則六亦旺是河圖之一六可參用上元一白之水運矣二七、三八、四九、五十可以類推

或局未得運而局之生旺財方有六事得地者發福亦同水爲上山次之高樓殿塔亭臺之屬又其次也再論其山與山之六事如門路井竈之類次論其層與層之六事或行大運或行小運俱可富榮否則佈置六事合山與層及其間數生旺則關殺俱避若河洛二運未交僅可小康而已

此一節承上專論其局句意而歸重於河洛二運一局之六事外六事也凡屋外橋廟山水之屬皆是山層間之六事內六事也凡屋內門戶井竈之屬皆須從局上山上飛佈九宮生旺爲福尅洩爲禍如六事排在局山層間之生旺方不犯關殺一交河洛二運發福非常未交運則僅小康若排在關殺方不交運猶可苟一得運則興災作禍有不可當者不可不知也

夫八門之加臨非一。九星之弔替多方。納音支干之管殺有統臨專臨之名。而入中太歲之為旺為生。最宜詳審。管山星宿之穿宮有逆龍順飛之例。而入中禽星之或生或剋。尤貴同參。

此一節、乃將下文諸訣、總提在前、以後逐一分疏之。

何謂統臨。即三元六甲也。六甲雖同。三元之泊宮則異。中宮之支干納音亦異。

六甲者、甲子、甲戌、甲申、甲午、甲辰、甲寅也、三元俱有六甲。而泊宮各不同。上元甲子泊坎宮。中元甲子泊巽宮。下元甲子泊兌宮。支干納音者、即下文上元己巳入中、納音木、中元壬申入中、納音金、之類、

如上元一白坎。於本宮起甲子。逆數至中宮得己巳、木音也。中元四綠巽。於本宮起甲子。逆數至中宮得壬申。金音也。下元七赤兌。於本宮起甲子。逆數至中宮得丙寅、火音也。每十年一易。此其異也。

上元坎上起甲子、離乙丑、艮丙寅、兌丁卯、乾戊辰、中己巳、爲大林木、故木音、中元巽上起甲子、震乙丑、逆數至中爲壬申、爲劍鋒金、故金音、下元兌上起甲子、乾乙丑、逆數至中爲丙寅、爲鑪中火、故火音也、十年一易、詳下節、

如上元甲子十年。己巳在中宮。甲戌十年。則己卯中元甲子十年。壬申在中宮。甲戌十年。則壬午在中宮。

上元六甲、俱從坎上起甲子、逆輪至中宮、故甲子至癸酉十年、爲己巳入中、甲戌至癸未十年、爲己卯入中、其甲申、甲午、甲辰、甲寅、每甲俱如是、推中元六甲、俱從巽上起甲子、逆輪至中宮、故甲子至癸酉十年、俱壬申入中、甲戌至癸未十年、俱壬午入中、其甲申、甲午、甲辰、甲寅、每甲俱如是、推下元六甲、俱從兌上起甲子、不言下元者、省文也、

每甲以中宮納音。復以所泊宮星與八山論生比。此所謂統臨之名也。

此四節、申明統臨之名句。中宮納音者。即己巳入中納音木之類、所泊宮星者。即上元甲子泊坎。中元甲子泊巽。之類。論生比者。將入中宮星之納音。并此宮所泊星之納音。與八山論其生比、如上元甲子、己巳入中、納音木、是洩坎山也、上元甲子、坎上泊甲子、納音金、是生坎山也、舉此一例、則各元、各甲入中星、納音各山泊宮星、納音八山較生比之法、可類推矣、

何謂專臨卽六甲旬飛到八山之干支也三元各以本宮所泊隨宮逆數至本山得何干支卽以此干支入中宮順佈以論八山生旺則吉剋殺則凶

每甲十日故爲甲旬八山干支如上元甲子旬甲子坎乙丑離丙寅艮之類三元所泊之干支每元各異要將本宮所泊干支逐一逆數看係何干支到山入中順飛與八山生尅何如如上元甲子泊在坎隨宮數去乙丑離丙寅艮丁卯兌如此逆挨數至坎上得癸酉卽以癸酉入中順佈則甲戌乾乙亥兌丙子艮順排一周看山係何山値何干支卽以所値干支之納音與八山較生尅生山者吉尅山者凶

又當與本宮原坐星殺合論或爲生見生或爲生見殺或爲旺見生或爲旺見退禍福霄壤一一參詳此所謂專臨之名也

此二節申明專臨之名句

如上元甲子在坎是甲子爲原坐星由坎逆數到坎爲癸酉遂以癸酉入中順飛到坎爲戊寅卽以戊寅與原坐甲子合論生剋如前飛來泊宮之坐星與此山爲生而後飛到之星與山又相生是爲生見生如相剋則爲生見殺若前飛來泊宮之坐星與此山爲旺而後飛到之星與

山又相生，是爲旺見生；如被坐星相剋，是爲旺見退。生、旺、退、殺，禍福有霄壤之分，不可不細審也。

統臨、專臨皆善，吉莫大焉。統臨不善而專臨善，不失爲吉。統臨善而專臨不善，不免於凶。然凶猶未甚也。若統臨、專臨皆不善，斯凶禍之來，莫可救矣。

此一節總束統臨、專臨，而尤歸重於專臨。

至於流年干支亦入中宮順飛，以考八山生旺。如其年不得九星之吉，而得歲音之生旺，則修動亦獲吉徵。

此一節中明太歲入中二句。

如甲子年，甲子入中，乙丑乾，丙寅兌，順飛八山，將其納音與八山較生旺。如坎山屬水，甲子納音金，爲金生水，吉。乙丑乾，乾上係坎山二黑方，土生金，爲洩氣。餘可類推。八山俱有流年九星入中，從中宮順飛八方，各有生旺退殺之辨。倘此年到山之星不吉，而太歲干支之納音飛與山或生或旺，則修理動作，亦可獲吉也。

禽星穿宮當先明二十四山入中之星。巽角木、辰亢金、乙氐土、卯房日、甲心月、尾火。寅箕水、艮斗木。丑牛金、癸女土、子虛日、壬危月、室火、亥壁水、乾奎木、戌婁金、辛胃土、酉昴日、庚畢月、觜火、申參水、坤井木、未鬼金、丁柳土、午星日、丙張月、翼火、巳軫水、各以坐山所值之禽星入中順佈以論生剋。但山以辰戌分界定其陰陽。自乾至辰為陽山陽順佈。自巽至戌為陰山陰逆行。星生宮者動用與分房吉。星剋宮者動用與分房凶。

此一節申明管山星宿句。

流年之禽星則以值年之星入中宮陽年順飛陰年逆飛而修造之休咎於此可考。

此一節申明每年禽星二句。流年禽星是本年所值之禽星也。其起例以日、月、火、水、木、金、土、七宿順排周而復始。即知值年為何宿。又以虛、鬼、箕、畢、氐、奎、翼七宿周而復始。即知值年及管事之宿矣。如上元甲子年。畢宿值年。畢月烏。是太陰禽禽星穿宮當先明二十四山入中之星。巽角木、辰亢金、乙氐土、卯房日、甲心月、尾火。寅箕水、艮斗木。丑牛金、癸女土、子虛日、壬危月、室火、亥壁水、乾奎木、戌婁金、辛胃土、酉昴日、庚畢月、觜火、申參水、坤井木、未鬼金、丁柳土、午星日、丙張月、翼火、巳軫水、各以坐山所值之禽星入中順佈以論生剋。但山以辰戌分界定其陰陽。自乾至辰爲陽山陽順佈。自巽至戌爲陰山陰逆行。星生宮者動用與分房吉。星剋宮者動用與分房凶。

此一節申明管山星宿句。

流年之禽星則以值年之星入中宮。陽年順飛。陰年逆飛。而修造之休咎於此可考。

此一節申明每年禽星二句、流年禽星。是本年所值之禽星也。其起例以日、月、火、水、木、金、土、七宿順排周而復始。即知值年爲何宿、又以虛、鬼、箕、畢、氐、奎、翼、七宿周而復始、即知值年及管事之宿矣、如上元甲子年、畢宿值年、畢月烏、是太陰禽

起坤、爲一周、戊辰又從乾上起休、己巳艮上起休、爲復始、其輪法、卽干支、陰山。陽山陽順佈、陰逆行也、中元甲子、坎上起休、輪法照上元。下元甲子、艮上起休、輪法照上中元、

論流年係何宮起休門。亦論其山之陰陽順逆。如寅甲爲陽。陽主順。乙卯爲陰。陰主逆。但取門奇門也生宮宮門比和爲吉。宮剋門次之。宮生門則凶。門剋宮則太凶。

此三節、申明八門加臨句。

八宮起休之法、在分二十四宮之陰陽、以爲順逆排去、就震宮一局論之。震分甲、卯、乙、三山、如本年、當年震上起休、則甲、卯、乙、三山、俱起休門、但其中甲係陽干、爲陽山主順、則震休、巽生、離傷、坤杜、兌景、乾死、坎驚、艮開、乙係陰干、卯係陰支、爲陰山主逆、則震休、艮生、坎傷、乾杜、兌景、坤死、離驚、巽開、若奇來生宮、得生氣、如休到木宮之類、宮與門比和、得旺氣、如休到水宮之類、皆吉、宮去剋門、爲死氣、如休到土宮之類、次凶、宮去生門、爲洩氣、如休到金宮之類、主凶、門來剋宮、爲殺氣、如休到火宮之類、大凶、

九星弔替者。如三元九星入中飛佈。均謂之弔。而年替年。月替月。層替方

門替間皆以替名

自此以下五節俱申明九星弔替多方句此節又總提弔替各法

如上元甲子年一白入中宮輪至子上乃歲支係六白即以六白入中飛佈八方視其生剋而支上復得二黑是年替年也

此一節申明年替年句

子隸坎宮一白入中坎上飛到六白子係甲年之支故以歲支之六白入中而坎又飛到二黑是以年替年之法也

又如子年三月六白入中宮輪至辰上三月建係五黃即以五黃入中宮輪見八方伏位而月仍復四綠是月替月也

此一節申明月替月句

三月建辰子年三月六白入中七乾八兌九艮一離二坎三坤四震五巽辰隸巽以月支五黃入中周圍輪佈而月支辰巽上仍係四綠到宮是以月替月之法也月白每年起法訣曰四仲之年正月八四孟二黑却相逢若問四季如何取正月黃星逆數通如子午卯酉爲四仲年

正月八白入中二月七赤入中三月六白入中四月五黃入中五月四綠入中六月三碧入中七月二黑入中八月一白入中九月九紫入中十月八白入中十一月七赤入中十二月六白入中每月逆數九星寅申巳亥爲四孟年正月二黑入中二月一白入中每月逆數九星辰戌丑未四季年正月五黃入中二月四綠入中每月逆數九星凡此星入中則當令不可動其原坐本方如五黃入中不作乾坤艮巽蓋五黃入中四面八方此月俱不宜動作也此名暗建殺爲伏吟卽大月建犯必損人此殺最烈紫白太陽大臘俱不可解雖隔河亦忌神殺之凶此爲最矣

如二層屋下元辛亥年五黃入中六白到乾以六白入中輪佈八方論生剋是層替方也

此一節申明層替方句

又二層屋二黑居中如開離門則六白爲門星辛亥年五黃入中見九紫到門尅原坐金星復以九紫入中輪數八方而六白到坤及第七間是門替間也

此一節申明門替間句

此用九星分層故層屬二黑以二黑入中六白到離開離門則六白爲門星下元辛亥年年白五黃入中九紫到離離門原坐星是六白今流年飛九紫到離來尅原坐金星卽以九紫入中一到乾二到兌艮離坎坤逐一挨去坤上得六白矣九紫入中卽從第一間起九紫二間一白三間二黑四五六七挨去第七間是六白此以門替間之法也

此河圖之妙用運令之災祥無不可以預決矣

此一節總結河圖運令之妙

紫白訣下篇

訣、一作斷、一作賦、宅譜指要、元合會通錄之、又有鮑士選註本、茲仍錄姚、以較諸家註解爲詳也、

四一同宮。準發科名之顯。九七合轍。合轍一作穿途常招回祿之災。二五交加。罹死亡並生疾病。原作而損主亦且重病三七疊至。被刦盜更見官災。

此節總提九星同宮、分別吉凶、

四綠一白、同到曰同宮、如坎宅一白入中、流年又四綠入中、坎宅艮方是四綠、流年又一白到艮、巽宅四綠入中、流年又一白到中宮、巽宅一白到坤、流年又四綠到坤、均爲四一同宮、一白爲官星、一作魁星、四綠爲文昌、故發貴、九紫七赤、同入中宮、或同到方位、名曰合轍、九紫爲後天火星、七赤是先天火數、故主火災、二黑與五黃、同入中宮或同到方位、曰交加、二黑爲病符、五黃爲廉貞、故主死亡疾病、三碧七赤同入中宮、或同到方位、曰疊至、三碧爲蚩尤、七赤爲破軍、故主盜訟、

蓋四祿爲文昌之神。職司祿位。原作天輔太乙一白爲官星之應。主宰文章。原作牙笏文章

還宮復位固佳。交互疊逢亦美。

一白之宅與方、流年又一白到、四綠之宅與方、流年又四綠到、名爲還宮復位、一白之宅與方、流年遇四綠到、四綠之宅與方、流年遇一白到、

名爲交互疊逢、餘可例推、

故三九九六六三惟乾離震攀龍有慶而一二五八之位位原作間亦可蜚聲、

三、九、三碧、九紫也、震宅三碧入中、乾方是四綠、遇流年九紫入中、乾方是一白、離宅九紫入中、乾方是一白、遇流年三碧入中、乾方是四綠、則三九之宅、乾方四一同宮、九、六、九紫、六白也、離宅九紫入中、離方是四綠、遇流年六白入中、離方是一白、乾宅六白入中、離方是一白、遇流年九紫入中、離方是四綠、則九六之宅、離方四一同宮、六、三、六白、三碧也、乾宅六白入中、震方是四綠、遇流年三碧入中、震方是一白、震宅三碧入中、震方是一白、遇流年六白入中、震方是四綠、則六三之宅、震方四一同宮、乾離震攀龍者、言三九宅、四一在乾、九六宅、四一在離、六三宅、四一在震也、二五八者、二謂第二間、承三九言、震宅三碧入中、即將三碧加第一間上、數至二間是四綠、流年遇九紫入中、將九紫加第一間、數至二間是一白、故二間內、四一同宮、離宅與三碧流年仿此、五謂第五間、承上九六言、離宅九紫入中、將九紫加第一間上、數至五間是四綠、流年遇六白入中、將六白加第一間上、至第五間是一白、故五間內四一同宮、乾宅與九紫流年仿此、八謂第八間、承上六三言、乾宅六白入中、將六白加第一間上、數至八間是四綠、流年遇三碧入中、將三碧加第一間上、數至八間是一白、故八間內四一同宮、震宅與六白流年仿此、亦可蜚聲者、言非獨乾離震之方位、遇四一可發科名、即二五八之間、亦逢四一、可以蜚聲也。

一七七四四一。但坤艮中附鳳爲祥。而四七一之房。均堪振羽。

一七四四一照上節三九等挨法、艮坤中者、艮字承上一七言、艮上四一同宮、坤字承上七四言、坤上四一同宮、中字中宮也、承上四一言、中上宮四一同宮也、四七一者、四謂第四間、承上一七言、坎宅一白入中、將一白加第一間上、數至第四間、是四綠、流年遇七赤入中、將七赤加第一間上、數至第四間是一白、故四間內、四一同宮、兌宅與一白流年仿此、七謂第七間、承上七四言、兌宅七赤入中、將七赤加第一間上、數至第七間是四綠、流年遇四綠入中、將四綠加第一間上、數至第七間是一白、故七間內、四一同宮、巽宅與七赤流年仿此、一謂第一間、承上四一言、巽宅四綠入中、將四綠加第一間上、流年遇一白入中、將一白加第一間上、故第一間內四一同宮、坎宅與四綠流年仿此、附鳳振羽者、飛騰之意也、亦言四一到間之妙、

八二二五五八在兌巽坎登雲足賀。而三九六之屋俱足題名。

八二、二五、五八、照前三九等挨法、兌巽坎者、兌字承上八二言、兌上四一同宮、巽字承上二五言、巽上四一同宮、坎字承上五八言、坎上四一同宮、三九六者、三謂第三間、承上八二言、艮宅八白入中、將八白加第一間上、數至三間、是一白、流年遇二黑入中、將二黑加第一間上、數至三間、是四綠、故三間內、四一同宮、坤宅與八白流年仿此、九謂第九間、承上二五言、坤宅二黑入中、將二黑加第一間上、數至第九間、是一白、

流年、遇五黃入中、將五黃、加第一間上、數至第九間、是四綠、故九間內、四一同宮、中宮、與二黑、流年仿此、六、謂第六間、承上五八言、五黃局、五黃入中、將五黃、加第一間上、數至第六間、是一白、流年、遇八白入中、將八白、加第一間上、數至第六間、是四綠、故六間內、四一同宮、艮宅、與五黃、流年仿此、俱足題名者、言三九六間、與兌、巽、坎、俱主發貴也、

沈註。三九九六六三。二七七四四一。八二三二五五八。此三節爲前人所未道破。實卽指中宮山向之飛星也。第一節爲六運之艮坤寅申兩局。第二節則四運之艮坤寅申。第三節乃指二八兩運之未丑蓋皆山向當旺之局也。僅舉坤艮兩卦者。因坤艮爲生死之門。舉一反三之義焉爾。

遇退殺可無嫌。逢生旺而益利。年與運固須並論。運與局尤貴參觀。

此極贊四一二星、到方到間之妙、而又提出看法、局運年俱當並重、鮑云、局者、向首承氣之局也、

運氣雙逢分大小。年月加會辨三元。

如上元一白、管運六十年、此大運也、前甲子甲戌二十年、小運亦是一白、是運宜分大小也、各元類推、每歲交接加會、要辨明上中下三元之星、各有不同、如同一甲子、上元在坎、中元在巽、下元在兌之類、

但住宅以局方爲主、層間以圖運爲君、

住宅、由局方上論九星、是以局方爲主也、談云、水在離宮爲坎局、在兌宮爲震局、蓋朝南爲坎宅、朝西爲震宅、宅論坐山也、層與間之得運失運、以河圖五子運爲君、五子運者、卽甲子十二年水、丙子十二年火、戊子十二年木、庚子十二年金、壬子十二年土、比較生剋以判吉凶、

故坤局兌流左輔運臨、科名獨盛、艮山庚水巨門運至、甲第流芳、下元癸卯、坎局之中宮發科、歲在壬寅、兌宅之六門入泮、

坤局、二黑入中、兌上是四綠、左輔八白也、交八運、兌上飛到一白、是四一同宮、故科名獨盛、艮山八白入中、兌上是一白、巨門二黑也、交二運、兌上飛到四綠、亦四一同宮、故甲第流芳、下元癸卯年、四綠入中、坎局本一白入中、是年又四綠入中、是四一同宮、故主發科、兌宅七赤入中、六白飛到巽、是巽爲六門、下元壬寅年、五黃入中、四綠到巽、故曰兌宅之六門入泮、此言四六同到、文曲武曲會合亦妙、但只入泮、不能發科者、未得一四同宮故也、

此白衣求官秀士赴舉推之各有其法而下僚求陞廢官思起作之亦異其方。

此以上、總申明上文、四一同宮意、求官、重一白官星、求名、重四綠文昌、方法各有不同、

夫殺旺須求身旺爲佳造塔堆山龍極旺宮加意

殺位強盛、當於龍局宅、生旺之方、堆高、蓋生方高、則洩殺氣、旺方高、則助主山、但言龍者、省文也、

制殺不如化殺爲貴鐘樓鼓閣局山生旺施工

此二節、總提下文、各殺、必須制化意、

如坎局以土爲殺、金爲生、水爲旺、遇土殺、當於金水二方、起金水星體之樓閣、或用宅主金水之年命、或用金水年月日時、則土來生金、貪生忘剋、兩水比和、身強自不畏剋、雖不與殺爲敵、殺自不能爲害、此化殺之謂也、

七赤爲先天火數九紫爲後天火星旺宮單遇動始爲殃煞處重逢靜亦

肆虐。

先天之數、二七爲火、故七赤、爲先天火數、九紫隸離、離象爲火、故九紫、爲後天火星、俱主火患、如局山旺方、七赤九紫只到一位、動作則火發、不動則無虞、在局山殺方、而又二星同到、卽不動作、亦主火發也、

或爲廉貞疊至。或爲都天加臨。卽有動靜之分。均有火災之患。

廉貞五黃也、都天十二戊己最凶、紅羅紅舌主火、如七赤九紫上、五黃又到、都天又臨、衆煞相聚、是爲羣醜會集、無論動與不動、均有火災、

是故亥壬方。之水路宜通。通者閉之。則登時作祟。右弼方。之池塘可鑿。鑿者塡之。則隨手生殃。

亥壬二宮屬水、水可制火、故不可閉、閉則火無水制、右弼九紫方也、火方有水、所以制火、故不可塡、

廟宇刷紅。在一白煞方。尚主瘟火。樓臺聳欿。當七赤旺地。豈免炎災。

廟宇、紅色屬火、在一白方、似乎有制、豈知一白是局山上煞地、煞地見火、水不能制、故瘟火、不免、七赤在旺地已主發火矣、若於七赤上、高造樓閣、火災烏能免哉、

建鐘樓於煞地。不特亢旱常遭。造高塔於火宮。須知生旺難恃。但一宮而二星同到。必片刻而萬室全灰。

局山之煞地、巳是凶方、又建鐘樓、鐘鳴則催動殺氣、不但患火、且犯訟病、九紫七赤本是火宮、雖在局山生旺之方、但高聳則火星強盛、況塔形尖利、又是火形、生旺何可恃乎、若九紫七赤會於一處、火災之慘徧地皆紅、

巽方庚子造高樓。坎艮二局俱焚。而坤局之界不犯。

庚子中元也、是年四綠入中、七赤飛艮、九紫飛坎、一白飛坤、巽方本九紫火星之位、造高樓則火動、艮之七赤、爲先天火數、坎之九紫、爲後天火宮、流年飛到之星最重、故坎艮俱焚也、坤上流年是一白飛到、水能制火、故可不犯、此就坎離定位、分八方方隅也、

巳上丙午興傑閣。巽中離兌皆燼。而艮局遠方不侵。知此明徵。不難避禍。

此以上總中明前九七合轍句意、丙午中元也、是年七赤入中、故中宮被火、九紫到兌、故兌亦被火、二黑到離、二亦先天火數、故離亦被火、巽方本九紫火宮、於此造閣、所謂動始爲殃也、艮上流年一白到、可制火星、故遠則可免、此亦就坎離定位分方隅也、

正煞爲五黃不拘臨方到間人口常損病符爲二黑無論流年小運疾病叢生五主孕婦受災黃遇黑時出寡婦二主宅母多痗黑逢黃至出鰥夫

五黃中央土、爲正關煞、故最凶、二黑隸坤、爲病符星、故主病、五黃爲陽土、二黑爲陰土、主肚腹、故孕婦應災、黃上加黑、陰壓陽也、故出寡、二黑隸坤、坤爲老母、故應宅母、黑上加黃、陽壓陰也、故出鰥、

運如已退廉貞逢處眚不一總以避之爲良運若未交巨門交會病方深必然遷之始吉

廉貞五黃也、已失生旺運時、遇之災難畢至、惟避爲良、巨門二黑也、未交生旺運時、見之病不能免、惟遷始吉、

此以上、總中明、前二五交加句意、

蚩尤碧色好勇鬥狠之神破軍赤名肅殺劍鋒之象是以交劍殺興多刦掠鬥牛殺起惹官刑七逢三到生財豈識財多被盜三遇七臨生病那知病愈遭官

三碧爲蚩尤、喜門爭、七赤爲破軍、主肅殺、七赤遇六白、爲金見金、名交劍煞、三碧遇坤艮、爲木尅土、名門牛殺、三碧木來、被七赤金尅、我尅爲財、但七赤是賊星、故主被盜、三碧木、遇七赤金來尅、尅我則病、三碧喜戰門、故又遭官、

運至何慮穿心煞星旺臨終遭刦賊身強不畏反伏但助神一去遂見官災

三七、對冲曰穿心殺、旺者、如三碧值木運、七赤值金運、煞遇旺爲得令、故刦賊在所難免、反吟與穿心煞同、即對宮相遇也、若三又見三、七又見七、爲伏吟、助神、助局宅之神也、助神去則身弱、而煞旺、官災必不能脫矣、

此以上、總中明、前三七疊臨句意、

要知息刑弭盜何須局外搜求欲識愈病延年全在星中討論

此節、總提吉凶總在局星上見、

更言武曲青龍喜逢左輔善曜六八武科發跡否亦韜略榮身八六文士參軍或則異途擢用旺生一遇已吉死退雙臨乃佳

武曲六白左輔八白俱爲吉宿六遇八主發武八遇六主發文如在局上爲旺爲生或六或八有一星到卽吉如在局上爲死爲退則六八同到始佳

九紫雖司喜氣然六會九而長房血證七九之會尤凶四綠固號文昌然八會四而小口殞生三八之逢更惡

六白金遇九紫火剋故主血證六白屬乾乾爲老父故應長男七赤金遇九紫火剋理應少女受災六白是吉星逢剋已凶七赤是破軍惡曜故尤凶八白土遇四綠木剋八白艮爲少男故應小口八白土遇三碧木剋亦主小口不利四綠是吉星逢剋已凶三碧是祿存惡曜故更惡也

八逢紫曜婚喜重來六遇輔星尊榮不次如遇會合之道盡同一四之中

八白本吉星九紫又喜曜九紫火來生八白土故主婚喜重來六白本吉宿八白又善曜八白土來生六白金故主不次之擢會合謂二星同度也吉星同度其吉徵與四一同宮者同也

欲求嗣續紫白惟取生神至論帑藏飛星宜得旺氣

紫白吉曜、生主發丁、如九紫火來生土、一白水來生木、六白金來生水、八白土來生金、均爲生神、加紫白故發丁、飛來旺星、皆紫白吉曜、旺星來、主發財帛、

二黑飛乾逢八白而財源大進遇九紫則瓜瓞緜緜三碧臨庚逢一白而丁口頻添交二黑則倉箱濟濟先旺丁後旺財於中可見先旺財後旺丁於理易詳

此以上、申明前息刑弭盜句意、坎宅二黑飛乾、二黑土也、遇流年八白土亦到乾、土見土爲旺、八白又爲吉曜、故主發財、二黑土、遇九紫火來生、九紫是吉曜、故發丁、坎宅三碧飛兌、三碧木也、遇流年一白水亦到兌、水生木爲生、一白又吉曜、故發丁、三碧木去尅二黑土、我尅爲財、故交二運主發財、此數句、均應上節四句而言、凡生星先到、旺星後到、則先發丁、而後旺財、旺星先到、生星後到、則先旺財、而後發丁、

木間逢一白爲生氣添丁不育必因星到艮坤火層遇木運爲財宮官累不休必是年逢戌亥故遇煞未可言煞須求化煞爲權逢生未可言生猶

懼恩星受制

一白水生間一白爲子星主生子又遇八白土來尅故主添丁不育木運能生火層故發財但火墓於戌絕于亥故交戌亥年主官災如遇水爲煞則用木洩之用土尅之所謂化煞爲權也遇水爲恩或土尅之木洩之火退之所謂恩星受制也餘類推

但方曜宜配局配坐山更配層星乃善門星必合山合層數尤合方位爲佳

凡八方飛到之星要與局山層上配合生旺各間輪到之星要與山層方上配合生旺

蓋在方論方原有星宮生尅之辨復配以山之生死局之旺衰層之退殺而方曜之得失始彰

在方論方者言就本方之星論生尅也如本方爲坎遇六白七赤飛到金來生水爲生遇二黑八白星到土來尅水爲尅八方皆然或生或尅必須辨之更以方星與山局層較論生旺則得尅洩則失

就間論間固有河圖配合之殊再合以層之恩難山之父子局之財官而

間星之制化聿著

就間論間者言就本間之星論生尅以河圖之數與之配合如一間水二間火之數水間遇金水星吉遇土木星凶更以層山局與間星較論生我者爲恩尅我者爲難生我者爲父我生者爲子我尅者爲財尅我者爲官如遇尅殺退洩則用制化之法

論方者以局山層同到觀其得運失運而吉凶懸殊

將方與局山層飛到之星合河洛二運觀其得失得運則吉失運則凶大相懸殊也

論間者以運年月疊至徵其得氣失氣而休咎迥別

將此間看值河洛何運年星又值何星其星在生旺運中則得氣在尅洩運中則失氣得氣主休失氣主咎兩途分判各不相同

八卦六白屬金九星二黑屬土此號老父配老母入三層則木來尅土而財少入兌局則星到生宮而人興更逢九紫入土木之元斯得運而主科名財丁並茂

河圖八卦方位乾位西北屬金洛書二黑屬土二黑到乾土來生金故善乾金喜二黑來生矣若乾宅屋造三層屬木二黑飛到却被木尅不

能生金故主財少兌局屬金二黑飛到則土來生金主發丁故八與九
紫屬火元運值木木生火爲運生星元運值土火生土爲星生運星運
相生所以丁財貴均發也

河圖四間屬金洛書四綠屬木此爲河圖尅洛書入兌方則文昌破體而出孤入坤局則土重埋金而出寡若以一層入坎震之鄉爲得氣而增丁口科甲傳名

此以上總論層間星之吉凶
河圖水一火二木三金四第四間屬金洛書一白二黑三碧四綠第四
間屬木是河圖之金尅洛書之木而又在兌方兌屬金金又尅木四綠
爲文昌被尅則體破四綠位巽巽爲稚木受兌尅兌爲女女強則尅夫而
稚木受災故出孤四間金星在坤局坤爲土土重埋金土勢強矣坤爲
老母勢強尅夫故出寡一層屬水若在坎方則水見水爲旺在震方則
水層生木方爲生層方互爲生旺
始爲得氣發丁發貴理必然也

局爲體山爲用山爲體運爲用體用一元合天地之動靜

先看局就局上分別山之吉凶是局爲體山爲用也先看山由山上分
別運之與山生旺退洩何如是山爲體運爲用也體主靜用主動局山

能合生旺則體用合一矣得天動地靜之道也

山爲君層爲臣層爲君間爲臣君臣合德動神鬼之驚疑

君主也臣輔也先以坐山爲主某山應配幾層是層從山而定者也則山爲君層爲臣先以層爲主幾層應配幾間是間從層而定者也則層爲君間爲臣君臣合德者山與層相生旺而不尅洩層與間亦然是君臣合德矣鬼神有不見而驚異者哉

局雖交運而八方六事亦懼廉貞戊己疊加山雖逢元而死位退方猶懼巡羅天罡助虐

局雖交生旺元運而局上八方有六事如流年戊己廉貞凶星重疊而臨亦懼六事宜分內外內六事在宅內如門戶井竈牀房等外六事在宅外如橋梁殿塔亭臺等凡望見照着者皆是雖曰六實不止於六也戊己每年用五虎遁遁至戊巳二方爲戊己煞如甲己之年丙作首甲子年寅上丙寅卯上丁卯辰上戊辰是戊煞巳上己巳是己煞廉貞五黃也山雖交生旺元運而山之死退方有巡羅天罡惡煞加臨最可懼也巡羅每年太歲爲建對宮爲破破爲河魁巡山羅睺是也天罡是奇門內之惡星其法每年從辰上起子逆行遇太歲泊宮即是

蓋吉凶原由星判而隆替乃由運分局運與屋運敗從局召吉山運敗屋

運與從屋徵祥

此以上總論局山宜並重星之吉者主吉凶者主凶星果吉矣而又得生旺元運則其吉愈隆星雖吉矣而值死退之元運則雖吉仍替如局得元運而興屋失元運而敗則從局而舍屋山失元運而敗局得元運而興則從局而舍山

發明星運之用啓迪後起之賢神而明之存乎其人也

此節總收通篇大旨而示叮嚀告誡之意

則先謹按右紫白訣上下兩篇今之治陽宅者多宗之篇中於圖書氣運體用參詳局山層間吊替多方大旨不外以九星辨生旺退殺而以氣運判盛衰興廢華亭姚氏稱此訣應驗如神意者其合於玄空活潑之妙用乎然玄空之用下卦起星而已吉凶悔吝辨之於飛星之間其法由於按運立極而求山向兩星入中分陽順陰逆以飛佈八方今按姚氏所註乃此訣可不論起造元運與二十四山之陰陽僅將八宅坐

山入中順飛一盤卽爲坐定宮星其構成推考之星局如此簡單似遠
遜玄空大卦三般挨法之精密豈理氣中別具一格耶善哉沈公之
遺註發前人所未發證明三九二七八二三節乃指六四二八運艮坤
兩卦山向中宮之飛星因思舊註殆未盡得作者之眞詮故表而出之
俾學者知所印證以免膠柱而鼓瑟爾

八宅天元賦

蔣大鴻著

元天垂象。九霄開梵氣之中。大地炳靈。九野兆坤維之紀。龍馬以河圖啓瑞。神龜以洛書效珍。剖混沌之先機。昭乾坤之大法。自然妙化。至人因之。建都邑以御萬邦。授室廬以綏兆姓。明堂九室。見於月令之文。方井八家。考之徹田之制。此段統論象數之始粵稽黃帝。始創宮室。我祖文公。爰營洛邑。當時著爲憲令。後世遵爲遺規。生民日用而不知。聖人先知而不議。秦火之後。典籍蕩然。千聖不傳之心。一綫寄諸哲士。黃石授之圯上。乃出靑囊。蕭相功成未央。大開北闕。逮於管郭。微言莫稽。比及楊曾。正術始顯。嗣後僞書雜出。異軌爭馳。家造滅蠻之經。人排掌中之卦。訶能害志。僞且亂眞。斯固世道之衰微。抑亦天機之隱祕。不得雲陽之訣。豈知幕講之傳。此統論地理之流傳。而歸重於無極、得傳於幕講爲正宗、幕講爲吉安劉達僧之高弟、無極實得幕講之傳、以續楊曾之緒者也、萬世洪荒一朝剖破（統結以上二段）坐山定宅宅既不眞東西分宮宮亦全謬五鬼六害豈皆絕命之神生氣天醫不盡延年之路貪狼巨門高聳本是吉星廉貞破軍昂頭詎眞凶曜欲執遊年訣法斷無取驗機關（此辨宅書之非）要明八宅之眞先識九宮之數年分甲子運轉三元上元一白爲君坤震爲輔中元四綠居首五六相承七赤下元艮離裏旺（此指氣數之眞是天元賦正文前後皆發明此祕）春榮秋落莫尋出運之龍陽往陰來須遇本宮之水正偏曲直惟貴格淸廣狹淺深只求位的（此示人以入用之法）形局之模糊猶可方隅之雜亂難言曠野平原端取流神結體闤闠村鎭多將衢路分蹤城隅依城爲憑山谷傍山立局高樓峻宇嶠星借插於鄰家堰閘橋梁動氣交衝乎轍迹墻垣皆能障蔽竹木亦可攔當（此言氣之所到以形而受）總之水爲引氣之神察其來又看兜抱風多動氣之力性主散須用遮闌呼吸須辨陰陽化機總歸一局風之所送卽是水之所交

陽之所噓。亦即陰之所吸。交類牝牡如影隨形。應若宮商似響斯答。水氣在土膚之上。當以光交。風氣來空虛之中。但隨質取。光交親憑目覩。質取變有多端。若逢空缺即爲來。一有遮闌旋作止。辨明止來二氣。方知噓吸眞機。此言風水二者、分道揚鑣、殊途同軌、更有宅神尤多妙用。權衡內外變化吉凶。蓋內氣是宅內之方隅。外氣是宅外之風水。內外俱凶成廢宅。內外俱吉是仙宮。外凶內吉謹許小康。外吉內凶難除瑕玷。此言曠野一家之宅。非言城市比屋之居。論曠野居宅、但辨吉凶二氣、凡宅皆同、俱宜分清者也、若夫接宇連甍。尤重升堂入室。略陳矩矱以備推求。大體先論宅形。機括更看門路。四方正直備有八宮。區闊直長偏居二卦。一曲須論首尾。三灣亦取兩頭。長短消除。廣狹轉變。均齊方正。有左衰右旺之時。缺曲偏斜。辨此濁彼清之界。卦有定理。格不一方。此論接宅法、而一曲首尾、三灣兩頭、二語、尤千古傳心之祕、最宜詳玩之也、假如震兌橫若几樣。二卦適均。

艮坤折若磬形兩宮並至試問門開何地乃知氣入之源嚴搜內室何方始定歸根之路若門通前後則卦不一家更臥室居中則氣收兩舍（此論形異、則氣別也、）向兼寅甲坐雜亥壬東房富則西房必貧南枝榮則北枝定萎察重輕於門路測深淺於卦爻析爨乃彰合居不判（此分一宅榮枯、而以出卦兼爻、爲戒也、）欲較門之力量亦辨宅之形模方宅四周門通八國如其曲折難以推移坤向深沉兌離二門皆不應正南重疊巽坤兩戶總無憑門若居中左右截然分氣門如旁啓一邊獨領眞情全憑內路之曲折直長引神入室并審旁門之有無純雜漏氣奪胎總之多門不如一門之專精遠路豈同近路之親切總門統一家之隆替房門辨夫婦之安危（此論門路別）有男女弟昆驗分居之房闥下至婢奴妾媵據所授之一廛萬花谷裏豈無一樹先零數罟池中亦有鯨魚漏網（此論大小男女、主奴之房室、）宅大則所招之勢必遠宅小則所受之氣亦微總求領氣爲樞機細審眞方分順逆此論大宅、小宅、收氣之厚薄、改一門頓分枯菀移一巷立判災祥拆屋添房看取東宮西舍整新換舊須知旺位衰方此論修改之法、陽宅氣從門入、儘有失元之地、改一旺門、便能起衰、得元之地、行一衰門、便至滅福、尺寸之間、不可不愼也、凡開門、當問其起造之年、是何時、用飛星掌訣、審明某方最旺、宜開門、而所開之門、又必與目前最旺之運相合、方可起衰、若但知門旺、而本宅所造之元運、在或剋或洩之方、反見凶煞、所謂改門、宜從旺方、開旺門也、或彼家吉而此家凶或昨日興而今日替其機可畏其理難明歎肉食之終迷遇眞詮而罔覺有宅於此吾所共疑何祖父顯而末祚中微何舊主傾而更姓驟起亦有弟肥兄瘦豈無主弱奴強愚人不識氣機輒議全無宅法不見芳春綠蕁隕秋霜而自凋譬諸大旱赤苗沛甘霖而立起吉人趨其景運薄祚遘其衰時實有天心適符地脈此理捷於影響至人祕而不傳此示人審運、以趨吉避凶、宮室不同、與生人之命相似也、世重葬經每輕宅相夫反氣入骨固人道報本之常經立命安身亦孝子守身之本務祖先實以後昆爲血脈邱墓反以住宅爲安危其理甚微不可不察且死者已枯之骨非歷久而不榮生人食息之場隨呼吸而立應欲求朝瘁暮榮之術須識移宮換宿之奇歷試不渝吾言若契（此以陰宅比論）將此重任愼簡其人苟非同天地之心何以通造化之妙按圖索驥難悉端倪觸類引伸粗陳大概省察之機寓乎目變化之巧因乎心書不盡言言不盡意果精其術眞堪羽翼斯民克守遺規庶以延長世澤至理不易上士何由傳之下愚天道無私祖父豈敢貽其孫子我滋懼矣尙愼旃哉（總結通篇）

魏柏鄉相國家藏有傳家得一錄蔣公得之武夷道人始著此賦其發明天元精奧全豹可窺視五歌更爲細密同志者寶之

光緒丙戌錢唐沈竹礽錄

從師隨筆

會稽姜垚汝皐甫著

胡伯安藏
曹秋泉校

姻戚某氏其家廣延地師十餘年得一地堂局極美康熙二十三年甲子扦時在一運係壬山丙向葬後不一年全家患疫死子姓爭產訟事至今未息杜陵夫子來登山觀之笑曰地固美惜犯反吟伏吟葬之禍至無日矣

垚問珠寶火坑之別師曰通則爲珠寶不通爲火坑而或輕或重正在珠寶火坑之間在人心悟而已諺云我葬出王侯人葬出盜賊同一山水在辨之早也

垚問納甲之法與挨星合否師曰是一是二今之所謂納甲不過言其體爾用玄空方是眞納甲

我師在魏相國家中得祕笈諸法皆能了了獨於北斗打刧未載故注天玉經不敢明白載明一日告余北斗打刧卽坎離二卦是也余窮思深究知用坎者與巽兌成三般卦用離者與乾震成三般卦再問之先生微笑僅謂子可與言道矣思過其半矣

甲子年杜陵夫子爲劉姓卜壽藏圖中註明甲申後二十年除力士五黃旗臨外年年可葬惟不可兼巳亥兼則氣不純余詢師何故但笑而不答（則按甲申後二十年二黑主運乾巽當旺不可兼巳亥者蓋兼則二黑入中故耳）

丙寅年復爲余家卜一地圖說亦如是固詢之師曰子學尚不足以語此以待來年

戊辰年杜陵夫子又遊越余又詢之師曰兼則宜用坤壬乙訣不兼下卦可耳余始恍然自後余從事奧語開山有斧矣惟奧語僅言十二山且

非字字可以起星其他十二山總未能得其口訣時我師將葬親於餘姚無資購地余以二千金報之使者歸授余以子癸並甲申口訣二十八句乃知子癸甲申貪卯乙未坤壬巨辰戌乾亥巽巳武酉辛丑艮丙破午丁寅庚弼來書諄諄告戒謂此祕中之祕惟子可以知之愼勿洩漏一二也余得此訣後乃註奧語

庚午年奧語告成杜陵夫子又來越謂余註識掌模二句未免顯露乃改正之

城門一訣可以意會不可言傳今二運有壅酉山卯向以艮方有水作城門杜陵夫子以同元可用因此氣無異中宮之氣亦猶城門也然余思之八國城門鎖正氣當用八國爲然

杜陵夫子謂楊聖倒杖之法並無第二法門不過知元運旺於何宮在何

宮埜之則自然之陰陽已得何必再用羅盤
杜陵夫子謂最難識得者是天心然天心在我掌中我欲如何天心便如何此所謂人力勝天也
江浙近日僞法日出最奇者爲起星之法自辨正出始有王道可循矣師囑余作歌以正平砂玉尺之謬歌中僅言裝卦未言挨星也
向首天盤一字入中謂之囚囚則爲禍甚烈勝於上山下水我鄉趙姓一地巽山乾向元至正四年埜（二運）埜後出尚書二人科甲迄今未絕此等山向氣運最短何以如此綿長懷疑既久同師相之師曰前面有水放光此囚不住也反作悠久論
凡到山到向之地則向星天盤之字入中爲囚雙星會合向首則以向盤飛星到山之字爲入囚此杜陵夫子所恆言也

杜陵夫子。每謂今日僞學所持之蔣盤。在起星一層。除坤壬乙艮丙辛巽辰亥甲癸申十二字外。子祿丑弼寅輔卯祿巳文午弼丁輔未祿庚輔。酉弼戌文乾文無一字合法。指爲余所定妄矣。

一日從杜陵夫子遊飢甚。見一老者道貌岸然。向乞食焉。入其書齋。置羅盤於几上。老人見之未通姓氏。即駁此盤之誤老者乃持一盤出曰此蔣先生盤也。其用法惟吾知之。奈天律有禁不可妄傳也。余詢老者何處見蔣。答曰昔年官吳中執贄爲弟子。此盤先生所親授者也。師大笑不止。余年少不能忍乃曰此即杜陵先生也。老者力詆余之謬。時師手中執柏鄉相國所書便面。始通姓氏。且與余家有年誼。殺雞爲黍而肅客焉。席間談當時爲人所紿情形。甚懊喪。次日相其所卜墓兆。所扦者咸誤於星卦。混合故塟後家道日見蕭條云。老者乃隨師來余家。信

宿始歸師授以顚顚倒一訣

余同門丹陽張孝廉仲馨號野溪師授以天星選擇謂之曰巒頭不佳理氣不合天星亦無用巒頭本也理氣末也天星末之又末也

夫子寡言笑一日謁黎洲黎洲未之奇也我師從不二謁黎洲自卜壽藏我師時在餘姚遣其子百家持圖請我師鑒定師卽信手書數千言反復論其地之不合時宜黎洲見之曰何蔣生之深於易哉次日訪師於寓次堅請卜地時欲歸雲間固辭焉

我師嘗謂得吾術者時時當凜天律之可畏宜效金人之三緘不漏片言如有狂妄子弟妄詆吾術其人必有陰惡汝輩萬勿計較姑聽之可也

一日余從夫子在昌安門外見某家下葬土工皆曰蔣先生來矣主人問蔣爲誰土工皆曰地仙也地師數輩咸嗤以鼻謂主人曰卽天機不可

洩漏之蔣大鴻也若輩見我師曰如此好地天之所與也不費汝洩漏天機主人並誇其地龍穴山水之美師唯唯土工有識余者默告之曰地係丑未兼艮坤前三年蔣先生爲人塟一地用丑未山向今其家日見興隆內中有一地師欲抄蔣先生老文章擬用單向主人與其餘地師皆不敢聚訟紛紛始兼三度師歸余告之師曰主人死矣犯五黃力士焉得不損人丁塟後未五日主人墮馬死則按二運己亥年丑山未向坐上犯五黃力士緣是年年星二入中五到艮亥子丑之年力士亦在艮故也

沈孝子東關人親死下塟地師爲之立辰戌兼乙辛山向夫子與余過此孝子撫棺大哭其狀甚慘師詢觀者知其孝行爲之立乾巽向塟後十年孝子以商起家積貲十餘萬生子數人皆容貌魁偉聰明過人塟時爲上元甲午年春二運

乙酉（二運）春先生爲商姓塟一地用艮山坤向余等私議以爲上山下水且犯他害（即反伏吟）不知何故用此失時之山向竊問師師微笑但言日後君輩看其如何可也未數年商姓丁財貴三者皆備是年冬又爲王姓扦一地亦用此山向而王姓家道亦日見興盛余再三問之師但笑而不答未知此何術也（則按二運艮坤坤艮全局合成三般卦故吉）

師曰坤壬乙一訣經人妄改已數十種蓋此訣河洛與生成之數變化而成今術士烏能知其奧知此訣非大聖大賢大智大慧者不可然此等人猶非得有眞傳不可如奧語勸君再把星辰辨吉凶禍福如神見天玉經五星配出九星名天下任橫行惟此法見心術端方可偶一洩漏子其識之（今此訣改竄者益多矣）

師又云更有妄人將奧語十二字亦竄改矣大旨舉外傳而言每卦翻出

無論兼與不兼皆以星起不以卦起眞是羣盲評古（卦起與星起不可混而爲一）

沈氏玄空學

地理精纂

理氣立命說

江陰杜振遠藏

理以數言舍數無以知天之理也氣以運言舍運無以知地之氣也因天之理乘地之氣而立命乎其間矣自伏羲辨陰陽畫八卦黃帝作甲子分三元河出圖洛出書而理數與氣運遂爲天地萬物立之命而莫能外夫元會以混沌闔闢爲始終荒遠難稽存而弗論已若三元分運一百八十年周而復始猶一歲之有四時十二月一日之有晝夜十二時易知簡能豈可習焉不察人生自少至老皆以歲計故立命於初生之時日干支而窮通驗焉人死則乘化而歸盡不可歲計故立命於初塟之運數理氣而榮落占焉然則化者之有命與生者同乎曰否生者皆動物本乎天者親上貴賤窮通皆天之所命化者如植物本乎地者親下盛衰榮落則不盡

天之所命也膏腴之地雖隆冬布種不遇天時一旦寒盡春回勾萌畢達磽瘠之區縱方春播種其生不蕃塞磧胡沙夏無靑草何者地之氣不齊也人之生天地中也猶嬰兒之在母腹也一呼一吸一動一息無不與天地之氣相通子孫之嗣父祖後也猶木之有根水之有源也根深則葉茂源遠則流長自然之理也堪輿者天地之總名也堪爲天道輿爲地道學者顧名而思義灼然見天之理著乎上地之氣應乎下其道並行而不背則庶乎知命之君子矣

河洛用中說

天地之道一動一靜而已非靜則本體無據非動則功用不彰河圖一六共宗二七同道三八爲朋四九爲友五十居中天數五地數五五位相得而各有合河圖者洛書未分之象也靜也而動寓其間天得一以淸地得

一以貫一者中也是故聖道執中王道建中中之爲用大矣試嘗以洛書數衍之一入中則六居一位七居二位八居三位九居四位一二三四皆生數生者物之始故用一而各得其合焉九入中則四居九位三居八位二居七位一居六位六七八九皆成數成者物之終故用九而亦各得其合焉五爲皇極皇極居中順則靜而爲伏吟逆則動而爲合十是河圖實寓洛書之用總括運數之始終卽飛星入中之所由昉也夫地道本靜而乘以天時則靜中一動運盤以當運之星入中義取當旺者貴山向未立太極未分故不論陰陽順飛九宮焉逮山向既立太極已判則必辨陰陽分順逆何也地盤爲體八卦成列象在其中矣運盤爲用因而重之爻在其中矣故陰陽必從運盤定焉天地之氣陽爲舒而陰爲歛四時之序陽主進而陰主退進者順也陽是以順焉退者逆也陰是以逆焉當元正向

取令星必用逆倣大易逆數之例也向必用逆山或用順者山以數往向
以知來數往者順知來者逆也九宮合十不畏反伏河圖五十居中洛書
縱横十五不用十而用五無非十也自令星入中起運觀其陰陽逆順乘
以山向兩盤所謂參伍以變錯綜其數也靜盤爲地運盤爲天山向盤爲
人配三才而立極也凡三變而觀其會通所謂爻象動乎內吉凶見乎外
也陰陽之變何以不從卦而從爻吉凶之機何以不觀運而觀山向運所
同也向所獨也卦猶公也爻乃私也山爲體而向爲用令星各歸山向甚
善矣二者不可得兼則舍山而取向形勢以龍爲祖理氣以水爲宗山主
靜水主動理氣之道純乎用而已矣

九宮配斗輔說

嘗考北斗七星魁四星曰璇璣杓三星曰玉衡又爲帝車取運動之義一

曰天樞二曰天璇三曰天璣四曰天權五曰玉衡六曰開陽七曰瑤光而貪巨祿文廉武破其別名也古之言天者如甘德石申巫咸諸家天文別錄大象旁通等書備錄各星之所主掌而詳其吉凶北斗者七政之樞機陰陽之本源也運乎天中臨制四方均五行達四時定紀綱出號令而魁四星中又別有四星曰天理爲之元氣造化萬物者地理因乎天理故堪輿家用以配九宮定吉凶焉斗一星曰貪狼又曰正星主陽德爲本爲天爲帝魁之首也爲文章魁首坎一者正北方之卦也天一生水之始也故貪狼居之其二曰巨門又曰法星主陰刑爲地爲后爲土爲宮室田園坤二者地也母后也萬物皆致養焉故巨門居之三曰祿存又曰令星主律令爲中禍爲火爲徭役其於小人也爲賊動而不居者也動萬物者莫迅乎雷故祿存屬震三焉四曰文曲又曰伐星主天理爲水爲政治號令天

之權也觀乎人文而化成天下風以動之也故文曲屬巽四焉五曰廉貞亦曰殺星主中央眄四旁殺有罪爲土爲火爲刑罰中央者皇極也聖人建中立極御四方討有罪故繫之以廉貞焉六曰武曲亦曰危星主倉庫爲水爲金爲分別賢佞乾者君也西北方之卦也戰乎乾用武之地也故繫之以武曲焉七曰破軍亦曰部星又曰應星主兵爲金爲財帛行軍視其所指宜向不宜背兌者正秋也肅殺之氣也故繫之以破軍焉由是而七星全矣斗杓開陽之旁有輔星爲丞相助斗成功者艮東北方之卦也萬物之所成終而成始也故受之以輔而斗之左又有上輔少輔其右則爲上弼少弼離南方之卦也聖人南面聽下嚮明而治必有賚予良弼者故受之以右弼終焉

羅經辨

昔黃帝戰蚩尤作指南車羅經之所自昉也堪輿之道由來久矣古人備物致用示其當然不言其所以然後之人學焉不得其要領則往往造爲邪說互相聚訟有謂羅經但宜用十二支不宜配八干四卦者此就地辨方不以之致用可也若夫羅經之爲用本洛書奇偶之數宮析九而爻各爲三則必合天地人三才而達其經權常變何也山水取地理元運乘天時而卜兆者人事也干爲天支爲地卦則與天地合撰而爲人三者闕一則爲不備卦分三爻爻之象何以成四正爲奇天之數也天與地合天包乎地故兩干配一支焉四隅爲偶地之數也地與人合地載乎人故兩支配一卦焉爻之義何由定正者方之常地之經本乎靜者也一君而二民地爲之主故爻居中焉隅者方之變人之權本乎動者也執兩而用中人爲之主故卦居中焉然則天遂退處於無權乎非也方隅之中地與人既

各得其位皇極之中則天心默運焉獨戊己居之故方書有以戊己爲都天之說蓋成位乎中而運乎八方剛健中正天之道也由是合三才而爲一太極矣三才定位兩儀俱陳一三七九陽也陽卦多陰其數與奇配故一陽二陰陽先而陰後二四六八陰也陰卦多陽其數與偶配故一陰二陽陰先而陽後至若河圖爲先天定數水北火南木東金西四方之正位洛書乃後天參變則有乾坤艮巽之四隅先天定數純乎天者也人不得與焉後天參變純乎人者也天亦不得與焉而要皆不離乎地故三才參用四正無八卦四隅無天干四正秉氣之純壬子癸丙午丁甲卯乙庚酉辛五行不雜方以類聚也四隅秉氣之兼則五行不專物以羣分也艮之寅兼木坤之申兼金而從坤艮則皆以土論巽之辰巳兼火土乾之戌亥兼水土而從巽以木論從乾以金論臣從君之令也九宮全體土獨居三

金木各居二水火各居一則又何也河圖之數五十有五而洛書之用四十有五析之以九各得五數較一六與二七水火之數不足於二較三八與四九木金之數不足於三惟五十爲土其數獨盈三五蓋五行之質土最厚而金木皆實水火爲虛凡物之數謙則進盈則退進者長也退者消也水火木金居一居二謙也將進也土獨居三盈也將退也寅申巳亥木金水火之氣初長於乾坤艮巽而各爲母所謂精氣爲物者進也辰戌丑未水火木金之氣潛消於巽乾坤艮而皆爲土所謂游魂爲變者退也是皆造化自然之理經常之道也世之執羅經談堪輿者不求諸河洛理數而求諸穿鑿不經之邪說是猶盲人辨色聾者聆音耳況經常之道若大路然數不過九卦不過八爻不過三星不過斗輔氣不外陰陽消長理不外生尅盈虛用不外天地人三才上中下九運放之則彌六合卷之則退

藏於密人謀鬼謀百姓與能者也乃日用而不知可慨焉夫

經辨

古經奧語云甲癸申貪狼一路行坤壬乙巨門從頭出巽辰亥盡是武曲位艮丙辛位位是破軍四語相傳最古堪輿家不得其旨謬解紛紛甚且妄添四語造爲僞法不知此乃古人總括三元而微示其妙用四語已足包羅豈容復贅蓋六十年爲一元每運分二十年起元必自一始起運必自甲始一二三爲上元之分運六甲五子皆同氣甲乃震之初爻癸申乃坎與坤之末爻舉甲癸申而一二三見焉一白貪狼爲三元之首又爲本元之首欲收上元旺相之氣必由貪狼以次遞及欲收一白運旺相之氣亦必由貪狼以次推行故曰甲癸申貪狼一路行一二三既各有正運即各有令星當令而用事者收旺相之氣在坐山利旺相之用在對向坐山

既收旺氣對向必取令星指二黑運爲例故曰坤壬乙巨門從頭出若乃中元之四五六運一串三運氣象不免侷促而皇極居中不動無跡可尋或謂坎納戊離納己有戊一己九之說或謂戊寄艮己寄坤或謂上元戊寄於艮己寄於坤中元戊寄離己寄坎下元可隨意寄坎離與艮坤者實則河圖之一六二七三八四九如一運一入中八國缺一五即寄之五運五入中山向飛星之盤挨得之星內中缺一即寄五也前言貪狼言巨門皆顛倒其爻參錯其數渾舉一二三之方位而每運各有正向猶未之及此言以巽辰亥爲坐山即四五六運之正向其序秩然不紊而或以武曲爲向或以武曲爲山則武曲實爲中元用事之主故曰巽辰亥盡是武曲位正向既定而陰陽逆順猶未明辨也以下元七運爲例七入中二白壬子癸到艮八艮變爲陰二黑未坤申到離九丙亦變爲陰九紫丙午丁到

兌七辛仍為陰而不變用逆則令星必到本位七運以艮丙辛為山向皆得令星破軍之用故曰艮丙辛位位是破軍古人隱而不發以待學者善悟豈料後之人不求甚解易涉歧趨哉今特盡情揭出誠默識而會通之理氣之術更無餘蘊而邪說偽法或幾乎息矣

（則先）謹按立向之道單向兼向二者而已單向名曰下卦蓋以卦為本位故山向飛星之入中悉依固定之數逢一用一逢九用九是也兼向則名為起星亦稱變卦蓋以爻為單位不為固定之卦所拘由於河洛生成變化而成故世目坤壬乙訣為挨星祕中之祕緣以星替卦別有條例存也學者閱子癸並甲申口訣當知二十四山中應尋替者計十有三字餘十一字兼而不變無替可尋與下卦同其挨法此訣雖莫詳起例之由來而兼向挨排之能事盡矣昔姜汝皋得此訣於蔣杜陵後

始註青囊奧語然憚於師戒紐於祕守微露端兆莫由探索致後世名師如溫明遠其人猶不免以解下卦之說傅會起星祕密之謬良可慨焉今是篇立論察其詞意以甲癸申爲一二三運依次遞收上元旺氣於坐山作一路行解而以取得對向令星釋從頭出更泛言武曲爲中元山向用事之主位末舉七運立艮丙辛山向合位位取得破軍令星之妙以明陽順陰逆流行之所在作如是解非不秩然有序言之成理惜與逐爻尋替之訣格格不相入亦猶溫明遠氏之以下卦解起星耳顧以經辨名篇夫亦深思明辨發爲創解期有裨於後學用心亦足多矣然非所論於起星條例學者用替仍以子癸並甲申一訣爲依歸可也

出卦辨

地有生成之向出卦者用法仍以本卦爲主在丁作離論在未作坤論言三元卦氣者往往謂出卦則地之秉氣不清目爲棄材不知天地之氣變動不居周流六虛取用者惟變所適斯得之矣繫辭傳曰帝出乎震齊乎巽相見乎離則震與巽巽與離相爲周流也又曰艮東北之卦也萬物之所成終而所成始也所成終右與坎無間所成始左與震無間也推之致役乎坤說言乎兌戰乎乾勞乎坎是八卦之氣無不相通也出卦之向十有六各有時措之宜經曰巳丙宜向天門上亥壬向得巽風吹是巽可兼離乾可兼坎故卦氣運運不同而流行之氣亦隨之而異合時則吉背時則凶且生成出卦之地亦具天然之堂局細心斟酌移步合形其朝應及六宮山水必歸本卦何也風水形勢必須左右停勻前後配合方見清純不雜否則位置失所無所取裁矣所謂出卦者蓋以理氣而就本然之情

勢也。彼泥羅盤卦爻以細地者，固拘執鮮通；而泥元運進氣以細向者，又謂一運必作丁兼未向，乃爲上元兼輔，力貫三元；八運必作未兼丁向，乃爲八白兼紫，預迎進氣，不問地之本向，專以出卦爲貴，尤爲邪說謬解，則是過猶不及，執中無權，猶執一也。堪輿之道，差之毫釐，謬以千里，不得不極爲辯之。

生剋吉凶篇

主剋客爲剋出，客剋主爲剋入，主生客爲生出，客生主爲生入。生入者旺，剋出者亦旺，生出者休，剋入者囚，比肩者和。生入者發福遲而久，剋出者發福速而暫。向上宜剋出，旺財，忌剋入，並忌生出，向之吉凶應驗速也。山上宜生入，旺丁，忌剋入，不忌生出，山之吉凶應驗遲也。先至者爲主，後來者爲客。分地與運而觀，則地盤爲主，運盤爲客；分運與山向而觀，則運盤爲主山向盤爲客分山與向而觀則山上飛星以山盤爲主向盤爲客向上飛星以向盤爲主山盤爲客辨其生剋之出入以山向運遞生地盤爲最佳若旁六宮無須辨主客即不重運盤專取山向盤挨到之星並看吉凶生尅九星各有吉凶又各有因時之吉凶山向上尤爲緊要蓋生入者星之吉凶可不問吉星生我固加吉凶星生我亦不害其爲吉尅出者亦然吉則我能用其吉凶亦無所蒙其凶也若生出尅入比和則全在星之吉凶上看我生及比和之星果吉則克家有子同道爲朋我生及比和之星果凶則非致傷養虎貽患至論剋入剋我之星吉則縱被欺淩而君子不爲已甚凶則我原屈服而小人叵測中藏故生出剋入比和咸當辨星之吉凶且須辨時之吉凶耳非若生入剋出之得以置而不問也

山向山水篇

山管山水管水山主人丁水主財祿山盤飛星論山不論水吉星要放在
在山之特起處而向盤飛星論水不論山吉星要放在水之聚會處經曰
山上龍神不下水水裏龍神不上山是也山盤看峯巒橋樑邱阜向盤看
來源汪洋水口飛星吉處遇之則吉凶處遇之則凶向盤吉星有水須山
盤來生則加吉來剋則吉亦減然來剋而有水無山其剋尚輕山盤吉星
有山亦宜向盤來生若來剋而有山兼有水其尅較重山向盤論山水要
父母配父母順子配順子逆子配逆子兼山向用兼山水單山向用單山
水如作午丁向以巽巳坤申乾亥艮寅酉辛卯乙山水爲純淸而以辰戌
丑未甲庚山水爲錯雜丙上水口爲敗財丙上峯巒爲刼殺若作丙向卽
以辰戌丑未甲庚山水爲純淸而以乾坤艮巽卯酉寅申乙辛巳亥山水
爲錯雜午上見獨水孤峯爲敗財刼殺最凶凡遇横過之水本無收拾立

向迎來而避去向去水主退財大忌

則先謹按立午向丁向忌丙上水口立丙向忌午上獨水此卽空位忌流神之義向司招攝之化機水乃財祿之主宰向水一卦三爻名爲三陽當無不諧若本爻無水而獨見他爻則駁雜已極縱有令星到向而吸收之水非聲應氣求之所同宜乎旺財之適以敗財耳八國山水之求端於同元從可推矣

主佐屈伸篇

上元一白主事以八爲佐中元六白主事以一八爲佐下元八白主事以一爲佐是卽上元兼輔下元兼貪中元貪輔並兼之正旨也中元氣象偏促所以要並兼貪輔向盤上當令及用事之星爲衆水所宗固宜旺水來朝或之玄曲折而出而輔佐之星亦必特地有一枝純淸之水匯到明堂

譬如京都首善之區宗廟百官之美富自不待言而天下省會之所亦必民物豐盈府庫充實方顯得薄海昇平此三元不敗之局主佐用法各適其宜之有以致之也一運以貪狼爲令星令者旺也貪狼旺則巨門祿存相二運以巨門爲令星巨門旺則祿存相三運以祿存爲令星文曲爲進氣四運以文曲爲旺廉貞武曲爲相五運以廉貞爲旺武曲爲相六運以武曲爲令星破軍爲進氣七運破軍旺輔弼相八運輔星旺右弼相九運右弼爲令星貪狼爲進氣周而復始循環不窮亦主佐之義也凡旺相皆本運之吉星一二運以五七爲殺氣三四運以七九爲殺氣五運以二九爲殺氣六運以二三爲殺氣七運以二三四爲殺氣八運以三四五爲殺氣九運以四五爲殺氣凡殺氣皆本運之凶星所謂往者屈也來者伸也至若一運中之九紫三運中之二黑五運中之三碧四綠等類不過功成

者退不得謂之殺也

造化休咎篇

九星以一六八白爲三吉二黑三碧小凶五黃七赤大凶四綠九紫有凶有吉其本體然也五行造化各有休咎之徵休徵者何一四同宮主科名號靑雲得路有文筆硯池水鼎元之兆也一六合爲水主催官遇旺水秀峯官居極品也六八爲武庫亦主財帛利武庫及異路功名八九爲輔弼相輝田園富盛而子孫蕃衍也咎徵者何紫赤相加囘祿之災也黑黃交錯家長有凶也八逢三四損由小口也一加二五傷及壯丁四逢六爲肝病輕或痼疾重且夭折也六會九爲肺疾衰則血症盛必火災也三七逢盜賊相侵訟凶而病厄四七臨文章不顯嘔血而早夭二逢四咎當主母三逢六患在長男二妨三而五妨四博奕好飲田園廢盡四九合爲金與

本體木火不協無益而有損二七合為火乘殺氣遇凶山水烏焚其巢也受尅而奇偶相配如八逢三與一逢八咎輕受尅而奇偶相敵如三逢七與四逢六咎重大抵休咎由生尅而來以飛星同宮相遇為準而山向上休咎更為眞切又當辨生尅出入之吉凶辨受尅受生之虛實若旁六宮必山水並見觀其形勢之善惡倘山水俱無或有山無水有水無山則玄空生尅吉凶亦不足憑然道無不體理無盡藏此時略見一斑欲求精微玄妙必先熟透易理於飛星變動中參諸先後天不變不動之方位觀其象而玩其占乃能無微不顯山龍遇高峯大水平龍遇橋梁墩阜及水口汪洋羅星捍門等類看在何宮何爻即以所在之運盤上星入中分陰陽逆順挨至山向上及所在之宮係屬何星是何造化然後知此山此水之吉凶乃一定而不易此山向盤之外再加山水飛盤乃因地制宜乘時利

用之法其理最爲微妙也

避就篇

繫辭傳曰剛柔相推變在其中矣是卽陰陽逆順之說也又曰剛柔者立本者也變通者趨時者也是卽避就之說也凡遇旺相平坦之地先看何宮有切近旺水何方有特異秀峯卽將山向挨星就之旺水必挨到向盤吉星上秀峯必挨到山盤吉星上謂之就生而避殺再看旺水秀峯在何卦爻辨父母子息之順逆立向要各從其類如在兩爻相兼處便立兼向倘山水在逆子爻而山向必欲就父母便就立穴之上下左右爲斟酌移步可便易位謂之避雜而就純此皆因尋常之地本無定向亦無定穴故專就理氣爲避就若大地融會精神全在結穴處而向又其情之所專屬則絲毫不可移易也然亦別有避就之法今設有兩地於此其善相等則

就其合元運者用之宜矣設有一地形勢非不盡善盡美而乘元運年月之凶竟不能解救或俟二三年五六年旺運主事時用之此以局待運非時不葬之義即避衰就旺也倘年運相距較遠待之無可待則不如擇一旺相地合元運者用之亦可取效總之理氣有三重飛星吉凶以向為重當令取用以水為重水以交會處為重就其重而取之得一當元吉星臨照有情旺水自能發福此守約之道也

參變篇

先取當運之星入中以次順飛九宮謂之運盤次取運盤向上星入中分爻之陰陽逆順飛佈九宮謂之向盤再取運盤山上星入中分爻之陰陽逆順飛佈九宮謂之山盤假如一運以一白入中運盤六白到壬子癸即作戌乾亥論壬變為戌便是陰爻用逆子癸變乾亥便是陽爻用順凡戌

己所到陰陽原無定位或以戊爲陽己爲陰父母之爻創爲半陰半陽而
立向必左右相兼方分逆順此乃惑於僞法謬解紛紛不得不極爲之辯
爰五黃所到以入中起運某字之陰陽爲陰陽蓋五黃通本元之氣卽運
星之化嬗也皇極居中陰者逆陽者順順則靜而爲伏吟逆則動而爲合
十此乃學者不可不知至兼向之法父母與順子陰陽相比兼之最多者
至三度至逆子與父母陰陽相背則無所取焉

跋

沈氏玄空學重編既竣事則先 敢謹綴數語述其梗概以爲 閱者諸君告則先 生也晚不獲及侍 沈公而幸蒙 公之嗣君 瓞民先生收諸教誨之末得於俗說瀰漫中獲聞楊曾心傳正法斯固由於 先生之樂育爲懷而要亦善繼 沈公昌明絕學振聾發聵之遺志焉爾則先 嘗聞諸 先生曰理氣之學辨正啓其端未洩其奧自玄空學出始發其祕而顯其用海內同好知其說於古人精深之旨闡發爲多爭以先覩爲快於是原書印行遂不久告罄後之求者多抱向隅不續梓之是烏乎可且先子著述散見於筆記中爲原書所遺漏者亦復不少不增輯之又烏乎可壬申初夏同邑朱丈嘉琳有鑒於此謀醵貲重印以告 先生 先生曰此吾願也蓄之久矣時 先生方淸理沙田主政浙局不暇躬自纂輯爰

命則先役其勞且告之曰玄空學說雖先子多所闡發而世之祕本亦頗有足採者子其圖之俾詔來學則先既聞命固粗識先生志義所在而得託附以爲寵然自問於河洛眞諦瞠乎其後苟引伸頌歎之無當反使沈公之說晦而不彰得毋懼獲罪於先哲乎先生曰子毋恐余總其成若有所補闡余當權衡而去取之則先乃唯唯承命著手增輯分類校錄酌量補删越半年蕆事分自得齋叢說爲一二卷以增輯玄空天心紫白三元僞法等篇故也二宅祕斷因係沈公詳註列爲第三卷則先亦竊識其意於行間然非有所發明夫亦申明其提要而已四卷爲江迂叟下卦挨星江氏昔年曾著有速甦文勸世先生以其詞旨曉暢易於領解改名玄空淺說今併入之同門申君笙詩以江氏挨星僅及下卦而江浙俗師偏喜兼向分星定卦之義沈公起星篇雖言之綦詳猶恐

學者忽視混星卦爲一譚因有三元九運起星立成圖之繼起演圖繫說
舉以示人俾與下卦挨星互相輝映亦庶幾裨學者盡挨星之能事　先
生弁其端於諸家謬解多所論闢玆列爲第五卷而則先摭述之玄空輯
要附焉則先述而不作非敢掠美凡所稱引半多得諸師友間祕藏之餘
蘊剽取見聞加臆度爲說或爲列表以便初學之參考而已不足以語
高明也末卷仍爲玄空古義無所更迭僅於紫白訣下篇增　沈公遺注
一段及時日紫白改採淮安楊君錫祺所訂正之新表而已此就原版論
也姜汝皋從師隨筆久爲世珍祕友人江陰杜君振遠所藏地理精蘊亦
名師傑作二書雖篇幅無多俱師承善本以向未梓行特輯而殿諸卷末
以公於世此本書重編之槪況則先秉命於　先生之所爲也惟是則先
末學無文謬任纂輯雖循江氏之遺規得　先生之訓迪然管窺蠡測間

有綴述愧無補於玄理懼有背乎奥義所望　閱者諸君恕其庸陋而教
以所不逮此則先所馨香禱祝者也茲編付梓朱丈嘉琳首發其端而尤
以蘇吳周丈渭石贊助之力爲多例得并書是爲跋
民國二十二年歲在癸酉夏正人日再傳弟子餘姚王則先謹識

篇次	頁	面	行	字	誤	正
說卦錄要	四	上	十一	末兩字	喙鳥	鳥喙
	四	下	七	一	筍	荀
玄機賦	一	上	五	十三	閒	閑
	一	下	四	十四	旡	元
玄空祕旨	四	上	九	一	自	白
	十	上	三	二十八	己	巳
飛星賦	二	上	十	二十一	沙	杪
	二	下	六	十五	脅	脇
	三	上	四	二行小註首	氣字上	脫一乾字
時日紫白圖	七	上	六	第十二字下	概屬寒露節算	概屬立秋節算
紫白訣上篇	四	下	三	十八	巳	己

中華民國二十二年十一月出版

增廣沈氏玄空學 六册

實價國幣拾二圓

著作者 沈紹勳

原編者 江志伊

補編者 王則先

發行者 沈祖緜

印刷者 杭州新新文記印刷公司

發行處 蘇州富郎中巷十三號沈延國

杭州菜市橋大街恆昇源紙號

沈竹礽先生撰

周易易解　十卷

附周易示兒錄　三編

周易說餘　一卷

合訂六冊　共實洋五元

發行處　蘇州富郎中巷十三號沈延國

自得齋地理叢說目錄

論向水
論城門
論七星打刼

沈氏玄空學卷一

自得齋地理叢說

錢塘沈竹礽先生著

男　祖緜瓞民校訂
旌德後學江志伊編次
餘姚後學王則先補編

緣起

或問吾師於地理學如何入門答曰予年十六即讀地理書後至杭在丁氏八千卷樓餘姚黃氏五桂樓寧波范氏天一閣盧氏抱經樓凡見藏類之書莫不畢讀然於玄空家言雖讀而未得其訣不獨格格不入且墨守三合諸說視蔣氏為洪水猛獸生平慕鄺道元徐霞客之為人性好遊凡吾國各行省各藩部靡不有車轍馬跡所未至者惟衛藏耳辛未冬家居為先君子覓地葬

得地於中台山之陽壬山丙向形局之完美實所罕見集大江南地師除宗蔣大鴻一派外羅致八十餘人相之僉云吉壤無何為某官以重金購去悵々久之是年冬某氏葬其父母開金井時往視之見穴暈太極圖分明如畫情更抑鬱葬後某官父子因案落職發遣卒於途家日零落於是集杭城地師復相之均云吉壤且不犯神煞百思不解其故後餘姚胡伯安姻兄（增戊）遊杭行篋中有姜垚秘本云一運之壬山丙向丙山壬向犯反吟伏吟葬之禍立至於是置酒集地師三十餘人討論之均莫明其理而二運以下之反伏吟書中絕不提及僉云偶中而已予昔日輕視玄空理氣之說至是少殺取蔣氏書讀之仍無所知同治癸酉予年二十六乃與伯安遊無錫訪仲山後裔居數月不肯輕洩一字許以

重金得借觀仲山所著宅斷盡一日夜之力與伯安抄竣窮年苦思終不得解一日讀易玩洛書圖五入中宮之理豁然貫通後讀仙井胡世安大易則通光山胡煦周易函書益知卦爻錯綜之義遂將仲山宅斷二注釋連年購閱易說易註百以十餘種乃知漢宋之派別將昔日所註宅斷重行更正復放筆著地理辨正抉要靈城精義箋地理諸書偽正者總之三合之盤並未有誤々於後人不知天機死執五運之盤以為運之如此置入卦摩盪之理不顧好奇者又增加名目為江湖謀食之具將楊公真理氣一筆抹煞蔣大鴻得無極子之傳著辨正一書使天玉寶照諸經旨復於世厥功甚偉惟誤解天機之義以為不可泄漏未將挨星真訣筆之於書貽誤後人亦匪淺鮮耳

志伊護案 先生著述自丙午歸道山後多為门弟子分攜以去是編由哲嗣瓞民觀從 先生筆記及往還尺牘中搜集彙成零金碎玉尤可寶貴茲特分類編次俾讀者開卷了然此卷為 先生自述力之由三合玄空判若霄壤特列簡首以為緣起學者作 先生之自序讀可也

胡伯安曰先生年三十以前於易尚主漢宋之別三十以後嘗对余小子云易拘漢宋易理永不明矣戊子先生已購易一千一百餘種是年六月十二日先生初度余往視之閱購易書已一千六百餘種閱此正先生年未三十也

論玄空

或問何謂玄空。答曰。玄空二字、傳亦久矣、諸子百家、解此二字甚多未的當。楊子法言曰。玄者一也。此係的解。至空之一字尤為難解。然空非真空、空々中亦有許漢藉。天竺學者言色不異空、空々即是色、受想行識、亦復如是。則空非漢藉五蘊不可也。既漢藉五蘊是空、即有物矣。此西方聖人與東方聖人之理同也。然空之漢藉、即竅也。竅有九、故曰九竅是玄空之二字、自一至九之謂。然一至九非空數也、有錯綜參伍存乎其間、故以玄空二字代之。

論天心。

九宮之中心、為天心、此二字、由來已久、樂緯云、象天心宜禮樂、壺子曰、伏羲法八極、作八卦、黃帝作九竅、以定九宮、此竅字即心字之意、亦即玄字之意、唐人詩已有講易見天心之句、其實天心、即日月、為易之意、一陰一陽之謂也、後人以戊己代之、今人改天心為天星、誤矣、蓋聖人作易、以象日月、孔子作傳而曰、乾坤成列、易立乎其中矣、此中心、即心字、老子號此心為玄牝之門、是謂天地根、雲房謂此心為生門死户、老子又云、玄之又玄、衆妙之門、是謂玄學之始、其實易之心也、竅也、中也、玄也、不二法門

論羅經

或問羅經之二十八宿二十四山九星有所本乎答曰有江西信州學有石本六經圖仰觀天文圖註云伏羲氏仰觀天文以畫八卦故日月星辰之行度運數十日四時之屬凡麗於天之文者八卦無不統之按圖中斗振天而進今之貪巨祿文廉武破輔弼本之以冬至日起日繞斗牛女虛危室壁奎婁胃昴畢觜參井鬼柳星張翼軫角亢氐房心尾箕而外此二十八宿之謂也又俯察地理圖註云俯察地理以畫八卦故四方九州鳥獸草木十二支之屬凡麗於地之理者八卦無不統之

按圖中以離為南、坎為北、兌為西、震為東、此四方也。又以坎為冀、艮為兖、震為青、巽為徐、離為揚、坤為荊、兌為梁、乾為雍、中為豫、此九州也。坎北壬子癸、艮居東北、在丑寅之間、震東甲卯乙、巽居東南、在辰巳之間、離南丙午丁、坤居西南、在未申之間、兌西庚酉辛、乾居西北、在戌亥之間、丙辛四山宜美。此二圖均用後天。

曾廉泉春浙間在杭頒敎數月餘、始知三合之誤、盤上卦氣干支、出於唐時信州石刻、蔣得六經圖已無疑義、惟蔣盤中紅陽黑陰、干則陰陽相間、絲毫不爽、至乾巽艮坤四卦先天卦數乾一巽五艮七坤八則乾巽艮雖爲陽而坤則明々爲陰後天卦乾六巽四艮八坤二以數論則無一字不爲陰而蔣盤爲陽此大疑問也至地支名字既非陰陽相間往々陰字爲陽々字爲陰名著仍未明言近日宗三合者皆非之究竟其理安在 答曰大哉問也此理至今無人道破予曾著說論此然偏於易理不能爲不知者道今姑以易理之淺顯者言之夫盤之體河圖也運之用洛書也用替卦則挨星也今先言干天一生壬水地六癸成之則壬爲陽癸爲陰故一六共宗而居北地二生丁火天

七丙成之則丙為陽丁為陰故二七同道而居南天三生甲木地
八乙成之則甲為陽乙為陰故三八為朋而居東地四生辛金天
九庚成之則庚為陽辛為陰故四九為友而居西天五生戊土地十己
成之則戊為陽己為陰故五十同途而居中即所謂陰陽相間
絲毫不爽者也若未明此理即屬皮毛之談重乾巽艮坤
四卦蔣盤字字屬陽此係河洛之大用蓋一六共宗合之為七
奇也故乾屬陽二七同道合之為九奇也故坤屬陽三八為朋
合之為十一奇也故艮屬陽四九為友合之為十三奇也故巽

陰陽此四卦陰陽之理明矣再言支之陰陽有以為陰陽相間者有以為子午卯酉四正為陽寅申巳亥辰戌丑未四隅為陰者其実皆非也世人之誤在此世之言命理者猶知支内藏干而講盤理者乃未之知可怪也昔予作二十四山生成合十表以明挨星之用然人終不易領会今以支中藏干證之如子午卯酉四正子藏癸午藏丁卯藏乙酉藏辛四干皆陰也對待亦合十也寅申巳亥寅藏甲丙戊申藏庚壬戊巳藏丙庚戊亥藏壬甲戊巳藏丙庚戊亥藏壬甲戊無一字非陽亦無一字不合十也

若辰戌丑未辰藏乙戊癸戌藏辛丁戊丑藏癸辛己未藏丁己乙以支論辰戌原係陽土與戊比和丑未原係陰土與己比和然受乙癸辛丁及癸辛丁乙之分變使之無力而納於陰中以盡天地化育之妙易之用大矣哉

胡伯安曰 先生苦口婆心語以淺近出之其識議實超出漢宋諸儒易學之上真天地間第一妙文

祖龢謹案寅申巳亥四字寅順比甲陽八到丙故寅藏甲丙甲丙陽也故寅為陽申順比庚陽八到壬故申藏庚壬〻庚壬陽也

故申為陽巳順比丙陽八到庚故巳藏丙庚丙庚陽也故巳為陽亥順比壬陽八到甲故亥藏壬甲壬甲陽也故亥為陽若辰戌丑未四字辰逆比乙陽八到癸故辰藏乙癸乙癸陰也故辰為陰戌逆比辛陽八到丁故戌藏辛丁辛丁陰也故戌為陰丑比癸陽八到辛故丑藏癸辛癸辛陰也故丑為陰未逆比丁陽八到乙故未藏丁乙丁乙陰也故未為陰惟寅申巳亥辰戌丑未八字星命家所用遁藏內有戊己羅經中無定位辨明天門地戶之生死皆藉戊己之流通而已

或问羅經所載星宿度数究有用否答曰叢辰之説三代以前有之然未有今日之繁多也豈知天文地理是天文地理是地理二者不能相混易與周官春秋傳均不言叢辰有以為漢時讖緯家所偽造者其説可信盤中度数不若用西洋至天文家所謂三垣二十八宿二百八十三座星官一千四百六十四星萬一千五百二十微星然以遠鏡窺之天河已恆河沙於今數豈能某山某向與天星相照子思子謂上律天時下襲水土律天時者即知元運之謂也不曰天星而曰天時々之一字何等明白賴太素催官篇所引叢辰之名不过一種好奇之作

一言道破不值一笑讀吾宗夢溪老人筆談云天事本無度推曆者無以寓其數乃以日所行分天為三百六十五度有奇予廣其義曰地理無度測地者無以寓其數乃以地所旋日分為三百六十五度有奇亦可

或問三垣二十八宿書多引用一旦廢去未免可惜答曰三垣者紫微太微天市是也二十八宿者東方蒼龍之宿角亢氐房心尾箕北方玄武之宿斗牛女虛危室壁西方白虎之宿奎婁胃昴畢觜參南方朱鳥之宿井鬼柳星張翼軫宋吳景鸞玄空秘旨雖略有採及似以卦理為斷是垣局星度不過如食物之雞肋棄之亦不足惜也

或问天文地理二圖以證羅經所本何以用時方向又須轉移　答曰後天卦即五入中宮之盤也氣運不同須顛倒求之如二運坤二入中宮三到乾四到兌五到艮六到離七到坎八到坤九到震一到巽餘運依此類推　經云識掌模太極分明必有圖此言五入中宮即洛書也然每運入中不同一運一入中二運二入中餘運仿此

或问靈城精義末云有已傳之三盤有不傳之三盤此何解　曰已傳之三盤即五運洛書之盤不傳之三盤乃每運令星入中

之盤、隨運而易、所謂玄空是也、蔣大鴻盤中所列之九星、可作二十四山名字讀之、即五運之盤、乾卦三字皆武、五黃在中順挨也、巽卦三字亦武挨逆也、歐陽純謂乾起於貪巽、巽起貪於乾、令人百思不解、不過以貪為九星之首、代表九星而已

謝聲樑問三合盤中縫而針之理、答曰、楊公當時造此盤、實為凡庸言、其訣亦失傳、以致今日附会正針立向、中針撥砂、縫針納水、昔人已知撥納砂水之非、然未能辨正其謬、此兩盤實係左兼右兼也、正針乾山巽向、中針即指乾兼亥之理、縫針即指

亥兼乾之理，並非言向也。學者明此理，則穿山七十二龍，盈宿六十龍，一百二十分金，始有理可推矣。總之盤理下卦起星，截然分為兩途。正針用於下卦也，中縫二針用於起星也。不明此理，以之撥砂納水，即砂與水無一不在空亡之中矣。有謂中縫二針係一進一退，其說亦合。或謂此盤係明季江西術士楊大年手製，實誤。

曾廉泉問：盤中有用連山歸藏者，究合否？答曰：易之用在後天。關鍵在二八易位，所謂二八易位者，乃離至乾為九二七六，坎至巽為一八三四。易位則離至乾九八七六，坎至巽為一二三四其神妙不測如是學者謂連山歸藏與周易為三易各不相同某以為宓羲畫卦後只有一易連山首艮歸藏首坤絪縕其理不過二八易位一種變化而已羅泌路史炎帝紀紀謂始萬物終萬物萬盛於艮艮東北之卦也故裏艮而為始所謂連山易也故亦曰連山氏艮在東北係後天方位則炎帝時已有後天矣古人謂先後天同時並出可知後天不自文王始連山亦非夏易乃二八易位致用而已宋時凡民間所藏陰陽五行之書悉入内府不得私藏想羅氏時猶有流傳此說非偽造可

知今日連山歸藏尚有佚本究莫辨真偽盤中列之眞可謂無
知妄作

或問蔣盤冬至何以居寅之半有訛否答曰冬至子之半盡人知之
今蔣氏盤中所載之節氣即太陽纏度過宮是用於選擇
也如子一宮為玄枵子宮十五度立春太陽過癸到子纏玄枵之次
之類

或問二十八宿可合二十四山否答曰當初頗合坎宮危虛女離宮張
星柳兑宮畢昴卯胃震宮心房氐四正之卦共得十二宿至四維卦

每卦得四宿共十六宿合之為二十八宿如乾宮為婁奎畢室巽宮為亢角軫翼艮宮為牛斗箕尾坤宮為鬼井參觜之類今因歲差之故度已改矣

論紫白

或問紫白圖入用之初見於何書答曰老子知其白守其黑是老子引内經語也毋白黑二字已含坎一坤二矣太白經云竹黃道歸乾戶煞氣一臨生氣自布則五黃之居中乾為天门已昭昭

然矣。并可悟飛第之理。故丹家以黃道為往來之路。足見萬物化生之力。因戊己為黃道之玄宮。若無戊己。雖有黃道。則陽為陽。陰自為陰。孤陰獨陽而已。又何能長生萬物哉。

袁香溪問。大戴禮明堂說二九四七五三六一八。其挨排之法以何字入中始不誤。答曰。此即五入中之數也。二九四句。七五三句。六一八句。不可讀錯。橫列如下圖

四	九	二
三	五	七
八	一	六

是也。

或問紫白之說不足為訓。答曰。越書外傳紀軍氣編云。算於廟堂。不知彊弱。一寅。五午。九戌。西向吉。火尅金吉。東向敗。木生火敗。亡無東。二卯。

六未、十亥、南向吉、木生火吉北向敗、水生木凶亡無北三艮、七申、十一子、東向吉、水生木吉西向敗金生水敗亡無西四巳、八酉、十二丑、北向吉、金生水吉南向敗、火剋金凶亡無南。此其用兵日月數吉凶所避也。讀之可知一至十二均屬月數。書中又指此日字、獨月紫白可悟日紫白亦可推矣。且孫子亦有廟算之說、

或問：幕講僧金口訣一元紫午九、云甚難索解。蔡岷山、朱小鶴、周極梁所註各執一詞，宜何從？答曰：此五運之逆盤也。易言陰陽參錯之妙，千變萬化，惟顛倒二字可以盡之。所見註此訣者，不下八九家，實無一語得當。反將明白曉暢之文、蔽生

疑實皆不明易理故耳試以五運逆飛圖明之

巽六	午一	坤八
卯七	戊己五	酉三
艮二	子九	乾四

如圖先讀中五廉貞句此即五黃入中也巽為地户逆飛起巽乾為天门順飛自乾六氣巽風扇四通乾豕位二句一氣讀之巽為四綠辰巳屬之巽風也乾為六白戌亥屬之亥豕也巽乾易位豈非四通六扇爭七當甲乙心三居金酉真二句一氣讀之卯為三碧居甲乙之中酉為七赤居庚辛之中卯酉易位豈非七當

甲乙、三居金酉乎八則坤猿動、二值艮牛輔。二句一氣讀之、坤為二黑、未申宮之、申猿也、艮為八白丑寅宮之丑牛也、艮坤易位豈非猿動而為牛輔乎一元紫午九九居貪狼輪二句一氣讀之、一元即一白為壬子癸、為貪狼九紫為丙午丁、為弼今子午易位豈非一為九紫九輪貪狼乎、惟辛亥許同偏句、古今以為疑問有謂有訛有字、有謂作如是解者均之宮不合、蓋五運逆行三酉四到乾、四三一氣豈非許同偏乎、蔡峴山輩讀書不多、師心自用、妄加註釋未明易理故耳、予作此解、學者墨守前哲之説、筆墨

往来不啻百数予終堅執成見反覆喻之知我罪我聽之而已
地學心傳十二種係明初刻本亦載此訣與俗本不同訣曰一元紫
午九九居貪狼輪八則坤振動又當甲乙心六氣巽扇（風）中五定廉貞
四通乾家利三在金酉金二值午艮輔辛亥許同鄰是較俗本為善矣
則先謹案金口訣之不易索解顧名思義顯為先人所秘寶今
先生以五運逆飛圖明之語々中肯歷來秘守之隱謎一朝為
之勘破又按唐宥在先生云見有秘本作排五黃解甚合蓋一白
入中五黃在離九九紫入中五黃在坎一作如是解亦足與先生之

說並傳不朽更有作零神方位解其說亦合緣零神亦為玄空要訣耳。

論父母子息

經云父母陰陽仔細尋即言子息不可兼父母地不可兼天天人雖可兼然亦有父母子息之別。

子午卯酉乾坤艮巽之西起壬一字丑一字甲一字辰一字丙一字未一字庚一字戌一字此八字皆向左行皆四個一即天玉江東一卦

從來吉八神四個一也子午卯酉乾坤艮巽皆向右行此八位亦是四個一也癸在子之東亦向右行故癸亥辛申丁巳乙寅八神皆向右行亦是四個一也甲庚壬丙辰戌丑未為子午卯酉乾坤艮巽之逆子不與父母同行惟乙辛丁癸寅申巳亥為子午卯酉乾坤艮巽之順子與父母同行即天玉江西一卦排龍位八神四個二也夫逆子即地元一卦順子即人元一卦順逆不同故有可兼不可兼之別可兼者子可兼癸不可兼者子不可兼壬每卦皆然然子午卯酉乾坤艮巽可兼乙辛丁癸寅申巳亥而寅申巳

亥乙辛丁癸，却不可去兼子午卯酉乾坤艮巽，以父母可兼子息，
子息不宜兼父母故也。若辰戌丑未地元龍，固不可混入人元為
用。而辰戌丑未山向有乾坤艮巽之水來去，又為可用。緣乾坤艮
巽為辰戌丑未之父母，又為夫婦宗也。天元一卦包三卦之用，
故可兼人地。而子午卯酉不可兼甲庚壬丙者，以父母不可去兼
逆子，惟逆子可去兼父母耳。

志伊謹案：溫明遠如一運以坎為旺，坤震為同元一氣，是為兄弟，坎中
之爻為父母，邊爻壬癸為子息，坤震卦內之邊爻為兄弟之子息。

來山來水要與父母陰陽一氣純而不雜山龍來脈以主山入首處為父母八方之星辰為子息水龍來脈不一以照穴有情權力獨勝之水為父母八方之枝派水為子息如子午兼癸丁之向坤震卦內亦要收申乙子息之文神不可雜未申地元子息之氣水之來路雖多總要歸一元三吉之氣三吉之中又要分清天地人三卦之純一不雜若一雜出元卦內之山水非惟挨排之玄空五行不能生而且受尅無疑矣所謂父母子息者非宮位坎坤震之一元三吉乃玄空流行排出之父母子息也學者參觀此說自明

則先、謹按、立向之兼與不兼、或兼左兼右、當視山川性情之趨勢、應直達下卦、庶補救者、起星而要以乘時得令、合生旺之局、為依歸　沈公是篇、論父母子息、趨重於父母兼順子、乃就原則立論、其曰父母不可兼逆子、防差錯也、又曰惟逆子可去兼父母、以天元宮位、有水來去者、為可用、蓋欲資中氣之輔助也、中氣過爻、分有等差、故有子母之分、青囊傳曰乾坤二卦為母、六卦為子、此八卦之子母也、諸卦自為母、三爻為子、此一卦之子母也、然子母為一事、立向又為一事、凡立向貴乎清純、不獨地元龍、為然、天人兩元亦無不然然有時正向不能取得旺星而用替或轉成三吉五吉則補救之向尚矣學者但當知子母力量之有别而於或正或兼不必拘泥乎原則要在形巒理氣交相配合而已又按此章文字沈公係採諸歐陽風水一書非公手筆也

寶照經云子字出脈子字尋莫教差錯丑與壬此言坎宮壬子癸三山壬為地子為天癸為人子癸同屬陰故子字出脈轉癸字可用轉壬字即陰陽差錯矣丑則出卦同在一卦差錯尚不可況再出卦乎

論夫婦合十。

合十云者、聖人得天地之中、同聲相應、同氣相求、雲從龍、風從虎、有生有形、各從其類之義也。經云共路兩神為夫婦、夫婦即合十之謂。世俗但知一白坎與九紫離對、二黑坤與八白艮對、三碧震與七赤兌對、四綠巽與六白乾對、顛之倒之均得合十、而不知坎宮藏一二三、離宮藏七八九、壬為三、丙為七、癸為一、丁為九、合之皆十也、乾宮藏四五六、巽宮亦藏四五六、巳為四、亥為六、戌為四、辰為六、合之皆十也。艮宮藏七八九、坤宮藏一二三、申為一、寅為九、未為二、丑為八、合之

皆十也震宮藏一二三兌藏七八九甲為一庚為九辛為七乙為三合之皆十也此一卦三山配夫婦之法也

或問先天卦為坤乾後天卦為坎離何也答曰天地之始水火而已、坎水也、而中有一陽戊土離火也而中有一陰己土坎離交戊入離中成乾故位乎上己入坎中成坤故位乎下乾之後天離也坤之後天坎也坎一離九合為十中藏戊己五共成十五類推之乾六、巽四、坤二艮八震三兌七而合為十通戊己之數均成十五先天、後天其揆一也或问洪範之説、似與九宫無涉、答曰、聖人神道設教、惟假物以明理、而不拘於物、立象以盡意、而不泥於象、非神而明之人、其孰能與於斯。洪範皇極之建、在戊己二字地也、環天人之会而建其極、故九疇之數亦生成合十、樞於中五之皇極、而天人交貫於其中者也。

或问生成之數究有根據否、答曰、易曰、天一地二天三地四天五地六、天七地八、天九地十、乃五行生成數也、然學易者有以為穿鑿、惟子華子言之鑿鑿、其云、天地之大數莫過於五、莫中於五、蓋五為土數位居中央、合北方水一則成六、合南方火二則成七、合東方木三則成八、合西方金四則成九、云云、後人以子華子為偽書、然其文古雅、即偽亦漢時人語也

袁香溪文問、萬物土生、萬物土中死、二語究合於易否、答曰、盈天地萬物、莫不與易相通、此即天數五地數五、五位相得而各有合、合之一字、即為生死之關鍵、如乾坎合一六、六去一為五、坤兑合二七、七去二為五、巽離合四九、九去四為五、震艮合三八、八去三為五、與中央戊五相合、則天地數咸五矣、此中死中求死也、然乾去五為與坎一同、離兑

艮亦復如是，此生中求死也。

則先謹按，沈公此說，發河洛之精蘊，今之治玄空者，殆能知八國間配合生成，與寄宮矣。然究未明生成數之錯綜參變，不離於五，天數地數合之，亦各為五之義，五為戊己土，是故萬物不能逃於土也。

祖縣謹案，此說為漢宋人談易所未夢見，閱 先生此答，恐閱者未能了悟，爰列二圖以明之！

二七同道七減二為五

坤二　兌七　乾六

離九　中五　坎一

一六共宗六減一為五

四九為友九減四為五

巽四　震三　艮八

三八為朋八減三為五

如圖成之數去生數則八卦方位得天數五

地數五合之得二十五

坤二　兌七（七減五為二）　乾六（六減五為一）

離九（九減五為四）　中五　坎一

巽四　震三　艮八（八減五為三）

如圖生成之數均能變成生數對待

各得五合八方與中央得二十有五

或問生成合十究有何等功效答曰天地之數與五行氣通此五與十之數數以數神神以數顯一陰一陽之謂道二氣交感化萬物生生不已而變化無窮焉而其所以生者實戊己之功用合十者皆藉戊己之力氣運得此則觸類旁通運運貞吉矣

志伊謹案玄空最忌者上山下水最喜者到山到向所謂旺山旺向寅葬卯發者是也　先生於論四十八局言之最詳然自二運至八運天地人三元均有旺山旺向而一九兩運獨無實爲缺憾今考夫婦合十則一九運有乾巽巳亥二八運有丑未三七運有子午癸丁四六運有

庚甲三元九運中全局合十者共得二十四山向甚可補旺山旺向之缺憾矣願學者擇而用之可也

論陰陽零正

零正即陰陽之謂章氏心眼指要略露端倪溫註較為詳盡蓋當元之令神為正神與正神對待者為零神如一運以一白為正神九紫即為零神二運以二黑為正神八白即為零神三運以三碧為正神七赤即為零神四運以四綠為正神六白即為零神六七八九各運以此類推惟五運以五黃為正神零神之辨最難因戊己無定位五黃中前十年寄

坤以八白為零神後十年寄艮以二黑為零神也。

或問山順水逆是排山當用順排水当用逆然否答曰否每見學者不察如此排法甚多其实順逆二字即釋零正兩神山順者即正神水逆者即零神山上排龍在一運宜一二三四五六七八九此所謂順也水裏排龍在一運宜九八七六五四三二一此所謂逆也設排山處有水排水有山即為上山下水

謝馨棠問零正兩神不知究合易否答曰所謂零正無非對待而已矣如坎一以離九為零神此取後天之對待也其實先天之河圖

亦然河圖一二三四之生數為上元四山之正神而六七八九之成數為上元四水之零神下元以六七八九之成數為四山之正神以一二三四之生數為四水之零神蓋一入中坎宮為六離宮為五其中即為零正之原理坎離相同零正可辨矣

志伊謹案溫明遠云零正即陰陽正神即當元之旺神零神即出元之衰神如上元一運以一為正神九為零神下元以九為正神一為零神此以陰陽對待為零正也山上排龍要旺星排到实地高山即為正神正位裝向上排龍要旺星排到水裏低處即為撥水入零

堂。認取來山腦者，以明零正二途，高低衰旺，山水各得耳。又云，正神指山上排龍者，如一運子山得六為乾，為陽順排，七到乾，八到兌，九到艮，七八九為上元之衰氣，此方宜低宜水，不宜高山实地。子山必午向，得五為陰逆排，到向上是一，有水即吉，水要曲動不直，謂之水來當面，須深遠悠長，而後成龍餘方得二三，謂之同元一氣。若向中所排一二三之旺星到实地高山，即謂之水裏龍神上山，不吉。所以山上排龍，由山排到本元零神是方，要低窪有水，而零正無差矣。學者參此，即可了然。

（之旺星為正神是方要实地高山水裏排龍由向排到本元之旺星為）

則先

謹按零正方位為排龍排水之固定地盤但因運而異而已。山向飛星既隨運流轉亦因向變遷乃變化無定者也二者本截然兩事然相資而為用以無定飛星加臨於固定零正則相得而益彰夫山上旺星喜遇高山實地而與正神同一宜忌故加臨其上則所謂正神正位裝零神方位獨取河流低窪而水裏排龍亦忌旺星挨到高山實地故宜撥水入零堂也是故飛星與零正相得力愈雄厚反之而其零正相背縱得旺山旺向而無形中究不免減色耳

論下卦

經曰二十四龍管三卦即運星為一卦山向飛星各一卦故曰管三卦此挨星之法也又祖宗卻從陰陽出三句言挨星之法甚明如二運出乾山巽向坤二入中卯到乾子到巽卯陰為逆盤子陰亦為逆盤中宮飛入乾山為二三到山矣中宮飛入巽向為二三到向矣乾巽之陰陽不求之乾巽而求之於子卯蔣註令人不解

二十四山分五行一節金匱華湛恩著有天心正運一書言此節甚明凡生入尅入生出尅出比和均列表詳言之後人見拙註章氏宅斷

不明者可讀之

或问天心正運所舉之法、章氏不肯輕洩一圖、何耶、曰、直解中、雖不列
圖、然講得明明白白、且心眼指要卷二、載有五圖、大致已備、其傳、心要
易圖、即五入中宮之盤、第二層、即五飛入乾、順挨者也、第三層、即二
十四山、第四層、即五飛入巽、逆挨者也、上列一九圖、即五運之子午、午子
盤也、二八、即五運之丑未、未丑盤也、三七、即五運之卯酉、酉卯盤也、四六、
即五運之戌辰、辰戌盤也、四圖之中、一圖即飛星掌訣也、條理分
明、惜學者未細察耳

或问天玉經、江東一卦從來吉一段、吾師以一四七為江東卦三六九為江西卦二五八為南北卦仍不明瞭未知另有他法可證明否答曰此鄧夢覺之說也學者須神而明之不可拘執所謂一四七者以江東一卦屬陽順行自一而四而七仍括二三五六八九江西一卦屬陰逆行自三而六而九仍包括四五七八一二南北一卦五入中艮坤為生死之门其実仍包括乾巽坎離震兑今將此三項分别言之江東江西飛星時所用南北挨星時所用辨不清白猶不能得其玄妙蔣註云夫此東西南北三卦、有一卦止得一卦之用者、有一卦兼得二卦之用者、細々研究

東西二卦即是飛星南北二卦即是挨星不過蔣氏未肯盡言耳
章註謂南北一卦之說八神即坎坤震巽離艮兌乾也共一卦者共此一卦
而為九也此共字実係戊己在中而挨星排列之次序章註明白已極
惜學者不察耳江東一卦從來吉八神四個一此二句江東一卦即地元卦在
坎宮為壬壬屬陽順行八神者壬丙甲庚丑未辰戌此八神者左不能兼
人右不能兼天只有一卦可用故曰一四個者兩個對待之謂也江西一卦排
龍位八神四個二此二句江西一卦即天人兩卦也在坎宮為子癸子癸為
陰逆行八神者即子癸午丁卯乙酉辛艮寅坤申巽巳乾亥此八神者

彼此可以兼用，因陰陽同類也。一卦而得兩卦之用，故曰二。南北八神共一卦，端的應無差。此二句章氏解之甚明。八神者坎坤震巽離艮兌乾，共字即指五入中。端為端居之端，字解的為中的之的，字解明明言五入中也。總之地理辨正諸家之註往往粘皮帶骨，而應註者反略。如青囊開宗一句云楊公養老看雌雄，此養老二字註者均未道及。養盛也、旺也，老衰也。養老即盛衰之謂，字字咬得精細，夫然後可讀此書。天玉經開宗明義即解替卦，挨星飛星之用，奧語開宗明義即解替卦，都天寶照經係楊公再傳子弟所著，傳授心法而已。

或問每運之五黃，有作戊陽順挨，有作己陰逆挨，各運不同，何也？曰：此以入中之運為的。如一運壬子癸入中，壬為陽，則五即戊陽；子癸為陰，則五即己陰。二運未坤申入中，未為陰，則五即己陰；坤申為陽，則五即戊陽。推之三四六七八九運，莫不如是。陽則順行，陰則逆行，其變化如此。范宜賓輩不知此理，竟謂隔四位取陰陽，謬矣。

或問九星之說似有疑慮，曰：九星分二種，一配卦，人人能知之；至配二十四山，參伍錯綜，人不易解。挨排之法，似以五黃入中順行至乾為六，為武曲；逆行至巽，亦為六，為武曲。讀歐陽純《風水一書》二十四山配九星表解自

然明白、歐陽可采者、惟此

或问公位房分有諸是否以龍虎諸砂為主曰公位房分覆人古墓知实無疑、全以卦氣為準予註仲山宅斷言之甚詳若以龍虎砂為用、則否。

或问挨飛星圖每易排錯有何法可使不誤答曰前屢言艮坤為生死之门、五入中逆行艮坤為三八四入中艮坤為一七三入中艮坤為九六順行則反、是俗所謂一四七二五八三六九也汝輩並此紫白圖尚不能解因書讀偽書不肯在易學上探原故耳凡五運之玄濶在坤艮餘運則

在戌巳之中

或问辰戌分界之説可信否曰范宜賓分陽分陰实誤於此因元旦盤五黄入中順飛六到乾乾卦三山戌乾亥戌陰也乾亥陽也逆飛六到巽巽卦三山辰巽巳辰陰也巽巳陽也乾為天门巽為地户順逆挨星由此起原而戌為起原之起原故曰辰戌分界

論起星

或问替卦之法辨正中何以未提及曰寶照經子癸午丁天元宮一節章氏直解明白可悟餘亦多散見

雙山雙向者、即兼左兼右也、凡兼向必須用替星、非特出卦兼為然、即陰陽互兼、亦當用替、而用替又宜看兼之多寡、如兼三分者、無須尋替、若兼三四分者、當用替星、若向上無水者、前十年作本向、論後十年作替星論、如向上有水、不拘前後十年、均要從替星流轉之方推斷、然皆自飛星加挨論吉凶也、若正兼二向、無替可尋、即將正向某字飛一盤、又將兼向某字飛一盤、合兩盤、以觀水路之吉凶也

志伊謹案、替卦者、起星也、如仲山宅斷、甯波府基圖、八運生癸向丁、兼丑未、丁上挨星是三到、三為乙、乙之挨星為巨门、故向上挨星不用三而

用二入中乙為陰故以巨门入中逆行又 先生自定一穴其筆記云
庚山甲向四運大利萬一用於三運內向仍用庚甲外向可兼申寅
用替卦因甲上挨星為二二即壬壬挨巨门即以二巨入中順行三
到乾以本穴城门在乾為一吉也惟四運當旺時外向仍宜改正庚
甲觀此可知替卦之妙用矣

則先
謹按三運庚甲用替城门在丑辰乾方有水為當元旺水茲云本
穴城门在乾殆即配水得法為城门之義閱者幸勿拘泥

青囊奧語言挨星甚明世俗不解動將貪巨祿文廉武破輔弼九星

師心改易、未免無知妄作矣。
蔣註、謂四卦之末各綴一字曰壬曰癸此又挨星秘中之秘可以心傳而
不可顯言者也學者參考歐陽純風水一書即可了解溫註亦可採
則先謹按、天玉經內傳云干維乾艮巽坤壬支神坎震離兌癸故
先生簡稱四卦之末各綴一字曰壬曰癸云
胡伯安問青囊奧語、開宗明義四句之義答曰予生平不以歐陽
風水一書為然、惟載無極子授蔣氏挨星圖、使學者有所領悟其
即未可厚非奧語首四句、楊公僅舉二十四山之半、後人不解其理、妄

加改竄前已歷舉其弊矣茲承下問不厭煩瑣繪成圖說理極淺易閱者不難瞭然

（甲）坤壬乙巨门從頭出對即艮丙辛位位是破軍　坤壬乙即二一三此上元甲子之統卦氣也　艮丙辛即八九七此下元甲子之統卦氣也　艮坤為生死之门此二句以艮坤二字冠之者以天盤包括地人兩盤也其成理玩圖即知之

巽四 巳 巽 辰	離九 丁 午 丙 破	坤二 申 坤 未 巨
震三 乙 卯 甲 巨	中五	兌七 辛 酉 庚 破
艮八 寅 艮 丑 破	坎一 癸 子 壬 巨	乾六 亥 乾 戌

壬地巨
坎一子天
癸人
未地
上元甲子坤二坤天巨
申人
甲地
震三卯天

丙地破
離九午天
丁人
丑地
下元甲子艮八艮天破
寅人
庚地
兌七酉天

乙人巨　　辛人破

（乙）巽辰亥盡是武曲位此句不言對宮而對宮戌乾巳亦是武曲、因中五順飛至乾為六逆飛至巽亦為六故也此中元甲子之統卦氣也巽辰亥即四五六為戊己無方位上十年旺於戌下十年旺於辰戌乾巳同例乾巽為天地门户悟此可知中央之妙用盤之成理玩此圖思過半矣

胡伯安曰、巽挨武者因四五六逆為六五四餘六宮不能通過其說見歐陽純風水一書

巽四 巳巽辰 武武武	離九 丁午丙	坤二 申坤未
震三 乙卯甲	中五	兌七 辛酉庚
艮八 寅艮丑	坎一 癸子壬	乾六 亥乾戌 武武武

巽四
巳巽辰
人天地
　武武

乾六
亥乾戌
人天地
　武武

中元甲子中五依辰
戌地
乾六乾天
亥人武

中元甲子中五依戌
辰地
巽四巽天
巳人武

(丙)甲癸申貪狼一路行楊公不言對宮而對宮為庚丁寅、均屬右弼、此一地包括二人而言也

觀此、則二十四山之挨星得十有八、所餘惟未丑子午卯酉六山矣。

巽四 辰巽巳	離九 丙午丁 弼	坤二 未坤申 貪
震三 甲卯乙 貪	中五	兌七 庚酉辛 弼
艮八 丑艮寅 弼	坎一 壬子癸 貪	乾六 戌乾亥

坎一

壬地
子天
癸人貪
未地

離九

丙地
午天
丁人弼
丑地

上元甲子坤二坤天
申人貪
甲地貪
震三卯天
乙人

下元甲子艮八艮天
寅人弼
庚地弼
兌七酉天
辛人

(丁)未丑子午卯酉六山楊公一字不提於是挨貪挨巨。莫衰一是夫子午陰之終、始子中藏一二三午中藏九八七故子挨貪、午挨弼、而卯酉未丑之挨巨破、更了然矣。

巽四 巳巽辰	離九 丁午丙 弼	坤二 申坤未 巨
震三 乙卯甲 巨	中五	兌七 辛酉庚 破
艮八 寅艮丑 破	坎一 癸子壬 貪	乾六 亥乾戌

坎一

壬地

子天貪

癸人

離九

丙地

午天弼

丁人

上元甲子坤二坤天　未地巨
申人
甲地
震三卯天巨
乙人

下元甲子艮八艮天　丑地破
寅人
庚地
兌七酉天破
辛人

以上二十四山之挨星盡矣知挨星之根本即知替卦之妙用姜氏謂舊註以坤壬乙天干從申子辰三合為水局故曰文曲艮丙辛天干從寅午戌三合為火局故曰廉貞之類為謬又以長生為貪狼臨官為巨门帝旺為武

曲亦謬誠然惟將天機不可洩漏四字橫亙胸中留十二山不肯說明其謬尤甚耳

胡伯安又問乾巽子午卯酉丑未之挨星尚未明瞭乞示答曰乾巽兩卦為天门地户順逆行時乾巽為對待觀姜註坤壬乙非盡巨门而與巨门為一例四句自明至子中藏癸癸即貪午中藏丁丁即弼丑與酉均藏辛辛即破未與卯均藏乙乙即巨明此始能用替卦矣

胡伯安曰此條須與論羅經內答曾康泉一段參觀之

夏禹甸曰寶照經取得輔星成五吉蔣註輔星即是九星左輔右弼蓋有二例云云第一例今人明紫白圖者皆知之第二例即庸師所用一行偽術蔣氏辨之是也惜未將正法表出吾今揭之曰其法有二挨輔星之法即替卦一挨立向消水之用即收山出煞其法亦與替卦同挨得之星於分金時如與六十四卦成反吟伏吟者另移位置細繹蔣註章解自明矣

挨星口訣

子癸並甲申貪狼一路行壬卯乙未坤五位為巨门

乾亥辰巽巳連戌武曲名酉辛丑艮丙天星說破軍寅午

庚丁上右弼四星臨本山星作主翻向逐爻行。廉貞歸五位。諸星順逆輪。凶吉隨時轉。貪輔不同論。更有先賢訣。空位忌流神。翻向飛臨丙。水口不宜丁。運替星不吉。禍起至滅门。運旺星更合。百福又千禎。衰旺多憑水。權衡也在星。水兼星共斷。妙用更通靈。

祖緜謹案、有謂此訣非玄空真傳。其实此訣实係的傳。細心觀察、所謂星者、係隨時而在之星。非呆板之星也。下卦起星。截然分為兩事。其訣翻向逐爻行、諸星逆輪。又曰運替星不吉。運旺星更合之句。將坤壬乙一訣、完全洩漏無遺。

袁香溪又問、飛星配卦、參伍錯綜、不獨習地理所未見、即學易者亦皆未見、惟張心言疏中有八純卦排盡九運廿四山向、無有此卦、不知有否、五黃之天地盤又遇替卦寄宮、仍照原運否、乞示知、答、八純卦在替卦中有之、如八運辰山戌向、左兼右兼為八純卦、至替卦寄宮一爻已變、卦氣不同、如宅斷六運壬丙兼亥巳、周姓祖墓圖壬替巨、則卦氣已變為坤矣、故卦爻不如壬山丙向同、其八國之卦象（錯）綜變化、已同二運之壬山丙向矣、替卦之寄宮、以山向飛星中宮為的、五運亦然、則先謹按、二運之甲庚用替、其八國字々與二運之壬丙相同、亦寄宮參變之妙用也

替卦之說寶照經言之鑿鑿經所謂兼貪兼輔章仲山直解所謂直達補
救是也。至經云巳丙宜向天门上巳屬巽丙屬離天门乾也此一句言巳兼丙
之山可向乾也亥壬向得巽風吹亥屬乾壬屬坎巽風也此一句言亥兼壬之山
可向巽也由此觀之是巽可兼離乾可兼坎即出卦兼向之義也
或云出卦兼向惟四九一六二七三八則可其實此指五黃運言耳夫卦氣運運不
同而流行之氣亦隨之而易惟合時則吉背時則凶而已若板執五黃之說以為
運運皆然其流弊與用三合盤何異如巳丙宜向天门上亥壬向得巽風吹此
兩句重言在向首一星蓋用替卦之法無非取他星以補救向首而已

祖綠

謹案仲山陰宅祕斷第十六圖秘中堂祖基子午兼壬丙坐山挨星是八乃山上飛星不用八而用七入中蓋尋替當求同元子午兼向天元龍也八之天元為艮艮丙辛位位是破軍故以七入中玄空重流行之氣艮屬陽故順行耳此以山用替也第三十八圖周姓祖墓壬丙兼亥巳向上挨星是一即壬壬之挨星為巨故即以二入中又陽宅第十七圖離波府基癸丁兼丑未三到向乃不用三而用二蓋三之人元即乙乙挨巨故以二入中山以向用替也有山向兩用替者如陽宅第三第四圖壬丙兼亥巳一到山九到向乃不用一九而用二七此山向均山向均用替也有兼向不用替

者。如陰宅第五圖錢姓墓，辛乙兼酉卯，十五圖經姓墓，巳亥兼壬丙，第四十八圖，某墓，辰戌兼巽乾，均不用替，陽宅中，兼向不用替者尤多。大抵向上有替可尋，則用向，向上無替可尋，則用山，山向均有替可尋，則山向兩用，其兼向不用替者，必僅兼一二分，無須尋替者也。茲言用替，重在向首一星，學者毋以詞害意可也。

山水性情各有不同，凡真龍結構之地，不能毫釐差錯，故天元龍之來脈，必以天元龍之向葬之，人地二元龍同，此一定之理，無可假借者也。（志伊按：

寶照經云，子癸午丁天元宮，卯乙酉辛一路同，若有山水一同到，半穴乾坤艮巽宮，即是此義蓋子癸者謂近癸之半子如子龍右旋穴必坐乾向巽半者謂近亥半乾近巳半巽也龍在子則正格城门在午變格城门在卯蓋龍與穴必經四位向與水口亦必經四位如此則一卦純清矣天元如此人地兩元可知此數語為造葬第一關鍵學者宜深味之地吉而時不吉則待時而葬之（時者即旺山旺向之四十八局也）程子所謂非時不葬是也細玩時之一字其中意義可不言而喻矣然有一種勾搭小地往往龍氣駁雜雖非其時苟配合卦文理氣得法葬後亦能獲福如仲山宅斷稿中堂祖墓是也

用替之法即奧語闡宗明義坤壬乙四句此四句將全盤二十四字已露其半餘十二字隱而不見解此者聚訟

紛紛皆未明河洛之理以意爲之耳歐陽純風水一書雖將二十四字一一揭出于楷地理錄要載有敷訣惜乎未言其義使學者仍無正軌可循而歐陽氏所載配卦圖尤似是而非反生讀者無窮障礙　昔胡伯安嘗以此理來詢予繪成圖說作書荅之（書見前）　學者可解歐陽氏之替星與于楷之口訣矣惟乾巽二宮字字挨武咸以爲疑蓋此二宮者與中五之令星進一退一而已天文家謂爲天門地戶順行則乾爲六逆行則巽亦爲六故對宮易位而起星例如乾宮戌乾亥三字戌四也若五入中由戌逆行至辰爲六故辰挨武乾藏六五四也亥六也五入中順行爲六故乾亥均挨武巽

宮辰巽巳三字辰六也五入中由辰逆行至戌為六故戌亦挨武巽藏四五六也巳四也五入中易位起星故巽巳亦均挨武　此挨星名為替卦然二十四山向非字字均能用替也今列表如下以明之

坎宮	壬巨	子貪	癸貪	此一卦惟壬可用替
離宮	丙破	午弼	丁弼	此一卦惟丙可用替
震宮	甲貪	卯巨	乙巨	此一卦三字均可用替
兌宮	庚弼	酉破	辛破	此一卦惟庚可用替
乾宮	戌武	乾武	亥武	此一卦三字均不用替

巽宮　辰武　巽武　巳武　此一卦三字均可用替

坤宮　未巨　坤巨　申貪　此一卦惟申可用替

艮宮　丑破　艮破　寅弼　此一卦三字均可用替

右表能用替者共十三字不能用替者共十一字至五黃加臨之地則皆廉貞戊則順行己則逆行煞飛星仍五黃入中亦不能作用替論

凡用替卦用向首一字歷觀人家塋墓知平洋最驗城门一訣尤為替卦中之一瀾鍵能將穴上所見之水適合城门往往發福惟反伏吟不可不辨耳

至不能替而用替者例如四運中庚山甲向兼酉卯甲上挨星為二本二入

中、今用替卦二即未挨巨仍二入中無所謂替也、雖到山到向反不能作旺山旺向論因差錯之病仍在其中不如專用庚甲之為得也又四運甲山庚向兼卯酉庚挨六本六入中用替卦六即戌戌為武仍六入中與庚甲兼酉卯正同、又如二八兩運未山丑向五八兩運丑山未向三九兩運戌山辰向五運辰山戌向出卦兼貳陰陽互兼若用替卦其挨星正在不可替之字均作陰陽差錯論、出卦論、不能作到山到向論也　本運令星雙到山或雙到向有用替卦適到山到向借合一局者、如六運之壬山丙向兼亥巳或兼子午是至兼貪兼輔、宜察向上來去之水斷之茲列一圖以供學者研究

六運壬山丙向兼亥巳子午

	向	
三一 五	七六 一	五八 三
四九 四	二二 六	九四 八
八五 九	六七 二	一三 七
	山	

一、如圖山上飛星入中仍用二不變

二、向上挨星為一即壬壬挨巨故二入中

三、以二入中順行六到丙為一吉也

四、出卦兼陰陽互兼挨排法同

用替卦向首所到之星雖非本運旺星而水口正合城旺星或得生成合十者亦吉。

用替之最異者莫若五運之戌山辰向八運之辰山戌向出卦兼或

陰陽互兼、山向飛星皆字字相同，此之謂無變化、無生息、葬之有凶無吉。此替之大略也。學者神而明之，始可達用矣。用替即文之變、予於斯道雖得真傳，然未深入堂奧、如城门打刦反伏吟諸法皆讀竹礽之著述而始明。今又得此篇，昔日懷疑於坤壬乙一節，今始了然明白矣。竹礽為學無師、承專心致志、昕夕研求、闡明此理，窮源竟委，語云思之思之，鬼神通之。極深研幾，自發揮光大之一月吾謂竹礽於斯學、直足上追郭楊、宜阿讀所好哉、戊戌冬月潯陽蔡金臺識於宣南寓次、

志伊謹案、侍御蔡公於玄學受之麻城張瑕亭、光緒甲辰予介族兄

筱濤水部作書先容執晚生禮衣冠往叩侍御嚴守秘密深閉固拒不露隻字前讀　先生與侍御書極言秘密之謬惜侍御之終不能用耳先生此書於玄空諸訣披肝露膽朗若日星俾學者免瞎中摸索之苦以視世人自珍獨得之秘者其相去何如耶

黃邃謹案與語坤壬乙一節四庫目錄謂自來術家罕能祥其起例迨蔣氏辨正出始略露端倪章氏作直解亦有下卦起星之言下卦之例雖經華氏刊傳而起星之法尚秘而未宣遂至異說紛紜莫衷一是此篇書盡抉藩籬直洩閫奧舉例既極詳盡說理尤事貫通一洗向來私家隱秘之

風擅列聖心傳之妙遂於斯道略窺門徑證諸所聞合若符契其蔣氏所謂止有一法更無二門者歎讀竟為之忭舞使于蘭林有知定当擊碎唾壺也

論向水

凡卜地先觀山洋堂局完美次將令星與蔣氏元旦盤（即五運五黃入中之盤）互相對照求其生剋若何（俗所謂小玄空者即指此）次排山向之令星求其到山到向否（華氏天心正運各圖即如此）次別盤中零神正神之若何次飛城門一盤運星若何因城門亦隨運變遷者也次以立向消水之用辨正其可兼不可兼之故然後用分金

定其收山出煞則大致不差矣

或問山向俱到城门旺氣亦到收山脫煞、按照節氣擇地如此之難、可有簡便之法否答曰龍真穴的宜取向上旺星但城门一吉亦可用、惟令星當旺時、仍須修建之年

凡立向之道要先辨明來龍天地人三元之局次則排定上中下三元之運然後宜兼貪或兼輔但貪輔者但貪向上來去之水非向上之字也且向上之星與山上之星不同如一白運山上宜上元當令之星到坐山向上宜衰令之星到水口為吉每運皆然也

凡一九兩運立向最難、更無可兼。一白運午子勉强可用。九紫運惟正庚向為上吉。蓋九紫是下元之末、地元之底。如其兼錯、未免雜亂反衰。而正庚向者、以九紫之下有二黑火見土也。能得向上乾方有水、是一白水不但有制、又通上元之生氣、故吉。

經曰、正山正向流支上、寡夭遭刑枝。此言支向必須干水、干向必須支水、始為合法。故子午卯酉山向、要乾坤艮巽來去之水。乙辛丁癸山向、要寅申巳亥來去之水、為清純不雜。如乾坤艮巽山向、兼寅申巳亥者、不得子午卯酉來去之水、而得乙辛丁癸來去之水、亦為可用。子午卯酉兼乙辛丁癸者、

亦如此地元甲庚壬丙山向必辰戌丑未來去之水辰戌丑未山向亦然
如辰戌丑未兼乾坤艮巽者子午卯酉子午卯酉來去之水亦可用凡看水之法
論元運無論來去仍論元運
凡貪狼有二一為每運起貪狼如一白運一入中即貪狼入中二到乾即巨门到
乾此用於挨星者也一為二十四山系於納甲之下互起貪狼賓為兼向
替卦之用如甲申之為貪狼是也而時師則誤用於立向消水者也
二十四山雙雙起山向須分別者以甲庚壬丙乾坤艮巽寅申巳亥為陽
出脉乙辛丁癸子午卯酉辰戌丑未為陰出脉以陽放在水上陰放在

山上是為順子一局若陽放在山上陰放在水上是為逆子一局此一山兩用四十八局雙雙起即陰用陽朝陽用陰應之法也蔣註甚明惟未得其訣易生疑竇耳

或問臨山時宜執定用何術始不誤答曰替卦與出卦之別到山到向與上山下水之別到山到向與反吟伏吟之別通與塞空與實順與逆之別若大地融結堂局緊嚴果能發福乎不能也禍福關鍵在衰旺吉凶凡龍真穴的正結之地當出帝王若犯其凶則為項羽王莽當出聖賢若犯其凶則為少正卯李贄近世葬地非出卦即差

錯非上山下水即反吟伏吟剋運將臨禍甚於猛獸洪水可不懼哉
或問公墓之說能用於中國否答曰周禮墓大夫之制即公墓也近人
惑於庸地師之說往々停柩不葬浮厝者纍々不如都會市集擇隙地闢
為公墓其法以八卦分界線處各闢道路闊二丈四尺於二十四山分界線處亦
闢道路闊一丈六尺路之兩旁植以嘉木中央作圓形建屋五楹為葬者奉祀
之所四圍繚以墻垣其內外各植不彫之木按元運之興衰葬之其子孫
受此蔭庇亦可產正人君子較之聽命於庸地師實有霄壤之別惟墓
之尺寸及造法均須一定否則參々差々如義冢一般令人可厭地下陰溝更

當疏通可免水蟻之患亦安厝之善策也

論城门

水交三八即指城门如巽山乾向四山環抱獨子方有缺口水口亦在子此地即可用城门訣法如子方一運挨星為六六乃乾陽不用二運挨星為七七為酉陰以七入中宮逆飛二到子為旺星到城门三運挨星為八八乃艮陽不用四運挨星為九九午為陰以九入中宮逆飛四到子為旺星到城门五運陰子仍為陰子以一入中宮逆飛五到子為旺星到城门六運挨星為二二乃坤陽不用七運挨星為三三為卯陰以三入中宮逆飛七到子為

旺星到城门八運挨星為四四乃巽陽不用九運挨星為五五為巳陰九為午為陰故五入中亦用巳陰也五入中九到子為旺星到城门總之城门一訣四山缺口多者不能用但用此訣亦須將生尅挨排小心為要餘類推城门一訣諸書註解無透徹者惟溫明遠註無非要將當元得令之星排到城门云予竊思其言始悟得此法

或问四十八局自分運遂一挨排然後深信不疑未知另有他訣否曰惟有城门一訣凡挨星令星上山下水者皆陽入中順行令星到山到向者均陰入中逆行故城门遇陰入中即可將旺星排到如葬時正逢兵亂可排

城门一訣、若旺星到城门亦可草草下葬，否則不如擇空曠之地，以當旺之山向暫厝，尚能保人家之安吉也

或問玉尺之四大水口蔣氏已闢其謬矣，頃見吾師斷某氏墓，重言四大水口之妙，豈蔣氏亦有誤歟？答曰：蔣氏不誤，予更不誤，今日三合家所云辰戌丑未四大水口，只要用於五運即不誤矣。因運此四字均屬陰，以城门一訣斷之，字字當令，豈非全美？予昨斷之墓即五運計扦，故云四大水口，處處當令，若他運則不合用矣

或問辰戌丑未四大水口，五運用之不誤，已明其理，然則寅午戌、申子辰、巳

酉丑亥卯未三合之水局五運中亦可用乎答曰否否寅申巳亥在五運中字字陽也子午卯酉辰戌丑未在五運中字字陰也何以能合蔣氏辨四大水口開宗明義即云夫四大水口有至理存焉可悟五運中之四大水口辰戌丑未也子午卯酉也乙辛丁癸也明々白々不過蔣氏隱而不顯耳

志伊謹按溫明遠云水法曲折灣環重々交錯於二十四山之内大水收入小水合成三叉為水之城门立穴定向以城门為重蓋城门為穴内進氣之關鍵若以玄空五行生旺之星排到城门即吉他處稍得衰星亦可轉禍為福若城门輪到衰死之星即不免凶矣

或问城门一吉、究有若干年運。答曰：龍真穴的。當旺即發，運過即敗。且發時較旺山旺向為甚。惟出運以後（出運者如二運用城门一吉至三運則陰陽差錯矣）適逢旺山旺向，趁此時建碑修理之，仍可接替。若出運後山向不利，不能修理者，終有咎徵。韓崑源精巒頭，不精理氣。二運初在筝家埠卜一子山午向地。西湖左巽方，放光圓明如鏡。穴前午峯特起，葬後科甲蟬聯，丁財大旺。以巽水正合城门一吉也。一交三運，不二年，其家中落。足下在杭試一訪之，當可悟城门訣也。

或问吾師前解三合為神煞之用，可謂至理名言。惟宋以後言水法者均用之其理定有根據乞示答曰水法千言萬語無非城门城门維何即向首一星之旁二卦也如天元龍之山向旁二卦天元爻中見有水光即為城门若與時相合則吉與時相違則凶凡有龍真穴的山與向雖不利而城门正逢吉星亦可下葬惟城门運星一退其家即衰若山向正逢旺運城门又吉則旺上加旺如今日三合家所謂申(人)子(天)辰(地)巳(人)酉(天)丑(地)寅(人)午(天)戌(地)亥(人)卯(天)未(地)會局者實能明城门之理特未諳城门之用耳如子山午向以巽坤二卦為城门於是誤以支龍(世以子為支龍)必須收申辰之支水又從而進之脈自子轉申而墓於辰水自申

子而墓於辰豈知子山午向一見申辰之水即犯駁雜而龍氣不純矣此予所謂明其理而未諳其用也能諳其用必曰午向以巽坤為城门丙向以未辰為城门丁向以申巳為城门矣巳酉丑者酉山卯向以巽艮二卦為城门寅午戌者午山子向以乾艮二卦為城门亥卯未者卯山酉向以乾坤二卦為城门也而後人更加入坤壬乙等更大謬昔瑩徹專用此水局淅東所葬各地莫不敗絕

或問照神若何答曰照神即城门也如酉山卯向以艮為城门即三八為朋也子山午向以巽為城门即四九為友也卯山酉向以坤為城门即二七

同道也午山子向以乾為城门即一六共宗也此為正城门若取偏格如卯山酉向在九運中乾方天盤為一亦可作城门論乾之地盤為六與天盤之一合成一六共宗是方有三叉水映照亦作有勢力之城门論蓋一之天元即子子陰入中逆行並得旺星到乾故也餘類推

或問司馬頭陀有其人否其所著水法亦言三合與申子辰等不同其法可用否答曰江西通志載有司馬頭陀傳名曦唐時人其水法實城门訣也不過隱約其詞學者不易領會耳其言曰乙甲艮兼丁丙巽辛庚坤與癸壬乾乙甲中含卯字即酉山卯向以艮為城门兼字原文作連丁丙

中含午字、言子山午向以巽為城门、辛庚中含酉字、言卯山酉向以坤為城门
癸壬中含子字、言午山子向以乾為城门、三合者運合山合向合城门也。此所
謂三合、実非今日三合家之三合、至乾宮正馬甲方求借馬原來丙上遊一節
蓋指水為馬指山為祿、乾宮正馬甲方求者、言乾山巽向、城门在震宮也
借馬原來丙上遊者、言城门有二、左為正馬、右為借馬、言離方亦有一城门
也。巽庚癸兼乾甲丁一節、兼字係對字之誤、巽庚癸者、言巽山乾向、
城门在兌坎二宮、乾甲丁者、言乾山巽向、城门在震離二宮也、以下類推
至乾山巽水出朝宮一節、言天元龍、須天元一氣、不可雜人地兩元、知妙道一

節即玄關同竅歌他書有單行本加此文理亦通實言城門之功用

其餘並不關緊要閱之自能領悟也

論七星打刦

天玉經云識得父母三般卦便是真神路北斗七星去打刦離宮要相合

蔣傳云識得三卦父母已是真神路矣猶須曉得北斗七星打刦之法則

三般卦之精髓方得而最上一乘之作用也章氏直解云父母是經四位

之父母三般是坎至巽巽至兌兌至坎顛倒顛之三般北斗者隨時立

極之氣也七星者由現在而逆推到第七也此處五行並與立極之氣相

反最易發禍要相合者要使發禍者變而為發福其說何等明白
丹一句輩不明此法紛紛推測於打劫精髓無涉惟溫氏續解云
既明玄空三般大卦經四位起父母之秘再能以山水形氣生尅制化
之理通之豈非最上一乘之作用乎由現在推到第七者一逆數至四四逆數
至七皆七位也二五八三六九同例伊案同例者離與乾震坎與巽兌皆有一四七二五八三六九之三般卦也此處五行與立極
之氣相反最易發禍者如上元一運立極之玄空五行豈能與中元四運下
元七運立極之玄空五行相合（與元運相合）元運相合元運相反形氣變更發禍要可
以轉能發福者要在所立之山向處處合吉耳其說足與章氏相發明

總之真能打刦者僅有坎離二宮經云離宮要相合者此也如坎宮之子癸離宮之午丁山向飛星五運則到山到向一九運則打刦壬丙丙壬五運則上山下水一九運雖有二一到山向却不能作未來之氣論以犯反吟伏故也若二八三七四六等運其飛星均一順一逆順則由離而坎逆則由坎而離一種流行之氣均能由現在之運以刦未來之氣例如飛星盤一運之子午午子均有二字到山或到向者未來之氣也在一運中能刦而用之二運則壬丙丙壬子午午子癸丁丁癸均有三字到山到向三者未來之氣也在二運中能刦而用之餘運照此類推然須察經四位方隅之空實以斷

刦奪未來之氣之通塞故當按形局而用理氣稍有不合即易發禍、
蓋陰陽二宅南北方向最多有此造化之功以補之真玄之又玄令人不
可測度其他山向亦能以山峯水光用打刦法惟功效不能如坎離
二宮之大耳
則先謹按刦奪未來之氣一語 沈公此章尚指運言後答曹秋泉問、
發明刦未來之元如上元刦中元之氣中元刦下元之氣味、經四位之
義當奉後說為圭臬
袁香溪文問讀七星打刦諸法、多年疑團始釋、今又有未解者一、三般卦

與父母三般卦究有别否、北斗打刼、實據何理、答曰父母三般卦與
三般卦有别、父母三般卦即一四七也、二五八也、三六九也、如一運一入中、則二五八
在乾離震三方、三六九在兑坎巽三方、而一在中、艮坤為生死之门、則四
七必艮坤、俗所謂經四位起父母、是經四位而起父母之三般卦也、至三
般卦、一二三也、二三四也、三四五也、四五六也、五六七也、六七八也、七八九也、八九一也、此三般
卦之適用於零正兩神、迥各有别、至北斗打刼、即易緯中已露端倪、總
之、後天卦位離九坎一合十也、在一二三四各運雖不能對待合十、然其變化
中宮與坎必合生成之數、如一入中坎宮為六、一六共宗也、二入中、坎宮為七、

二七同途也。三入中坎宮為八。三八為朋也。四入中。坎宮為九。四九為友也。在六七八九諸運中宮之數必與離宮合生成之數。六入中離宮為一。亦一六也。七入中離宮為二。亦二七也。八入中離宮為三。亦三八也。九入中離宮為四。亦四九也。此易所謂參伍以變。錯綜其數。通其變。遂成天地之文。極其數。遂定天下之象者此也。學悟此。夫然後知研幾矣。由此推之。山向飛星。在五運時更成一種不可思議之妙。

香溪老人又問山向飛星何以有不可思議之妙。答曰。北斗打劫。蔣氏以為最上乘作用。其中至理無他。不外生成二字。生者因也。成者果也。凡能北斗打

故者天盤與山向飛星一貫可悟因果二字之理如一運子山午向得

如圖五寄坎得一均在生成合十之中

二運壬山丙向得

三運子山午向為

四運壬山丙向為

四運五寄巽作四至五運子山午向雖非打刼運星到山到向、其中神妙不測令人不可思議者矣

五運山上飛星之五寄坎、五到坐、六到向、一六共宗也、中宮之一、亦與向首之六、合生成、向上飛星之五、寄離、五到向、四到坐、四九為友也、中宮之九、亦與坐下之四合生成、山向與中五合十、中宮復得一九所數、可悟一為數之始、九為數之終、以下類推、此以星打刼之大略也

如三般卦必參伍山向四神之內、如一運為九一二三般卦、二運為一二三三般卦、三運為二三四三般卦、四運為三四五三般卦、至五運四神均合四五六三般卦、與各運更為神妙、向首五寄於九、坐山五寄於一、六與四遂合十也、五與五原合十、今寄九亦合十也、中宮亦合十也、故五運之子午一局、學者苟能

知其玄妙其餘均可迎刃而解矣
胡伯安問北斗打刧此法究與河洛之理合否答曰甚合所謂北斗打刧者無非坎離中三宮處處合成生成乾震二宮合成三般卦而已如現在二運壬山丙向可用打刧因天盤飛星二入中與坎宮七相遇即二七同道也向上飛星六入中一到坎即一六共宗也（此指山上飛星之二與坎方天盤之七合生成）乾宮為五震宮為八與向上飛星之三合成二五八三般卦總之一立極坎宮為六一六共宗也二立極坎宮為七二七同道也三立極坎宮為八三八為朋也四立極坎宮為九四九為友也六七八九入中則離宮為一二三四均合生成之數山向飛星苟亦生

成合十、則陰陽和矣。剛柔濟矣雖非到山到向、亦无咎也
或問北斗打刼、何以僅用坎離二宮答曰如一運子山午向、山上飛星順行、二
到山二者未來之氣也乾宮山向飛星為四七震辰宮山向飛星為七四離
宮山向飛星為二合成一四七三般卦此即經四位之義故癸丁辰戌庚甲亦
能用之或謂辰戌庚甲山向飛星無二到豈能刼未來之氣、不知離
乾震三方均合一四七則上中下三元之運已能觸類旁通矣何不可打刼之有。
韓崑源曹秋泉問前訣打刼法業已明了閱章解反生障礙究竟若何答
曰章解明白曉暢惟其訣仍未說明致生疑惑上月予在蘇晤仲山後

裔於打刼法亦茫然為之解釋始悟蓋乾巽二宮為天门地户於打刼最有關繫坎離二宮除五運外無論何運均一順一逆凡旺星到向者乾上飛星與離宮相合為真打刼若旺星到向巽上飛星與坎宮相合為假打刼相合者即一四七二五八三六九之三般卦也一九運之丙壬壬丙不能打刦者一為數之始九為數之終其氣未免不淨且犯反吟伏吟故也玆列打刦眞假二表於後凡遇眞打刼埊之自能發福總之須視乾上形勢若何而定假打刼有時亦可用惟須視巽上形勢若何耳若五黃入中之運子午午子皇極也太極也尊無二上其挨星為二五八其飛星為三六九一四七其

氣滿盤顧注而乾巽二宮之飛星又為二八與中宮之五合成二五八此時若有大地及時葬之吉不可言矣若卯酉酉卯乙辛辛乙辰戌戌辰丑未未丑八山名曰三元不敗蔣氏所謂最上一乘之作用也

曹秋泉問近在蘇城晤仲山後人商榷北斗打刦之法始終不露隻字相處日久允以執事之奧語第一節解釋相交換始謂此係奇法誓不得洩漏否則必犯天譴彼曾偶洩此法是年家中病人不少姑妄聽之而已彼云今年三運西山壬向午山子向均能打刦與執事之說不合一再辯論始終以天機不可洩漏相搪塞究係何故請高明決之答曰胡伯安藏有姜垚

從師隨筆云吾師指蔣大鴻在魏相國家中得秘笈諸法、皆能了了、獨於此斗打刼未載故註天玉經不敢明白載明一日告予北斗打刼、即坎離二卦是也予窮思深究知用坎者與巽兌成三般卦用離者與乾震成三般卦再問之先生微笑僅謂子可與言道矣思得其半矣細繹仲山辭釋此法實本姜氏之隨筆予則以為思得其半知此法、如能用坎則不能用離能用離則不能用坎二者不可得兼、如三運丙山壬向、離為七四二坎宮為八三三以四為未來之氣刼而用之是也子山午向、離宮為七三三、坎宮為八二四以四為未來之氣刼而用之亦是也始終不能決定乃歷訪人家壜墓始明用離合而用坎不合且令星非居向首不可刼奪未來之氣斷非三運能奪四運五運能奪六運之謂實上元可刼中元、中元可刼下元之謂也其法均出於易以圖證之可一目了然、細玩天玉經、亦能徹底明白經云識得父母三般卦便是真神路北斗七星去打刼、離宮要相合父母三般卦者即一四七二五八三六九之謂也三般卦者一二三、二三四、三四五四五六五六七六七八七八九八九一之謂也此節着重父母二字是言父母之三般卦也可知刼奪未來之氣指元而言非指運而言也真神路即陽四位起父母是也離宮要相合言離宮必須合三般是也後又悟乾震二宮、亦能

用打刧法與離宮相同

北斗七星打刧表

一運	天元	子山午向	離乾震三方	一四七
	人元	癸山丁向	仝	仝
	地元	辰山戌向	乾震離三方	仝
		庚山甲向	震離乾三方	仝
二運	天元	酉山卯向	仝	二五八
	人元	辛山乙向	仝	仝

	地元	壬山丙向	離乾震三方	仝
三運	天元	子山午向	仝	三六九
	人元	癸山丁向	仝	仝
四運	地元	辰山戌向	仝	四七
		壬山丙向	震離乾三方	仝
六運	天元	子山午向	仝	三六九
		巽山乾向	離乾震三方	仝
	人元	巳山亥向	仝	仝

癸山丁向　震離乾三方　仝

七運地元　壬山丙向　乾震離三方　一四七

八運天元　子山午向　仝　二五八

人元　癸山丁向　仝　仝

地元　庚山甲向　離乾震三方　二五八

九運天元　酉山卯向　仝　三六九

巽山乾向　震離乾三方　仝

人元　巳山亥向　仝　仝

人元　辛山乙向　離乾震三方　三六九

地元　壬山丙向　乾震離三方　仝

以上二十四局離宮相合為真打刧內除六運之巽乾巳亥九運之壬丙三局犯反吟伏吟不用　三運之午向乾宮宜空六運之午向震宮宜空九運之卯向乾宮宜空

祖縣謹按三運午向乾宮宜空者因離之向星為三乾為六震為九合成三六九三般卦乾若不空中元之氣填實不能通震九之元也餘類推。

一運　天元　卯山酉向　兌巽坎三方　一四七

乾山巽向　巽坎兌三方　仝

人元　亥山巳向　仝　仝

乙山辛向　兌巽坎三方　仝

地元　丙山壬向　坎兌巽三方　仝

二運　天元　午山子向　仝　二五八

人元　丁山癸向　仝　仝

地元　甲山庚向　兌巽坎三方　仝

三運　地元　丙山壬向　坎兌巽三方　三六九

四運天元　午山子向　巽坎兌三方　一四七
　　　　　乾山巽向　兌巽坎三方　仝
　　人元　亥山巳向　仝　　　　　仝
　　　　　丁山癸向　巽坎兌三方　仝
六運地元　戌山辰向　兌巽坎三方　三六九
　　　　　丙山壬向　巽坎兌三方　仝
七運天元　午山子向　兌巽坎三方　一四七
　　人元　丁山癸向　仝　　　　　仝

八運 天元 卯山酉向 巽坎兌三方 二五八
人元 乙山辛向 仝 仝
地元 丙山壬向 兌巽坎三方 仝
九運 天元 午山子向 仝 三六九
人元 丁山癸向 仝 仝
地元 戌山辰向 坎兌巽三方 仝
甲山庚向 巽坎兌三方 仝

以上二十四局、坎宮相合、為假打刦、內除一運之丙壬、四運之乾巽亥巳三局、犯

反吟伏吟不用

曹秋泉又問、北斗打刼地運長短、與到山到向同較之乾山乾向乾水乾峯四局、力量如何、答曰到山到向、以運星入囚為衰極、死極之氣、僅向首星到者、則以向首對宮之星、即向上飛星到山之字入囚為囚北斗打刼亦同、歷觀興敗冢墓自然了悟、茲將打刼向首入囚列表如下

七星打刼入囚表

一運

子山午向 癸丁同　九運囚　九運山上飛星為九凶不宜修改

辰山戌向　三運囚　三運向上飛星為三吉宜修改

庚山甲向　六運囚　六運向上飛星為六吉宜修改

二運　壬山丙向　一運囚　一運山上飛星為一為反伏吟不宜修改

酉山卯向辛乙同　七運囚　七運向上飛星為七吉宜修改

三運　子山午向癸丁同　二運囚　二運山上飛星為二凶不宜修改

四運　壬山丙向　三運囚　三運山上飛星為三凶不宜修改

辰山戌向　六運囚　六運向上飛星為六吉宜修改

六運　子山午向癸丁同　五運囚　五運山向飛星俱五吉修造大利

巽山乾向巳亥同　犯反伏吟不用

七運　壬山丙向　六運囚　六運山上飛星為六凶不宜修改

八運　子山午向癸丁同　七運囚　七運山上飛星為七凶不宜修改

庚山甲向　四運囚　四運向上飛星為四吉宜修改

九運　壬山丙向　犯反伏吟不用

巽山乾向巳亥同　二運囚　二運向上飛星為二吉宜修改

酉山卯向辛乙同　五運囚　五運當旺宜修改

以上為真打刼

一運　卯山酉向乙辛同　五運囚　五運當旺宜修改

乾山巽向亥巳同　八運囚八運當旺宜修改

丙山壬向　犯反伏吟不用

二運

午山子向丁癸同　三運囚不宜修改

三運

丙山壬向　四運囚不宜修改

四運

午山子向丁癸同　五運囚五運當旺修改大利

乾山巽向亥巳同　犯反伏吟不用

六運

戌山辰向　四運囚宜修改

丙山壬向　七運囚不宜修改

七運　午山子向丁癸同　八運囚不宜修改

八運　卯山酉向乙辛同　三運囚三運當旺宜修改

　　　丙山壬向　九運囚不宜修改

九運　午山子向丁癸同　一運囚不宜修改

　　　戌山辰向　七運囚七運當旺宜修改

　　　甲山庚向　四運囚四運當旺宜修改

以上為假打刦

真假打刦各得二十四局除反伏吟不用外、各得二十一局、仍須按虛實形勢

生尅制化而用之在人心眼敏活而已至打刼法不過難於卜地時用之歟
到山到向已覺不及遑論乾山乾向乾水乾峯之局哉

志伊謹案以星打刼經云離宮要相合是三般卦必與離宮相合未嘗言坎也自章氏仲山言三般為坎至巽巽至兌兌至坎顛倒顛之三般是言三般卦與坎宮相合而不言離溫氏明遠遂言真打刼者僅有坎離二宮　先生初亦用章溫之說至晚年始悟合在離者為真合在坎者為假并悟刦奪未來之氣係指上元刼奪中元之氣中元刦奪下元之氣而言實與經旨相合茲兼輯真假二說并立二表以明之

以坎宮相合章溫二說學者沿用已久俾熟玩 先生晚年學說真假判若天淵再能多證名墓自能毅然不惑矣

又案全局合十既能運運貞吉若一局而得一四七二五八三六九之三般卦使三元九運之氣皆通其貞吉當與全局合十等如二五八運之艮坤坤艮寅申申寅四六運之丑未未丑皆全局合成三般卦是又於坎離打刼中別創一格者目為上乘作用誰曰不宜